Was ist Daoismus? – Der altchinesische Daoismus (oder Taoismus) hat durch seine poetischen Visionen von Körper und Kosmos, von Kunst und Natur, durch seine Lehren von der Selbst-Vergessenheit und der schonenden Zurückhaltung im Osten wie im Westen Faszination ausgeübt. Bis heute lebt er als religiöse Praxis und philosophische Richtung fort und erobert wie der Buddhismus in der Folge wachsenden Interesses für östliches Denken zunehmend auch die moderne und postmoderne Welt.

Hans-Georg Möller bietet einen zugleich verständlichen und anregenden Einblick in die Gedankenwege dieser Philosophie. Eine Darstellung der daoistischen Bilderwelt – wie der Symbolik des Wassers oder der Weiblichkeit – und neue Übersetzungen und Deutungen so zentraler und doch oft unverstandener Gleichnisse wie diejenigen vom Schmetterlingstraum, von der Freude der Fische oder vom Flötenspiel des Himmels führen ein in das Verständnis der großen daoistischen Themen: der Umgang mit Leben und Tod und die Anleitung zum perfekten und effektivsten Verhalten. Die Lehre vom »Dao«, dem »Weg«, läuft dabei immer wieder auf ein Ziel hinaus: auf »die Mitte des Kreises«.

insel taschenbuch 2759

Hans-Georg Möller

In der Mitte des Kreises

Hans-Georg Möller

In der Mitte des Kreises

Daoistisches Denken

Insel Verlag

Umschlagabbildung: Gakuō Zōkyū, Landschaft (um 1500)

insel taschenbuch 2759
Originalausgabe
Erste Auflage 2001

Vertrieb durch den Suhrkamp Taschenbuch Verlag
Umschlag: Michael Hagemann
Satz: Hümmer GmbH, Waldbüttelbrunn
Druck: Pustet, Regensburg
Printed in Germany

1 2 3 4 5 6 – 06 05 04 03 02 01

Inhalt

III. Strukturen

IV. Texte

Vorwort

»Was ist Daoismus?« heißt ein vor vierzig Jahren erschienenes Buch des amerikanischen Sinologen H. G. Creel. Derselben Frage möchte auch ich nun nachgehen, um neue Antworten darauf zu finden.

Neben Creels Werk dient mir als weiteres Vorbild eine Studie des französischen Sinologen Marcel Granet: *Das chinesische Denken*. Obwohl Granet dieses Buch bereits in den dreißiger Jahren des vergangenen Jahrhunderts verfasst hat, kann es sich mit den modernsten Werken der heutigen Sinologie messen. Der Autor fragte sich, welche Charakteristika die chinesischen Vorstellungen von der Welt, der Gesellschaft, dem Menschen u. s. w. kennzeichnen und wie diese sich von »unserer« europäischen Denktradition unterscheiden. Seine Antwort war faszinierend: Er konnte verdeutlichen, wie in der altchinesischen Kultur die Vorstellungen von Sprache und Schrift, Zeit und Raum, Mikrokosmos und Makrokosmos nach bestimmten, stets wiederkehrenden Mustern aufgebaut waren. Offenbar setzten sich gewisse *Strukturen* in diesen Entwürfen immer wieder auf ähnliche Weise durch. Mit der Sichtbarmachung dieser Strukturen gelang Marcel Granet tatsächlich eine Einsicht in Grundzüge des chinesischen Denkens, so wie es der Titel seines Buches verspricht.

Im vorliegenden Buch beabsichtige ich, in Anlehnung an Marcel Granets Methode, die »Architektur« des daoistischen Denkens – also nicht etwa des chinesischen überhaupt – zu beschreiben. Hierin unterscheidet sich mein Ansatz von dem Creels, der eher Geschichte und Herkunft des Daoismus erklären wollte als dessen Philosophie.

Ich werde mein Vorhaben mit der Betrachtung literarischer Bilder und Gleichnisse beginnen, die in der daoistischen Philosophie erfunden oder benutzt wurden. Denn gerade durch seine Bilderwelt – wie sie vor allem in den beiden daoistischen »Klassikern« *Laozi* und *Zhuangzi* auftaucht – weiß der Daoismus zu fesseln. Diese Bilderwelt – und nicht der »theoretische« Diskurs – verkörpert den eigentlichen Charme und den Witz des daoistischen Denkens. Deshalb stelle ich, nach einer allgemeinen Einführung in wichtige Daten, Fakten und Begriffe aus der Geschichte des Daoismus, zunächst einige ausgewählte und mir besonders aussagekräftig erscheinende Metaphern und Allegorien ziemlich ausführlich vor. Diese Bilder vermitteln einen Zugang zu den großen Themen des Daoismus, die ich im zweiten Teil des Buches bespreche. Und im dritten Teil schließlich filtere ich, ähnlich wie Granet dies getan hat, Strukturen heraus, die sowohl den Bildern als auch den Themen des daoistischen Denkens ihre Form geben.

Die meisten Übersetzungen daoistischer Parabeln und »Weisheiten«, die im Laufe des Buches vorkommen, sind in einem letzten Abschnitt nochmals aufgeführt. (Ausgenommen sind die Zitate aus dem *Laozi;* ich folge hier meiner Übersetzung aus *Laotse. Tao Te King. Nach den Seidentexten von Mawangdui.*) So mag sich mancher Leser den Umweg über meine Erläuterungen sparen und direkt »zur Sache« – das heißt: zu den Texten – kommen. Für mich gab es aber noch zwei weitere Gründe für diese Wiederholung: Erstens erschließen sich dem Leser dadurch die Zusammenhänge der verschiedenen Textstellen (also nichts anderes als eben das daoistische Denken) wesentlich besser. Und zweitens werden dadurch meine Übersetzungen leichter vergleichbar mit anderen deutschen Übersetzungen, von denen sie sich nicht selten stark unterscheiden.

Für die Unterstützung meiner Forschungsarbeiten durch ein Fedor-Lynen-Stipendium danke ich der Alexander von Humboldt-Stiftung.

Einleitung

a. Laozi und das *Daodejing*

Am Anfang des Daoismus steht, wie man heute annehmen kann, ein Text, der unter dem Namen *Laozi* (bzw. *Lao Tzu*) oder *Daodejing* (bzw. *Tao Te King*) bekannt ist[1]. Es handelt sich dabei um ein recht kurzes Büchlein, bestehend aus 81 mehr oder weniger weise anmutenden, poetischen Sprüchen. Die meisten westlichen Übersetzungen dieses Buches sind Übersetzungen der *Laozi*-Ausgabe eines chinesischen Philosophen aus dem dritten Jahrhundert n.Chr. namens Wang Bi. Wang Bi hatte den Text des *Daodejing* eingehend studiert und mit eigenen philosophischen Erläuterungen versehen. Seine Edition setzte sich dann gegenüber anderen Ausgaben von anderen Kommentatoren als die »Standardversion« – oder als der *textus receptus* – durch, das heißt, sie wurde im Laufe der Zeit zur bedeutendsten und am weitesten verbreiteten Fassung des *Laozi*.

Der eigentliche Text des *Laozi* ist aber viel älter als die von Wang Bi herausgegebene Fassung. In historischen und philosophischen Schriften aus den ersten zwei Jahrhunderten v. Chr. werden sowohl der Text *Laozi* als auch dessen vermeintlicher Autor gleichen Namens häufig erwähnt. Einen endgültigen Beweis für die Existenz des Textes schon beinahe ein halbes Jahrtausend vor Wang Bi lieferte ein bedeutender Grabfund in den siebziger Jahren des zwanzigsten Jahrhunderts. Bei Ausgrabungen in dem Ort Mawangdui stieß man unter anderem auf zwei auf Seide niedergeschriebene *Laozi*-Niederschriften. Diese Manuskripte (auf denen die von mir verfasste *Laozi*-Ausgabe beruht) konnten auf die Zeit um 200 v. Chr. datiert werden. Der Fund der Seidenmanuskripte von Mawangdui bestätigte somit zwar einerseits, dass es das *Daodejing* in einer den jüngeren Fassungen sehr ähnlichen Form schon mindestens zu Beginn der Han-Zeit (206 v. Chr.-220 n. Chr.) gab, aber andererseits auch, dass es, wie man schon vermutet hatte, in dieser Zeit noch etwas »ungeschliffener« gewesen war als dann bei Wang Bi. Die Seidentexte weisen nämlich noch nicht die Einteilung in die besagten 81 Kapitel auf, und außerdem finden sich dort auch noch eine Reihe von Schriftzeichen, die man später einfach wegließ. Zudem ist die Reihenfolge der das *Daodejing* ausmachenden Teile Dao (Kapitel 1-37 bei Wang Bi) und De (Kapitel 38-81 bei Wang Bi) vertauscht. Vermutlich hat man den Text später deshalb in 81 Kapitel eingeteilt, weil diese Zahl (als Potenz der Potenz von 3) von großer Symbolkraft im alten China war und u.a. die Ganzheit verbildlichte. Und man reduzierte den Text um viele Schriftzeichen, um der Zahl von 5000 Zeichen nahe zu kommen, die das *Daodejing* einer weit verbreiteten Legende nach ursprünglich enthalten haben soll.

In den neunziger Jahren des 20. Jahrhunderts erregte ein weiterer Grabfund das Interesse der Daoismus-Forschung. Bei einem Dorf namens Guodian wurden erneut Manuskripte mit Materialien des *Laozi* gefunden. Auf mehreren Bambustafeln konnte man frühe Textversionen von einer ganzen Reihe von Sprüchen aus dem *Laozi* entziffern. Insgesamt etwa zwei Fünftel des *textus receptus* sind in diesen »Bambusfragmenten« schon enthalten. Die Datierung dieser Funde ist zwar nicht ganz so eindeutig vorzunehmen wie bei den Seidenmanuskripten von Mawangdui, aber man geht davon aus, dass sie mindestens auf die Zeit um 300 v. Chr. zurückgehen. Damit sind die Guodian-Bambusfragmente noch wenigstens um ein Jahrhundert älter als der Mawangdui-*Laozi*.

Die Manuskripte von Mawangdui und Guodian zeigen, dass der *Laozi* – oder zumindest wesentliche Teile daraus – schon im vierten und dritten vorchristlichen Jahrhundert existierte. Keine andere weithin bekannte daoistische Schrift kann mit Sicherheit auf ein so frühes Datum zurückverfolgt werden. Und insofern kann man tatsächlich sagen, dass die Geschichte des daoistischen Denkens mit dem *Laozi* beginnt. Aber dennoch sind das genaue Alter, die Entstehungsgeschichte oder die Verfasserschaft dieses Textes immer noch weitgehend ungeklärt.

Die Manuskriptfunde scheinen immerhin die Ansicht zu bestätigen, dass der *Laozi* nicht einem einzelnen, historisch genau zu bestimmenden Autor zuzuschreiben ist, sondern vielmehr eine Sammlung verschiedener, lange Zeit mündlich überlieferter Weisheitssprüche darstellt. Dafür sprechen unter anderem die stilistischen Eigenarten des Textes: Ein großer Teil der Sprüche ist gereimt, und die Sprache hat einen eindeutig formelhaften Charakter. Mal wirken die Sentenzen wie Orakelsprüche, mal wie ein Rätselreim, mal wie eine rituelle

Formel. Offenkundig war der *Laozi* zum Auswendiglernen bestimmt, wurde laut gesprochen und mündlich weitergegeben. Es ist wahrscheinlich, dass die schriftliche Niederlegung des Textes, wie sie die in den Gräbern erhaltenen Manuskripte bezeugen, eher die Ausnahme als die Regel war. Wenn man den *Laozi* den Toten mitgeben wollte, musste man ihn als Schriftstück beilegen. Im Leben aber bedurfte es dessen nicht.

Folgt man dieser Theorie zur Entstehung des Textes, dann ist der *Laozi* eine Sammlung von unter den »Weisen« oder den Gebildeten im alten China weitergegebenen Sinnsprüchen, die Materialien wahrscheinlich unterschiedlicher Herkunft und unterschiedlichen Alters enthält, wobei aber die ältesten Schichten beinahe 2500 Jahre alt sind. Zu seiner wachsenden Verschriftlichung trug die Praxis der Grabbeigaben bei. Dazu kam, dass zunehmend Sinnsprüche aus dem *Laozi* in anderen Büchern zitiert und gedeutet wurden. Schließlich schrieben Philosophen wie Wang Bi den gesamten Text nieder und versahen ihn mit ausführlichen Deutungen. Spätestens mit Wang Bi ist der *Laozi* von einer tatsächlich weiter*erzählten* Spruchsammlung zu einer »klassischen« *Schrift*, dem heutigen *Daodejing*, geworden. Es wurde – um mit einem daoistischen Bild zu sprechen – aus einem noch recht »unbehauenen Holz« über die Jahrhunderte hinweg ein ausgefeiltes Schnitzwerk. So ist es nicht unwahrscheinlich, dass es nie eine Person namens Laozi gegeben hat, die den nach ihr benannten Text verfasst hat.

Dennoch gibt es bis heute noch Versuche, historische Gestalten mit diesem Laozi zu identifizieren. Eine Hauptquelle dafür ist das bedeutende Geschichtswerk *Shiji* (»Aufzeichnungen des Großhistorikers«) von Sima Qian (?145-?86 v. Chr.), das eine Biografie des Laozi enthält.[2] Diese Biografie vereint, wie viele andere Teile des Werkes auch, neben historisch wirkenden Angaben auch offensichtlich legendäre und mythologische Elemente. Besonders bekannte Episoden aus dieser Biografie sind die Begegnung zwischen Laozi und Konfuzius, bei der dieser angeblich den Laozi um Belehrung bat, und vor allem die Legende der Entstehung des *Daodejing*: Als der alte Laozi sich nach Westen aufmachte, um aus China auszuwandern (auch damals schon vermuteten viele Chinesen im Westen ein Paradies), da bat ihn der Grenzwart, doch irgendetwas als Zollgebühr zu hinterlassen. Als armer Intellektueller hatte Laozi nichts anderes als seine Weisheit anzubieten und schrieb so dieselbe, wie es in den *Aufzeichnungen des Großhistorikers* heißt, in 5000 Schriftzeichen nieder. Auch wenn besonders chinesische Daoismus-Spezialisten dieser Geschichte immer noch einige historische Fakten zu entlocken versuchen, scheint es sich dabei doch eher um eine Ursprungslegende zu handeln. Indem im Zuge der allgemeinen Verdrängung der mündlichen Überlieferung durch die Schriftkultur auch der *Laozi* zunehmend verschriftlicht wurde, sah man sich offenbar gezwungen, eine Entstehungsgeschichte des *Laozi als Buch* zu konstruieren. Jetzt besaß die Schrift mehr Prestige als die mündliche Überlieferung, und deshalb konnte ein angesehener Text nicht länger ohne einen eigentlichen *Schrift*steller bleiben. Indem man den Autor und die Geschichte der Niederschrift erfand, war der Laozi als Text und als Person etabliert.

Während im Dunklen liegt, wer das *Daodejing* geschrieben, bzw. besser wer es gedichtet hat, ist hingegen ziemlich klar, *für wen* es hauptsächlich gedichtet wurde, nämlich für die Herrscher im alten China (das zur Zeit der Entstehung des *Laozi* zwar nominell noch von einem Königshaus regiert wurde, faktisch aber in viele miteinander konkurrierende und einander bekriegende Reiche gespalten war). Das Hauptthema des *Daodejing* ist dasselbe wie das der meisten anderen philosophischen Texte aus dieser historischen Epoche: die Ordnung der Gesellschaft. Das *Daodejing* als Sammlung von Weisheitssprüchen bietet eine Fülle von Hinweisen und Maßregeln zur Führung und zur Ordnung des Staates durch den Regenten, etwa von der Art wie in Kapitel 60: »Regiere den großen Staat, wie man kleine Fische brät.« (– nämlich ohne viel Zutun).

Die politische Ausrichtung des *Daodejing* ist auf den ersten Blick nicht leicht erkennbar, denn die Sprache, die es verwendet, ist nicht nur formelhaft und poetisch, sondern auch kryptisch. Auf den zweiten Blick zeigt sich allerdings, dass zunächst verwirrend anmutende Aussagen oft als handfeste strategische Anweisungen zu verstehen sind. Nicht selten wird konkret vom Herrscher gesprochen, häufiger noch jedoch vom »Heiligen« (*sheng ren*), der aber zugleich auch der Herrscher sein soll. Der daoistische Heilige, der im *Daodejing* angesprochen wird, ist der *heilige Herrscher*.

Dass der direkte Adressat des *Daodejing* der Herrscher war, zeigt auch der Gebrauch des Wortes »ich«. Bei näherem Hinsehen wird deutlich, dass das »ich«, wenn von ihm die Rede ist, nicht das »ich«

eines belehrenden Weisen oder eines Autors ist, sondern das des Herrschers als Leser oder Hörer, der sich mit diesem »ich« identifizieren soll. Es erinnert entfernt an das »ich« in früher einmal benutzten Fibeln, die man Kindern aus Erziehungsgründen zu lesen gab, und wo sich dann Sätze fanden wie: »Ich putze mir regelmäßig meine Zähne.« Am literarisch eindrucksvollsten kommt das »ich« des *Daodejing* in Kapitel 20 zu Wort, wo es unter anderem heißt »Das gemeine Volk strahlt. Ich allein bin wie verborgen.« Das Volk und der Herrscher werden hier kontrastiert. Und dabei wird an dieser Stelle darauf aufmerksam gemacht, dass der ideale Herrscher aus dem Verborgenen heraus regieren soll.

Das *Daodejing* war, historisch gesehen, zuerst ein durchaus politisches Werk. Der älteste bekannte Kommentar zu Teilen aus dem *Daodejing* ist im *Hanfeizi* (3. Jahrhundert v. Chr.) zu finden, dem bedeutendsten Werk der politischen Philosophie des Legalismus.[3] Im Kontext des politischen Denkens entwickelte sich das daoistische Denken und beeinflusste zuerst in diesem Bereich die altchinesische Philosophie. Die politische Dimension des daoistischen Denkens prägte sich dann im zweiten Jahrhundert v. Chr. aus zum so genannten »Huang-Lao-Daoismus« (vgl. dazu S. 22 ff.).

Dementsprechend sind die beiden Leitbegriffe im *Daodejing*, *dao* und *de*, in einem politischen Zusammenhang verstehbar. Das Dao als der »Weg« (wie *dao* wörtlich übersetzt werden kann), oder besser als die ideale *Vorgehens*weise, als die wirkungsvollste Ordnung eines Wirkungszusammenhangs, ist im *Daodejing* vor allem das »Dao des Regierens«. Ein Grundgedanke dabei ist, dass der Herrscher alle Macht auf sich konzentriert, indem er selbst keinerlei spezifische Aufgaben übernimmt und selbst kein Amt ausübt. Dieses berühmte »Nicht-Handeln« (*wu wei*) des Herrschers sichert ihm die Unangefochtenheit seiner Position. Jegliche Aufgaben überlässt er seinen Untertanen, er lässt alle das Ihre tun und bleibt dabei unbewegt im Zentrum aller Geschäftigkeit. Als ruhender Pol hält er die Gesellschaft im Gleichgewicht, und gerade die Tatsache, dass der Herrscher als einziger frei von jeder Tätigkeit ist, macht ihn zum Herrscher über alle Tätigkeiten. In Kapitel 48 heißt es:

Will man die Weltherrschaft ergreifen,
bleibe man stets ohne Verpflichtung.

Sobald man eine Verpflichtung hat,
genügt man wieder nicht dazu,
die Weltherrschaft zu ergreifen.

Wer das Dao der Herrschaft auszuüben weiß, wer die Gesellschaft nach der idealen Vorgehensweise zu gestalten vermag, der wird die optimale »Wirkkraft«, wie man den Ausdruck *de* übersetzen kann, über die Welt erstrahlen lassen können. Das »De« ist die Kraft, die ein Vorgang oder eine Ordnung entfalten können, wenn sie nach Art des Dao, nach Art des »Weges« gestaltet sind. Und deswegen wurde der *Laozi* als der »Klassiker von Dao und De«, als *Dao-de-jing*, bezeichnet.

b. *Zhuangzi*

Das daoistische Denken blieb nun keinesfalls auf eine Lehre der Regierungskunst beschränkt. Während das *Daodejing* zwar als eine Art Leitfaden für angehende Regenten konzipiert war, gab es doch Anlass zu Deutungen, die weit über den Bereich des Politischen hinausgingen. Die im *Daodejing* ausgebreiteten Visionen einer perfekten Ordnung der Gesellschaft wurden von vornherein im Zusammenhang mit der Vision einer perfekten Ordnung der gesamten Welt, einer perfekten Ordnung von »Himmel, Mensch und Erde« gesehen. Auch wenn im *Daodejing* die Ordnung der Gesellschaft den Ausgangspunkt vieler Überlegungen bildet, so betrafen diese Überlegungen doch auch den ganzen »Weltzusammenhang«, und insofern kann man im alten China und bei den alten Daoisten von einer Art »Metapolitik« in Anlehnung an die altgriechische »Metaphysik« sprechen. Während man dort im Anschluss an die Beschreibung des »Physischen« auch noch dasjenige beschreiben wollte, was es »darüber hinaus« (*meta-*) in der Welt gibt, wollte man im alten China eher über das Politische hinaus die Welt und das Leben erklären.

Der im *Daodejing* deutlich angelegte, aber noch nicht ausführlich entwickelte Entwurf einer über das Politische hinaus weisenden Lebens- (oder auch Todes-) haltung kommt im zweiten Kerntext des Daoismus viel stärker zum Ausdruck: im *Zhuangzi*. Der *Zhuangzi* ist aller Wahrscheinlichkeit nach jünger als das *Daodejing* – zumindest als viele der in diesem enthaltenen Materialien wie die der Bambustexte von Guodian – und kann in gewisser Hinsicht durchaus als eine unter anderem aus der Kenntnis des *Daodejing* hervorgegangene Weiterentwicklung des daoistischen Denkens gelten. In ihm treten die politischen Aspekte nicht nur in den Hintergrund, sondern werden sogar lächerlich gemacht. Der Daoismus im *Zhuangzi* ist kein politischer mehr: Er lehrt vielmehr, wie das Leben zu leben sei (und wie der Tod zu sterben).

Trotz seiner philosophischen Bedeutung ist der *Zhuangzi* bisher – vor allem im »Westen« – weniger bekannt als das *Daodejing*. Dies liegt sicher auch an der literarischen Gestalt dieses Textes, die eine Übersetzung enorm schwierig macht. Der *Zhuangzi* besteht anders als der *Laozi* nicht aus knappen und schwer zu deutenden Lehrversen, sondern aus literarisch anspruchsvollen Gleichnissen, Kurzabhandlungen zu philosophischen Problemen und anekdotenhaften Erzählungen und Dialogen. Anders auch als beim *Laozi* handelt es sich nicht um eine relativ kurze Sammlung von Sprüchen, sondern um ein umfangreiches Buch. Die inhaltliche und stilistische Komplexität des *Zhuangzi* zeigt sich unter anderem in vielen für das alte China ungewöhnlichen poetischen Kunstgriffen. Es tauchen sprechende Personennamen auf und Gestalten, die an antike Tierfabeln erinnern, vor allem aber eine Vielzahl witziger Wortspiele und ironischer Pointen.

Die für altchinesische Verhältnisse ungewöhnliche formale Gestalt des *Zhuangzi* wird von ebenso auffälligen Besonderheiten seines »Denkstils« begleitet. Während Texte wie das *Daodejing* (oder noch mehr das *Yijing*, das »Buch der Wandlungen«) mit den Mitteln der Verschleierung und Verkürzung eine Aura des Geheimnisvollen erzeugen, findet man im *Zhuangzi* viele auf den ersten Blick geradezu einfache und alltägliche Geschichten oder Überlegungen, die sich erst auf den zweiten Blick als feinsinnig strukturierte Verbildlichungen eines komplexen philosophischen Gedankenganges entpuppen. Hier wird der philosophische Sinn gerade nicht in einer diffusen Abgründigkeit aufgelöst, sondern es gilt vielmehr umgekehrt: Die doppelbödigen sprachlichen Kunstwerke dieses Textes bringen Klarheit in die Abgründigkeit des philosophischen Nachdenkens.

Genauso wie das *Daodejing* nicht zu einem bestimmten Zeitpunkt von einem bestimmten Autor verfasst worden ist, ist auch der *Zhuangzi* kein auf einen einzigen, genau auszumachenden Ursprung zurückgehender Text. Unterschiedliche Theorien über die Entstehung des *Zhuangzi* stimmen darin überein, dass die heute vorliegende Fassung aus mehreren, zu verschiedenen Zeiten entstandenen Textsegmenten zusammengesetzt ist. Die älteste Schicht dieser Segmente stammt vielleicht wirklich aus der Hand eines Philosophen namens Zhuang Zhou, also eben jenes »Zhuangzi« oder »Meister Zhuang«, nach dem das Buch benannt ist. Zhuang Zhou soll etwa zwischen 369 v. Chr. und 286 v. Chr. gelebt haben und der Verfasser der ersten sieben Kapitel des heute aus insgesamt 33 Kapiteln bestehenden Werks sein. Man hat offenbar schon im alten China diese ersten sieben Kapitel als den Kern des gesamten Werkes verstanden und spricht deshalb traditionell von ihnen als den »inneren Kapiteln«. Auf die sieben »inneren Kapitel« folgen dann weitere 15 »äußere Kapitel« und schließlich noch elf »vermischte Kapitel«.

Man geht davon aus, dass manche der auf die inneren Kapitel folgenden Textelemente von Schülern oder Anhängern des Zhuang Zhou niedergeschrieben wurden. Außerdem sollen weitere philosophische Gruppen aus dem näheren daoistischen Umkreis dazu beigetragen haben: die »primitivistischen« Denker, die in Verbindung mit einigen Passagen aus dem *Daodejing* eine schlichte und einfache Lebensweise propagierten, die »Synkretisten«, die Gedanken verschiedener daoistischer und nicht-daoistischer Denkweisen zu vereinen suchten, sowie angeblich Anhänger des sagenumwobenen daoistischen Sonderlings Yang Zhu, der im fünften Jahrhundert v. Chr. gelebt und, wie berichtet wird, sehr auf die Unversehrtheit seines Körpers geachtet haben soll.

Ein Vorläufer des heutigen Textes existierte sicherlich schon im zweiten Jahrhundert v. Chr. In den bereits erwähnten *Aufzeichnungen des Großhistorikers* wird jedenfalls nicht nur Laozi genannt, sondern auch schon Zhuang Zhou, und zwar als eine Person, die das philosophische Erbe des Laozi angetreten und eine Reihe von Schriften verfasst habe.[4] Ungefähr zweihundert Jahre später wird in einem Bücherkatalog, der in der aus dem ersten Jahrhundert n. Chr. stammenden *Geschichte der Han-Dynastie* (*Hanshu*) enthalten ist, ein aus 52 Kapiteln bestehender Text mit dem Titel *Zhuangzi* aufgeführt. Diese beiden Erwähnungen belegen, dass während der Han-Dynastie ein Text namens *Zhuangzi* existiert haben muss. Keiner dieser Texte ist allerdings als solcher überliefert und auch Ausgrabungen haben bisher nur Fragmente, aber keine zusammenhängenden Manuskripte davon zu Tage gefördert.

Der heutige *Zhuangzi* ist eine recht eigenwillige Ausgabe aus der Hand des Philosophen Guo Xiang (gest. 312 n. Chr.). Guo Xiang hat den gesamten *Zhuangzi* – wahrscheinlich unmittelbar auf die Vorarbeiten anderer aufbauend – neu zusammengestellt und kommentiert. Er hat den Text neu eingeteilt (in 33 statt 52 Kapitel) und dabei vermutlich nicht wenig ausgelassen, aber auch manches hinzugefügt und einiges verändert. Vor allem aber hat er das Buch mit philosophischen Kommentaren versehen. Offensichtlich hat er dabei den Text und seinen Kommentar aufeinander abgestimmt. Er hat beides einander angeglichen und passend gemacht. Guos Auslegung wurde mit dem neu edierten Text zu einer fortlaufenden Einheit, ja geradezu zu einem Zwiegespräch von Text und Kommentar, verwoben.

Der uns vorliegende *Zhuangzi* ist somit eine Schöpfung des Guo Xiang aus dem vierten Jahrhundert n. Chr., der auf das alte Material des han-zeitlichen (oder noch älteren) Werks *Zhuangzi* zurückgriff. Der »Kommentar« des Guo Xiang ist keinesfalls eine bloße Erläuterung der älteren Materialien des *Zhuangzi*, sondern diese älteren Materialien dienen als Rahmen zur Ausbreitung der Gedanken des Guo Xiang. Und deshalb sagte der Chan-Buddhist (bzw. auf japanisch: der Zen-Buddhist) Zonggao (1089-1163) zu Recht: »Man meint immer, Guo Xiang kommentierte Zhuangzi, aber ein Kenner sagt, dass es Zhuangzi ist, der Guo Xiang kommentiert.«[5]

Ein weiterer Unterschied zwischen dem *Laozi* und dem *Zhuangzi* – über Textgestalt, Inhalt und Entstehungsgeschichte hinaus – betrifft die Übersetzungen des Textes. Der *Zhuangzi* ist sicherlich auch deshalb hierzulande weniger bekannt als der *Laozi*, weil es von ihm nicht Dutzende deutsche Übersetzungen gibt, sondern nur sehr wenige, von denen die meisten wiederum nur bruchstückhaft sind. Und anders als beim *Laozi* vermitteln diese Übersetzungen nicht unbedingt ein gültiges Bild des Originals.

Die am weitesten verbreitete deutsche Übersetzung des *Zhuangzi* (*Dschuang Dsi. Das wahre Buch vom südlichen Blütenland*) stammt von dem protestantischen Missionar Richard Wilhelm, der zu Beginn des letzten Jahrhunderts in der zum damaligen deutschen Kolonialgebiet gehörenden chinesischen Küstenstadt Qingdao tätig war. Richard Wilhelm hat eine Vielzahl altchinesischer philosophischer

Schriften ins Deutsche übersetzt und damit eine großartige und eindrucksvolle Pionierleistung vollbracht. Manche seiner Übersetzungen, wie etwa diejenige des *Buchs der Wandlungen*, zählen bis heute zu den besten, die es gibt. Die Übersetzung des *Zhuangzi* aber kommt der Qualität nach nicht an die anderer Werke – vor allem der konfuzianischen – heran. Die Wilhelmsche *Zhuangzi*-Übersetzung ist nicht nur nicht vollständig, sondern auch in weiten Teilen schlicht irreführend oder falsch. Für die Mängel dieser Übersetzung gibt es vor allem zwei Gründe: unzureichende Hilfestellung, und die Art, wie dieses Fehlen zu kompensieren versucht wurde.

Während Richard Wilhelm bei seiner Arbeit an den konfuzianischen Texten mehrere hervorragende chinesische Kenner dieser »Klassiker« zur Seite standen, war die Anzahl und die Verlässlichkeit seiner einheimischen Gewährsleute auf dem Gebiet des Daoismus stark eingeschränkt. Denn die »offizielle« Gelehrsamkeit Chinas war in der ausgehenden Kaiserzeit immer noch stark auf das konfuzianische Erbe fixiert und mit diesem im Allgemeinen inniger vertraut als mit dem daoistischen. Den relativen Mangel an ihm zur Verfügung stehender daoistischer Fachkompetenz, glich Richard Wilhelm bei seiner *Zhuangzi*-Übersetzung auf unglückliche Weise aus: Er las nämlich, viel mehr noch als bei den konfuzianischen Werken, protestantisches Denken in den Text hinein. Dies führte nicht selten zu Missverständnissen auf der philosophischen Ebene und manchmal zu fast grotesken Entstellungen der eigentlich erzählten Geschichten oder der verwendeten Bildlichkeit. Hier sei nur ein Beispiel für letzteres erwähnt: Eine ganz bedeutende Passage zu Beginn des zweiten Kapitels ist das Gleichnis vom »Flötenspiel des Himmels«. Bei Richard Wilhelm wird dieses unsinnigerweise zum »Orgelspiel des Himmels«. Dabei wird nicht nur die deplazierte Vorstellung einer Kirchenorgel geweckt, die es im alten China natürlich nicht gab, sondern mit dieser Assoziation zugleich auch die Bedeutung von »Himmel« gewissermaßen »verchristlicht«. Das »Flötenspiel des Himmels« im *Zhuangzi* ist alles andere als ein göttlicher Orgelklang.[6] Und mit einer solchen Entstellung der Bildlichkeit ist unvermeidlich auch eine entscheidende Entstellung des philosophischen Sinns verbunden.

Weniger verbreitet, aber noch einflussreicher als die *Zhuangzi*-Übersetzung Richard Wilhelms ist die des bedeutenden jüdischen Religionsphilosophen Martin Buber (1878-1965). Während Richard

Wilhelms Ausgabe zwar nicht vollständig war, aber doch einen Großteil des Textes wiedergab, enthielten Martin Bubers 1910 veröffentlichte *Reden und Gleichnisse des Tschuang-Tse* nur einige ausgewählte Passagen im Anschluss an einen umfangreichen philosophischen Aufsatz aus der Hand des Übersetzers. Buber selbst konnte gar kein Chinesisch und bediente sich zweier anderer Grundlagen für sein *Zhuangzi*-Buch: der englischen Übersetzung von Herbert Giles und der Hilfe eines ihm persönlich bekannten chinesischen Muttersprachlers. Bubers Version ist eine mehr oder weniger wörtliche Übersetzung der englischen Übersetzung, ergänzt durch einige zusätzliche »Einfälle«. Sie ist also, von einem rein wissenschaftlichen Standpunkt aus betrachtet, von durchaus zweifelhafter Qualität und auf jeden Fall von großer Distanz zum chinesischen Text.

Das Ziel Bubers war es aber wohl auch weniger, eine adäquate deutsche Fassung des *Zhuangzi* zu schaffen, sondern vielmehr, ihn persönlich faszinierende Elemente dieses Buches zu präsentieren, um daran mit eigenen religionsphilosophischen Überlegungen anzuknüpfen. Weil seine Ausgabe tatsächlich zielsicher einige der eindrucksvollsten Abschnitte aus dem chinesischen Text herausgriff und zudem in einem sehr schönen Deutsch verfasst war, erreichte sie ein großes Publikum. Bubers Bekanntheit und Ansehen leisteten einen zusätzlichen Beitrag zur Aufmerksamkeit, die dem *Zhuangzi* auf diese Weise im deutschsprachigen Raum zuteil wurde. Auch und gerade führende Intellektuelle wurden über die Bubersche *Zhuangzi*-Version mit der altchinesischen Philosophie und dem Daoismus bekannt. Auf Hermann Hesse und Martin Heidegger beispielsweise übte diese Übersetzung einen nicht unwesentlichen Einfluss aus. Viele der wirklichen oder scheinbaren altchinesischen oder daoistischen Elemente, die Eingang in die Werke deutschsprachiger Dichter und Denker des letzten Jahrhunderts fanden, sind auf diese »Übersetzung« zurückzuführen.

c. Der so genannte »Huang-Lao-Daoismus«

»Huang-Lao-Daoismus« ist eine sehr alte Bezeichnung, die erst in jüngster Zeit wieder an Bedeutung gewonnen hat. Im Gegensatz zur philosophischen Erweiterung, die das im *Laozi* angelegte daoistische

Denken im *Zhuangzi* erfuhr, stellt der Huang-Lao-Daoismus eine Verengung des *Laozi* auf eine Theorie politischen Handelns dar. Ungefähr zeitgleich mit der Entstehung des *Zhuangzi* entwickelte sich diese Denkrichtung mit der Entstehung der Han-Dynastie (also um 200 v. Chr.) zu einer führenden Lehre, die insbesondere auch in den ersten Herrschergenerationen des neu begründeten Einheitsreiches von großem Einfluss war.

Der Ausdruck Huang-Lao ist aus zwei Namensteilen zusammengesetzt: Das »Huang« bezieht sich auf Huang-di, einen legendären Urkaiser, der als eine Art Idealherrscher zu den Begründern der chinesischen Zivilisation gerechnet wurde. Das »Lao« bezieht sich auf Laozi, den angeblichen Verfasser des *Daodejing*. Die Verknüpfung einer legendären politischen Gestalt mit einer legendären »philosophischen«, wie sie der Ausdruck »Huang-Lao« darstellt, bezeugt die stark politische Ausrichtung dieser Schule.

Trotz seiner nicht geringen Bedeutung zu Beginn der chinesischen Kaiserzeit geriet der Huang-Lao-Daoismus bald weitgehend in Vergessenheit. Dies hing nicht unwesentlich damit zusammen, dass einige seiner Kerntexte verloren gingen. Erst in jüngster Zeit ist die sinologische Forschung wieder auf diese Form des Daoismus aufmerksam geworden, und zwar hauptsächlich durch die bereits erwähnten Ausgrabungen von Mawangdui. Dort fand man, neben den Seidenmanuskripten des *Daodejing*, auch eine viele Jahrhunderte verloren geglaubte Hauptschrift der Huang-Lao-Schule, die »Vier Klassiker des Huangdi« oder *Huangdi Sijing*. (Jedenfalls plädieren viele Sinologen dafür, dass jener in Mawangdui gefundene, aus vier Teilen bestehende Text, eben mit den in han-zeitlichen Werken mehrfach erwähnten »Vier Klassikern des Huangdi« zu identifizieren sei.)

Das daoistische Fundament des *Laozi* wird, in scharfem Gegensatz zum *Zhuangzi*, im Huang-Lao-Daoismus zur Begründung einer Herrschaftslehre benutzt. (Wegen dieser politischen Orientierung wollen manche Sinologen die Huang-Lao-Schule überhaupt weniger mit dem Daoismus und stattdessen mehr mit dem Konfuzianismus in Verbindung bringen.) Viele Motive des daoistischen Denkens werden – und das erinnert wiederum stark an den ältesten bekannten *Laozi*-Kommentar des Legalisten Hanfeizi – in der Huang-Lao-Schule als Instrumente des Regierens vorgestellt. Dabei soll ein einzelner Herrscher mit der Macht des Dao regieren. Er soll das »natürliche« Gesetz des Dao walten lassen und »nicht handeln«. Vielmehr muss er darüber wachen, dass »Namen und Formen« – also einerseits die »natürlichen Bestimmungen« der Menschen, die sich in ihren sozialen Positionen, ihren Rollen und ihren damit verbundenen Handlungspflichten ausdrücken (die »Namen«), und andererseits deren tatsächliche Handlungsweisen (die »Formen«) – im Einklang sind. Der Herrscher wacht mit der Macht des Dao darüber, dass jeder das Seine tut, und dass auf diese Weise das Dao als das ideale soziale Gefüge funktioniert. Die daoistische Quelle dieser Lehre von der Regierungskunst zeigt sich unter anderem auch darin, dass dem Herrscher empfohlen wird, einem »weiblichen« (*ci jie*) oder »weichen« (*ruo jie*) Verhaltensmuster der Zurücknahme und der Ruhe zu folgen. Gerade diese Bildlichkeit belegt die enge Verwandtschaft der »Vier Klassiker des Huangdi« mit dem *Daodejing* und mit anderen daoistischen Texten.

Durch die Wiederentdeckung dieser alten Texte ist man jetzt auch in der Lage, Segmente der Huang-Lao-Philosophie in anderen Schriften aus dem Umkreis des Daoismus zu identifizieren. Werke wie *Guanzi*[7], *Huainanzi*[8] und andere sind aus verschiedenen Quellen zusammengestellt und in komplizierten Überlieferungsprozessen bis heute erhalten worden. Alle diese Texte sind voll von daoistischen Elementen, aber weder stilistisch noch inhaltlich so geschlossen wie das *Daodejing*, der *Zhuangzi* oder die »Vier Klassiker des Huangdi«, die ja alle selbst schon höchstwahrscheinlich aus unterschiedlichen Materialien bestehen und nicht von einem einzigen Autor stammen. Jedenfalls enthalten auch die genannten Texte *Guanzi* und *Huainanzi* Spuren der politischen Philosophie des Huang-Lao-Daoismus. Einige Passagen daraus werden in diesem Buch noch erwähnt werden.

d. Die »Daoistische Mystik« der »Neo-Daoisten«

Historisch gesehen erlebt die daoistische Philosophie mit der so genannten »Daoistischen Mystik« eine letzte Blütezeit vor der geistesgeschichtlich wirksamen buddhistischen Durchdringung Chinas. Der chinesische Begriff für diese führende philosophische Richtung im China des dritten und vierten Jahrhunderts n. Chr. lautet *xuan xue*, was so viel heißt wie »Schule des Dunklen« oder »Schule des Verborgenen«. Im Deutschen wird dies häufig mit »Daoistische Mystik« wiedergegeben.

Im Unterschied zum »klassischen« Daoismus des *Laozi* und *Zhuangzi*, aber auch zum Huang-Lao-Daoismus sind die wichtigsten bis heute erhaltenen Zeugnisse der Daoistischen Mystik oft keine eigenständigen Werke, sondern häufig »nur« Kommentare zu den überlieferten Klassikern sowie in anderen Schriften überlieferte Anekdoten und kurze Traktate zu philosophischen Fragestellungen. Die beiden berühmtesten Neo-Daoisten wurden bereits genannt: Wang Bi (226-249) und Guo Xiang (gest. 312 n. Chr.). Sie kommentierten den *Laozi* und den *Zhuangzi* und leiteten mit diesen Kommentaren zugleich ein grundlegend neues Verständnis dieser Werke ein. Ihr Verständnis der »Klassiker« setzte sich so sehr durch, dass es bisweilen, wie etwa im Falle von Guo Xiangs *Zhuangzi*, schwierig wird, überhaupt noch eine Textgestalt und -bedeutung, wie sie vor dem Kommentar war, zu rekonstruieren.

Wang Bi war nicht nur für seine Kenntnis der daoistischen Philosophie bekannt, sondern auch für sein Studium der »Gespräche des Konfuzius« (*Lunyu*) und des »Buchs der Wandlungen« (*Yijing*). Von besonderer philosophischer Bedeutung ist jedoch sein Kommentar zum *Laozi*. Dort entwickelt er einen in der Tat fast metaphysischen Entwurf des »Nichts« oder der »Leere« (*wu*). In diesem untrennbar mit dem Dao verbundenen Konzept erkennt er einen daoistischen Urgrund aller Dinge und Erscheinungen. Im Kommentar zum ersten Kapitel aus dem *Laozi* schreibt Wang Bi: »Alles, was es gibt, nimmt seinen Anfang im ›Nichts‹ (*wu*). Also ist die Zeit, da noch nichts geformt war und es noch keine Namen gab, der Anfang der zehntausend Dinge.« Diese Zeit bzw. das »Nichts« oder die Leere ist mit dem Dao zu identifizieren: »›*Dao*‹ (›Weg‹): Das ist, wovon die Dinge ausgehen.« (Kommentar zu *Laozi* 51) Und: »Es wird ›*dao*‹ genannt, insofern es durch es einen Ausgangspunkt gibt.« (Kommentar zu *Laozi* 25). Diese Deutung des Dao als »Nichts« und als »Ursprung aller Dinge« hat einem Verständnis des gesamten Daoismus als Lehre von einer spezifischen Schöpfungsmacht Vorschub geleistet. Meiner Ansicht nach hat Wang Bi mit dieser bei ihm vielleicht wirklich angelegten philosophischen Tendenz der daoistischen Philosophie keinen besonders guten Dienst geleistet und vielen interpretatorischen Irrwegen den Boden bereitet.[9]

Guo Xiangs *Zhuangzi*-Kommentar trägt, wie ich glaube, viel stärker der Originalität der daoistischen Philosophie Rechnung. Anders als Wang Bi – mit seiner etwas pompösen Hypostasierung des Dao und des Nichts zu einem Schöpfungsgrund – bringt Guo Xiang vielmehr die Subtilität der daoistischen Gedankenwelt ans Licht. Er wendet sich dagegen, die Lehre des *Zhuangzi* als eine Schöpfungserzählung oder Auflösung des Welträtsels zu verstehen, und entwirft statt dessen ein komplexes Geflecht einer Philosophie der »Gleichgültigkeit« (zum Beispiel von Ursache und Folge). Für ihn besteht die daoistische Haltung keineswegs in der Suche nach einem »Urgrund« der Dinge: »Geht man ihrer Abhängigkeit nach und sucht man ihre Herkunft, dann verlieren Verfolgen und Suchen sich im Endlosen.«[10]

Geschichten über die Protagonisten der Daoistischen Mystik finden sich vor allem in einer Sammlung von Anekdoten und pointierten Rededuellen jener Zeit, die unter dem Titel »Neue Berichte von Geschichten aus der Welt« (*Shishuo Xinyu*) im fünften Jahrhundert n. Chr. zusammengestellt wurde.[11] Die darin enthaltenen philosophischen Materialien sind allerdings so verknappt und verstreut, dass sich daraus kaum ein zusammenhängendes Bild herauslesen lässt.

Von den philosophischen Kurztraktaten aus der Zeit der Daoistischen Mystik ist vor allem ein Text von He Yan (gest. 249 n. Chr.) »Über das Namenlose« (*Wuming lun*) bekannt.[12] Ähnlich wie Wang Bi befasste sich auch He Yan nicht nur mit daoistischen Texten, sondern schrieb auch einen Kommentar zu den »Gesprächen des Konfuzius«. Insbesondere auf diesen Kommentar gründet sich heute seine geistesgeschichtliche Bedeutung.

e. Der religiöse Daoismus

Der religiöse Daoismus nimmt seinen Anfang erst viel später als der philosophische, nämlich im zweiten Jahrhundert n. Chr., aber viele Elemente, die im religiösen Daoismus eine wichtige Rolle spielen, haben eine lange Vorgeschichte. Ein zentrales traditionelles Element der daoistischen Religion ist das Ideal der Unsterblichkeit. Dieses verfolgte unter anderem schon der »Erste Kaiser der Qin« (*Qin Shi Huangdi*, dessen Grab von der berühmten Terracotta-Armee geschützt wird) im dritten Jahrhundert v. Chr. vergeblich. Im daoistischen Kontext steht das Ideal der Unsterblichkeit in einem direkten Zusammenhang mit der schon im *Laozi* wichtigen Konzeption der Beständigkeit und der Unversehrtheit der perfekten, nach dem Dao gestalteten Ordnung. Wenn man den Körper nach den Regeln des Dao zu organisieren versteht, wird er, so glaubten viele Daoisten, ebenso beständig und unbeschadet funktionieren wie der im *Laozi* anvisierte ideale Staat.

Auch andere wichtige Charakteristika der späteren daoistischen Religion haben frühe Vorläufer: Praktiken der Atemtechnik und Meditation werden schon im *Zhuangzi* erwähnt, bestimmte Vorstellungen von der Gestalt des Kosmos und den darin wirkenden Kräften und Naturgeistern sowie teilweise überraschend bürokratisch wirkende Fantasien von einer Unterwelt waren im Volksglauben präsent. Die daoistische Religion bündelte und vereinte solche Praktiken und Vorstellungen und verwandelte zudem die legendäre Figur des Laozi in eine Gottheit. Dies geschah im zweiten Jahrhundert n. Chr. Eine in diesem Zusammenhang interessante Schrift ist der so genannte »Klassiker der Verwandlungen des Laozi« (*Laozi bianhua jing*). Dieser Text, der wahrscheinlich auch aus dem zweiten Jahrhundert n. Chr. stammt, macht aus Laozi geradezu einen Schöpfergott, allerdings, wie es für das kaum eine Transzendenz zulassende daoistische Denken charakteristisch ist, einen solchen, der sich nicht aus oder von der Welt entfernt, sondern gleichsam als anwesender Ursprung in den vielfältigsten Erscheinungen am Weltgeschehen teilnimmt. Mal tritt er als weiser Berater eines Regenten auf, mal erscheint er als einer, der sich gerade in eine daoistische Übung versenkt. Auch den historischen Buddha verstand man gemäß diesem Schema zeitweise als Verwandlung des über den Grenzpass in Richtung Indien ausgewanderten Laozi.

Mindestens genauso wichtig wie die Vergöttlichung des Laozi war für die Herausbildung einer daoistischen Religion die Entstehung einer daoistischen Volksbewegung mit bestimmten Organisationsformen. Während die vergöttlichte Gestalt des Laozi unterschiedliche Glaubensinhalte aus der Volksreligion und allerlei philosophischen und sonstigen Richtungen zusammenbringen konnte, konnte eine soziale Organisation Menschen an diese Glaubensinhalte binden und eine Gruppe aus ihnen formen. Damit waren zwei wesentliche Bedingungen für eine Religion erfüllt: eine mehr oder weniger integrierte Welt von aufeinander bezogenen Vorstellungen und Praktiken, sowie eine auf diese Vorstellungs- und Praxiswelt gegründete Zusammengehörigkeit von Personen.

Religionsgemeinschaften als soziale Gruppen brauchen nicht nur Götter, sondern auch Führer, die die Gläubigen zusammenhalten. Und so entstand die daoistische Religion im zweiten Jahrhundert als eine Volksbewegung, die von daoistisch inspirierten Menschen geleitet wurde. Die Geschichte der daoistischen Religion beginnt sozusagen mit ihrem ersten Prediger. Dieser war ein Mann namens Zhang Daoling, dem Laozi 142 n. Chr. persönlich in einer göttlichen Vision erschienen war. Zhang Daoling wurde zur Gründungsfigur der ersten daoistischen »Kirche«, der so genannten »Himmelsmeister« (*tianshi*), als deren Nachfolger sich heute noch einige Gruppen religiöser Daoisten in China verstehen. Unter Zhang Daolings Enkel Zhang Lu (ca. 190-220) entwickelte sich die erste daoistische »Kirche« zu einem Staat im Staate. Auch bekannt als »Fünf-Scheffel-Reis-Lehre« (weil die Anhänger fünf Scheffel Reis als »Beitrag« bezahlen mussten) wurde in der Gegend der heutigen Provinz Sichuan eine lokale Machtstruktur und dadurch eine nicht nur religiöse, sondern auch politische und wirtschaftliche Gemeinschaft aufgebaut.

In den folgenden Jahrhunderten entstanden eine Unzahl daoistischer »Sekten« und damit eine nahezu unüberschaubare Vielfalt religiöser Praktiken und Schriften. Dabei wirkte sich vor allem das Eindringen des Buddhismus stark auf die Geschichte des Daoismus als Religion aus. Der Buddhismus brachte viele »kirchliche« Strukturen und Instrumentarien mit, die so in China nicht bekannt gewesen waren. In vieler Hinsicht orientierte sich die Entwicklung der daoistischen Religion daher am Buddhismus. Dem buddhistischen Vorbild folgend, stellten die Daoisten einen Kanon heiliger Schriften auf, begründeten Klöster mit einer Meister-Schüler-Struktur und etablierten eine spezifische Götter- und Geisterwelt. Auf diese Weise wurde der religiöse Daoismus insbesondere in der Tang-Zeit (618-907) zu einer gesellschaftlichen Größe.

Während die daoistische Religion von erheblichem Einfluss auf die Geschichte und die Entwicklung der chinesischen Gesellschaft war, leistete sie, kritisch betrachtet, relativ wenig zur Weiterentwicklung der »klassischen« daoistischen Philosophie. In der Konkurrenz mit dem Buddhismus geriet der Daoismus gewissermaßen in einen religiösen Sog, so dass das philosophische Erbe zwar noch weiter überliefert, aber von allerlei Kulten und Ritualen überwuchert wurde.

f. Daoismus heute: Theorie und Praxis

Der Daoismus lebt bis heute in drei sich überschneidenden Formen fort: als religiöse Praxis, als philosophische Richtung und in der wissenschaftlichen Aufarbeitung seiner Vergangenheit und Gegenwart.

Daoistische Klöster gibt es sowohl in der Volksrepublik China, im inzwischen wieder zu dieser gehörenden Hongkong und auf Taiwan. Wenn die daoistische Religion auch kaum über den chinesischen Kulturraum hinaus gekommen ist, so hat sie doch dort ihre Präsenz sichern und teilweise sogar wieder ausbauen können. Nicht nur als Tourismusziele gewinnen die Stätten daoistischer Religion in der Gegenwart wieder an Popularität.

Ähnlich wie der Buddhismus, allerdings nicht im quantitativ gleichen Umfang, dringt die daoistische Religion zudem im Rahmen des wachsenden Interesses für »östliche Heilslehren« zunehmend in die westliche Hemisphäre ein. Oft werden dabei bestimmte Elemente daoistischer Herkunft aus ihrem angestammten Kontext herausgelöst und mit Elementen anderer Religionen und Kulturen zu einer Mischung vereint. Dies hat auch dazu geführt, dass der Begriff Dao heute im Westen vielfach undifferenziert in den unterschiedlichsten Zusammenhängen verwendet wird.

Als Philosophie war der Daoismus, wie bereits gesagt, eine geraume Zeit nicht mehr richtig lebendig. In China selbst hat es lange gedauert, bis man sich auf das Potenzial dieses Denkens für eine Erneuerung der chinesischen Philosophie besann: Man war dort stärker auf den Konfuzianismus und den Buddhismus konzentriert. Einer der bedeutendsten chinesischen Philosophen des zwanzigsten Jahrhunderts, Feng Youlan (1895-1990, im Westen eher als Philosophiehistoriker bekannt), gehört zu den Denkern, die versucht haben, daoistische Gedanken in eine Philosophie zu integrieren, die moderne westliche und traditionelle chinesische Ansätze vereint. Für ihn war das daoistische Erbe, besonders in seiner »mystischen« Dimension, von großem Wert.[13] In der gegenwärtigen Philosophie Chinas versucht vor allem der 1935 geborene Chen Guying den Daoismus stärker zu etablieren.[14] Dabei steht er in starker Konkurrenz zu dem in Ostasien wieder neu aufgekommenen und institutionell viel tiefer verankerten Neu-Konfuzianismus.

Das auflebende Interesse für den Daoismus in China verdankt sich nicht zuletzt dem Interesse westlicher Denker für diese Philosophie. Vor allem Martin Heideggers Beschäftigung mit dem Daoismus hat viele Chinesen und andere Ostasiaten dazu angeregt, sich nicht nur mit Heidegger (der in Ostasien teilweise populärer ist als in Deutschland) auseinanderzusetzen, sondern sich auch wieder mehr den daoistischen Quellen zuzuwenden. Auf diese Weise lässt sich in der Philosophie – ähnlich wie auf anderen Gebieten auch – eine Art Rückkopplungseffekt im Ost-West-Austausch feststellen: Wenn im Westen bestimmte Elemente der chinesischen Tradition positiv aufgenommen werden, übernimmt man diese positive Bewertung gerne auch wieder in China. Insofern steht die gegenwärtige Neuentdeckung des Daoismus in China in einem direkten Zusammenhang mit dessen Entdeckung durch die westliche Philosophie.

Peter Sloterdijk hat mit seinem Buch »Eurotaoismus« Möglichkeiten einer Auseinandersetzung mit der daoistischen Tradition vor dem Hintergrund der westlichen Postmoderne aufgezeigt. Ähnliches versucht derzeit auch der Wuppertaler Philosoph Günter Wohlfart.[15] Dabei scheint es einige »natürliche« Anknüpfungspunkte zwischen einem postmodernen Denken und einem vormodernen wie dem des Daoismus zu geben. Von unterschiedlichen Ausgangspositionen aus kommen beide zu einer Ablehnung vieler uns immer noch stark prägenden Konzepte der westlichen Moderne. Dabei ist an erster Stelle sicherlich an die Vorstellung vom »Subjekt« zu denken. Sowohl die Postmoderne als auch der Daoismus stellen (unterschiedliche) Alternativen zu einer »subjektzentrierten« Philosophie dar, wie sie für die Moderne typisch war.

Das wissenschaftliche Interesse konzentriert sich mehr noch als auf die daoistische Philosophie auf den religiösen Daoismus. Vor allem in Frankreich, den USA und in Deutschland – und natürlich auch in China (und Taiwan) selbst – gibt es dazu eine breite Forschung.

g. Das Dao

Das Dao ist weniger deskriptiv, weniger beschreibend zu verstehen, und mehr präskriptiv oder vorschreibend. Die antike chinesische Philosophie im Allgemeinen und die daoistische im Besonderen ist auf Erfolg ausgerichtet, sie ist *wirkungszentriert* und nicht *wahrheitszentriert*. Es ging in der Hauptsache um die Entwicklung von effektiven Strategien und Verhaltensweisen. Nicht die Frage, *was* etwas ist, stand letztlich im Vordergrund, sondern die Frage, *wie* etwas am besten zu erreichen ist.

Dabei waren, wie das *Daodejing* beweist, zunächst gesellschaftliche Themen wie die Organisation der Familie, der Sippe und des Staates von besonderer Wichtigkeit. Mit diesen im weiteren Sinne politischen Fragen verknüpft waren die Bereiche der Kriegsführung und der Diplomatie. Über den sozialen Rahmen hinaus verband man die Ordnung im Staat zusätzlich mit der Ordnung der Natur oder der des Kosmos. Die Welt der Kultur oder der Zivilisation war unmittelbar eingebunden in die natürliche Welt, oder besser, es wurde überhaupt keine feste Grenze zwischen Natur und Kultur gezogen. An Stelle einer solchen Unterscheidung durchzog der gleiche Ordnungsentwurf den Raum der Gesellschaft und den der Himmelskörper. Zeremonien, Aufbau des Staatswesens und die Regeln der – vorwiegend agrarischen – Wirtschaft wurden in Entsprechung mit astronomischen und astrologischen Spekulationen und in Einklang mit den religiösen Vorstellungen der Ahnenverehrung gebracht. Schließlich wurde die Vision einer Ordnung vom Makrokosmos auf den Mikrokosmos übertragen: So wie die Ordnung in der Gesellschaft analog zu einer kosmischen Ordnung gedacht wurde, so galt auch die Kultivierung des Körpers, die sich in Gesundheit und vor allem Langlebigkeit ausdrückte, als Ausdruck oder Anwendung derselben Ordnung.

Das Dao war in diesem auf Ordnung und Effektivität ausgerichteten Denken der Ausdruck für den bestgeordneten und den effektivsten Wirkungszusammenhang. Dementsprechend gab es eine Vielzahl von »Daos«: das Dao des Himmels, das Dao der Erde, das Dao des Menschen, aber auch das Dao der Herrschaft oder das Dao der Kriegsführung. Neben diesen spezifischen Vorstellungen eines idealen Weges, gab es auch das Dao als solches, also die Vorstellung einer effektiven Ordnung für jegliche Vorgänge, eine Art Weg aller Wege, eine Methode aller Methoden, ein Muster aller Muster.

Im Gegensatz zu manchen heutigen Ratgebern oder Welterklärungsmodellen, die sich mit dem Begriff des Dao schmücken, war die Beschäftigung mit einem oder »dem« Dao im chinesischen Altertum der kulturellen und politischen Elite vorbehalten. Der »Diskurs« des Dao stellte das Vokabular und die Sprache bereit, in der sich die Gebildetsten und Mächtigsten über ihr Verhalten verständigten und mit der sie es begründeten. Im alten China war das Dao nicht nur für die daoistische Schule, sondern auch für alle anderen Denkrichtungen ein Leitbegriff, an dem sich die Experten orientieren mussten, wenn sie an den intellektuellen Auseinandersetzungen teilnehmen wollten.

Das Dao – der »Weg« – zeigt, wie etwas optimal »läuft«. Das Dao der Daoisten folgt dabei einer spezifischen Struktur. Der daoistische »Weg« besteht aus einer besonderen Verschränkung von »Sein« und »Nichts«, wenn man so will, oder besser von Fülle und Leere, von Gegenwart und Nicht-Gegenwart, oder in Fremdwörtern gesagt, von Präsenz und Nicht-Präsenz. Diese Struktur kann ein recht einfaches Beispiel verdeutlichen: In der Psychologie spricht man von einem so genannten »Flow-Erlebnis«. Das bedeutet, dass man bei einer bestimmten Tätigkeit nicht mehr bewusst wahrnimmt, dass man diese Tätigkeit ausführt, und sie sozusagen wie von selbst und auf bemerkenswert angenehme Weise für den Tätigen vor sich geht. Das kann etwa beim Dauerlauf passieren: Man läuft und läuft, und plötzlich spürt man kaum noch eine Anstrengung, der Körper scheint ganz leicht und locker von selbst zu laufen. Hier passiert dann ungefähr dass, was sich die Daoisten unter einem nach dem Dao strukturierten Vorgang vorstellen: Während einerseits das »Ich« des Laufenden verschwindet und gewissermaßen »leer« wird, wird das Laufen zu einem mühelosen, dauerhaften und optimal vor sich gehenden Vorgang. Dies ist das Ineinander von Leere und Fülle oder von Nicht-Gegenwart und Gegenwart bzw. von Nicht-Präsenz und Präsenz. Sobald sich das »Zentrum« eines Vorgangs – im Beispiel das »Ich« des Laufenden – völlig entleert, kommt der Vorgang selbst – im Beispiel das Laufen – zur höchsten Perfektion. Sobald das Zentrum des Vorgangs nicht mehr gegenwärtig oder präsent ist, ist der Vorgang vollkommen gegenwärtig oder präsent. So gehören Leere und Fülle, Nicht-Präsenz und Präsenz direkt zueinander: Die perfekte Leere oder Nicht-Präsenz (des Laufenden) ermöglicht die perfekte Fülle oder Präsenz (des Laufs).

Im *Daodejing* muss der Herrscher in der Mitte des Staates sich auf eine analoge Weise »leeren« wie der Laufende beim Laufen. Das »Nicht-Handeln« des Herrschers soll garantieren, dass im Staat alles reibungslos abläuft. Und im *Zhuangzi* ist es das »Ich«, das bei jeder Handlung vergessen werden muss. So wird die Tätigkeit perfekt, ohne dass ein Ich dabei störend eingreifen könnte. Im Staat bringt die Nicht-Präsenz des daoistischen Herrschers, der die leere Mitte des Staatswesens bildet, die optimale Präsenz des Staates zur Geltung, während bei der menschlichen Tätigkeit die Nicht-Präsenz des Ichs als leere Mitte der Handlung die Präsenz der Handlung voll zur Geltung bringt.

Das »Sitzen in Vergessenheit« (*zuo wang*) ist ein Ausdruck für die Praxis der daoistischen Philosophie. Diese z. B. im *Zhuangzi* vorkommende Wendung bedeutet, in einer Art Meditation das »Ich zu verlieren« (*sang wo*).[16] Verliert man das Ich, leert man damit das Zentrum der Existenz. Und auf diese Weise kann man eben die Existenz zu einer idealen Geschehensgestalt im Sinne des Dao – zu einem ich-losen »Selbstläufer« – transformieren. Die folgenden Bilder und Gleichnisse illustrieren, wie dies gelingen soll.

I. Bilder und Gleichnisse

1. Bilder aus dem *Laozi*

a. Das Rad. Ein Bild des Dao.

Das elfte Kapitel des *Daodejing* beginnt mit einem einfachen Bild:

Dreissig Speichen sind vereint in einer Nabe. –
An ihren leeren Stellen liegt es,
dass Wagen zu gebrauchen sind.

Das Bild des Wagens, oder genauer das Bild des Rades, das den Wagen erst zum Wagen macht, ist ein Bild des Dao. Es eröffnet einen Zugang zur daoistischen Bilderwelt und stellt eine Orientierungshilfe oder einen Rahmen bereit, um die einzelnen Motive und Themen der verschiedenen daoistischen Texte aufeinander zu beziehen.

Wenn das Dao als ein Rad, als Rad eines Wagens, dargestellt ist, so zeigt diese Darstellung zunächst einmal, dass das Dao nichts bloß Statisches ist, nicht etwas, das sozusagen ewig nur stillsteht, sondern etwas, das, wenn es auch seine Form nicht ändert, sich trotzdem bewegt. Das Rad ist nicht nur ein Ding, es ist auch ein Vorgang: es ist Drehung und Bewegung. Das Rad läuft, es ist ein Ablauf, ein Prozess. Ist das Dao wie ein Rad, so ist es, anders als etwa ein Fels (der ja bekanntlich ein nicht unwesentliches Symbol des Christentums ist), weniger Grund oder Prinzip, für alles, was sich auf dessen Boden ereignet, und mehr Mechanik, Struktur oder Ordnung eines Geschehens. Das Bild des Rades macht deutlich, dass das daoistische Dao weder eine Gottheit ist noch eine höhere Idee im Platonischen Sinne, es ist nicht (und damit möchte ich manchen an Wang Bi anschließenden Deutungen widersprechen) im christlichen Sinne Urgrund oder Schöpfer, nicht logisches oder natürliches Gesetz, nicht »unbewegter Beweger«. Von solchen Dingen, mit denen es vor allem westliche Interpreten gerne verwechselt haben, unterscheidet es sich vor allem dadurch, dass es mehr ein Muster oder eine *Anleitung* ist als eine

Ursache. Mit dem Dao als Rad zeigen die Daoisten nicht, worauf etwas fußt, sondern demonstrieren vielmehr wie etwas läuft.

Das Bild des Rades zeigt wie ein Mechanismus oder ein Organismus aufgebaut sein muss, damit er optimal funktionieren kann. Indem man die Elemente analysiert, die das Rad ausmachen, analysiert man zugleich die Elemente, die in der Vorstellung der altchinesischen Daoisten einen intakten Wirkungszusammenhang herstellen. Im Bild des Rades sind die beiden Grundelemente die Nabe und die Speichen. Versteht man sie in ihrer jeweiligen Funktion und in ihrer Beziehung zueinander, so vergegenwärtigt man sich zugleich, die wesentlichen Faktoren, die bei jedem Geschehnis, bei jedem Ablauf eines Vorgangs über Gelingen oder Nicht-Gelingen entscheiden.

Im Zentrum des Rades steht die Nabe, so wie im Zentrum eines jeden effektiven Wirkungskreises eine leere Mitte stehen muss. Sie ist vor allem durch vier Eigenschaften zu charakterisieren: durch ihre Position im *Zentrum*, durch ihre *Leerheit*, durch ihre Unbewegtheit, beziehungsweise positiv gesagt durch ihre *Ruhe*, und schließlich durch ihre *Einzelheit*.

Alle Speichen schließen gleichermaßen und auf die gleiche Weise an die Nabe an – keine hat eine privilegierte, von den anderen Speichen unterschiedene Stellung zur Nabe. Allein die Nabe hat im Rad einen besonderen, einzigartigen Ort – eben das *Zentrum*.

Dabei ist dieses Zentrum des Rades unausgefüllt. Die Speichen sind materiell, während die Nabe nichts anderes als eine Leerstelle ist. Sie hat keine positiven Qualitäten. Das Material der Speichen ist ein bestimmtes, und deshalb auch ein veränderbares, man kann das Holz dieses oder jenes Baumes dafür nehmen, oder sogar etwas anderes als Holz. Das »Material« der Nabe aber bleibt davon unberührt, es bleibt immer dasselbe – nämlich materiallos. Materialien entstehen und vergehen, Leerstellen nicht. Die Leerstelle im Geschehen ist entweder da oder nicht, aber sie wächst nicht langsam heran oder nimmt an Leerheit ab. Es gibt keine Grade der Leerheit. Die Speichen, das Materielle, haben notwendig positive Bestimmungen, die Leerstelle gerade nicht, wäre sie positiv bestimmbar, wäre sie nicht mehr *leer*.

Während die Speichen sich im Rad drehen, steht die Nabe stets still. Unverändert verharrt sie auf ihrer Position und gibt gerade dadurch dem Lauf der Speichen den Raum ihrer Bewegung. Die Drehung bedarf des Angelpunktes, auf den sie sich bezieht. Ohne diesen starren

Bezugspunkt, ohne den ruhenden Pol würde die Bewegung der Speichen aus dem Gleichgewicht geraten und ungeordnet werden. Das Rad liefe nicht mehr rund und würde schließlich brechen oder verbiegen. Die ideale Bewegung des Kreislaufs ist in der Unbewegtheit, der *Ruhe*, des Mittelpunktes verankert. Der unbewegte, ruhende Mittelpunkt gewährleistet die Balance der Drehung und damit deren Stabilität.

Die vielen Speichen sind vereint in einer Nabe. Unabhängig davon, wie es um die Anzahl der Speichen steht, bleibt die Nabe *einzeln*. Wieviel Speichen das Rad auch hat, es hat doch immer nur eine Nabe. Ein Zentrum im eigentlichen Sinne, eine geometrische Mitte kann es im Kreis nur einmal geben. Die Nabe im Rad ist aber nicht nur der Zahl nach eine, sie ist gleichfalls der Ort, an dem die Einheit der Speichen sichtbar wird. Alle Speichen laufen in ihr als Einheit zusammen. So ist die einzelne Nabe die Grundlage der Einheit des Rades.

Im Staat herrscht der Regent wie die Nabe im Rad. Auch er ist zentral, leer, ruhend und einzig. Inmitten des Volkes wenden sich ihm alle zu, so wie die Speichen der Nabe. Selbst allein seiend, stellt er die Einheit aller her:

> »*Wenn der Heilige in der Welt residiert,*
> *vereinigt er sich mit ihr.*
> *Der Welt verschmelzt er die Herzen.*
> *Das ganze Volk heftet Augen und Ohren an ihn,*
> *Und dem Heiligen sind sie alle gleich lächelnden Kindern.*«
> (*Laozi* 49)

Der Herrscher ist das Zentrum im Reich. Ihm wenden sich alle gleichermaßen zu. Dabei ist er allein, er nennt sich »Verwaister« oder »Verlassener« (*Laozi* 39, 42). Die einsame Stellung inmitten aller hält der Herrscher, genau wie die Nabe, unbewegt. Er verlässt seinen Platz nicht, er kennt alles »ohne zu gehen, benennt, ohne zu sehen, und vollendet, ohne zu handeln« (*Laozi* 47) »Stille und Ruhe braucht es, um die Welt richten zu können« (*Laozi* 45). Das »Nicht-Handeln« des Herrschers lässt die Untergebenen an allen Orten ihre jeweiligen Pflichten und Aufgaben erfüllen. Indem er nicht in die Tätigkeiten eingreift und lediglich seine Position einhält, können die Beamten und die verschiedenen Berufsklassen das, was ihnen obliegt, erledigen. Im geordneten Staatswesen bleibt der Herrscher untätig und wahrt die Ruhe, während alle um ihn herum sich rühren und dabei einander zum funktionierenden Ganzen ergänzen. Dabei ist der Herrscher nicht nur frei von Tätigkeit, sondern auch frei von Neigungen. Er ist ein leeres Zentrum und steht so allen und allem gleich nahe.

So wie der Herrscher im Staat der Nabe im Rad entspricht, so entspricht ihr im menschlichen Körper das Herz. Die Sinologin Isabelle Robinet hat diese Kopplung von Staatskörper und physischem Körper folgendermaßen formuliert: »Eine Analogie besteht auch zwischen dem menschlichen Körper und der Organisation eines Staatswesens, das in der gesamten chinesischen Tradition als ein organisches Ganzes begriffen wird. Zahlreiche daoistische Texte legen diese Konzeption in entwickelter und präziser Form dar: Jedes Organ wird mit einem Beamten gleichgesetzt, deren Herrscher das Herz, die Entsprechung des Prinzen, darstellt.«[17] Das Herz im Körper muss wie Nabe und Herrscher *leer* sein, es darf sich selbst *nicht regen*. Alle Bewegung müssen die Organe vollziehen. Das Herz wird so zum *Zentrum* der körperlichen Funktionen. Es *allein* residiert über die Mannigfaltigkeit der organischen Tätigkeit und fügt diese zum Organismus zusammen. In der daoistischen Religion werden die so genannten »Unsterblichen« (*xian*) verehrt, die ihren Körper so perfektioniert haben, dass er als endloser Kreislauf unvergänglich geworden ist: Um das völlig entleerte Herz, das sich im übrigen auch jeder emotionalen Regung, jedes Gefühls, entledigt hat, kreisen endlos und unablässig die organischen Funktionen.

Die Speichen bilden in einem gewissen Sinne den Gegensatz zur Nabe: Ist die Nabe das Zentrum, so sind die Speichen die *Peripherie*, ist die Nabe leer, so sind die Speichen *»voll«*, ist die Nabe unbewegt, so sind die Speichen stets in *Bewegung*, und während die Nabe eine ist, sind die Speichen *viele*. Im Staat entsprechen die Untertanen, das Volk und die Beamten, den Speichen des Rades, und im physischen Körper entsprechen ihm die Organe. Die Speichen sind das, was man sieht, was tatsächlich tätig ist, handelt und sich bewegt. Die Speichen bilden den Ort all dessen, was überhaupt einen Ort außerhalb der Mitte, einen bestimmten Ort, hat. In ihrem Kreislauf besetzen die Speichen alle möglichen Positionen: oben, unten, rechts, links. Den ganzen Raum durchlaufen sie. Durch ihren Lauf legen sie die Grenzen des Raumes fest. Alle Richtungen, alle Orte sind durch sie besetzbar.

Dabei ist dieser Raum durch Gegensätze bestimmt: oben steht unten diametral gegenüber, und rechts steht links gegenüber. Der Raum, den die Speichen durchmessen, ist ein Raum, der auf Gegensätzen, auf Wandlung ins Gegenteil beruht: Durch den Kreislauf tauscht die Speiche, die oben liegt, mit derjenigen, die unten liegt, die Plätze. Die gesamte Peripherie ist einem harmonischen Wandel, einem Prozess der Verkehrung unterworfen.

Die Speichen unterteilen das Rad in einzelne Segmente, in einzelne Fächer. Keines dieser Segmente greift, aufgrund der Trennung durch die Speichen, in ein anderes über. Säuberlich unterscheiden die einzelnen Speichen die Felder der Radfläche voneinander. So wie jedes Feld zu jedem bestimmten Zeitpunkt der Drehung seinen eigenen und nur seinen eigenen Platz hat, so soll auch im Staat ein jeder Untertan, ein jeder Beamter zur jeweiligen Zeit an seinem Platz und nur an seinem Platz befindlich sein. Jede Kompetenzüberschreitung, jedes Eingreifen in den Tätigkeitsbereich eines anderen, würde sich auf den harmonischen Gesamtablauf ebenso schädlich auswirken wie die Ausübung einer Tätigkeit zur falschen Zeit. Der Lauf des Rades wird dadurch reibungslos, dass niemals zwei durch Speichen getrennte Felder einander überdecken oder übergreifen. Die Tätigkeiten wechseln mit der Zeit. Das, was oben ist, kommt nach unten, und im Lauf des Jahres muss man zunächst säen und später ernten. Bei diesem Wechsel der Orte und Zeiten besteht die Gefahr, dass die Effektivität des Geschehens leidet. Die Fortbewegung kann dazu führen, dass man aus der Bahn gerät. Deshalb kommt alles darauf an, dass zu den jeweiligen Zeiten immer eine exakte Aufgabenteilung, eine exakte Harmonie aller Funktionen besteht. Höchste Achtsamkeit muss darauf gelegt werden, dass im Laufe des Geschehens die säuberliche Aufgabentrennung nicht in Gefahr gerät. Das Rad mit seinen durch die Speichen getrennten Feldern zeigt, wie trotz permanenter Drehung die Felder immer ein harmonisches Ganzes bilden. Würden die Beamten im Staat oder die Organe im Körper während der wechselnden Situationen miteinander konkurrieren oder sich um ihre Plätze streiten, würden sie die Grenzen ihrer Positionen übertreten und anderen ins Handwerk pfuschen, so bräche der Organismus bald zusammen wie ein Rad, in dem die Speichen durcheinandergeraten sind und sich quer stellen.

Im sich drehenden Rad gibt es im Bereich der Speichen gegensätzliche Positionen. Diese Gegensätze bilden allerdings erstens ein nahtloses Ganzes – alle Segmente schließen ohne Widerstand aneinander – und bestehen zweitens nur momentan. Denn indem die Positionen einander ständig verkehren, indem oben unten wird, und unten oben, ist die Gegensätzlichkeit der Speichen gewissermaßen nur relativ und begrenzt. Die Gegensätze im Bereich der Speichen schlagen unablässig ineinander um, und zwar so wie im Rahmen des kosmischen Geschehens Tag und Nacht einander abwechseln oder die Jahreszeiten und die Monate und, damit verknüpft, die Tätigkeiten der Menschen in der Landwirtschaft. Erst wird gesät, dann geerntet, und schließlich wieder gesät. Im Gegensatz zu einer solchen relativen Gegensätzlichkeit der Speichen ist die Gegensätzlichkeit zwischen Nabe und Speiche absolut: Die Nabe besetzt niemals die Position einer Speiche und niemals besetzt eine Speiche die der Nabe. Genauso wird ein Untertan die verschiedensten Tätigkeiten im Wechsel der Zeiten (wie säen und ernten) ausführen müssen, aber niemals das Nicht-Handeln des Herrschers ausüben können. Und ein Herrscher, der sich mit den Tätigkeiten eines Untertans befassen würde, würde in diesem Moment nicht nur seine Stellung verlieren, sondern gleichzeitig den ganzen staatlichen Organismus ins Wanken bringen. In dem Moment, da die Nabe nicht mehr regungslos in der Mitte steht, besteht die Nabe schon nicht mehr, und mit ihrem Verschwinden bricht das Rad.

Erst das Rad als Ganzes betrachtet hebt die relative Gegensätzlichkeit im Bereich der Speichen und die im Verhältnis dazu absolute zwischen Speichen und Nabe auf.

Im Kreislauf des Rades wird die Gegensätzlichkeit von Nabe und Speichen, hat man das ganze Rad im Auge, schließlich aufgehoben: Erst der Kreislauf des Rades macht Speichen zu Speichen und Nabe zu Nabe. Speichen und Nabe bilden eine untrennbare Einheit: Trennt man sie voneinander, so bestehen beide nicht mehr. Die Speichen sind dann bloß noch ein paar Stücke Holz, und die Nabe ist überhaupt nichts mehr außerhalb der Speichen. Ein Herrscher ohne Volk ist kein Herrscher. Und auch ein Volk, das nicht durch den Herrscher zum Volk zusammengeschlossen ist, ist kein Volk. Schließlich ist ein Herz ohne die Organe ebensowenig ein Körper, wie die Organe ohne das Herz einen solchen bilden können. Obwohl die »absolut« gegensätzlichen Elemente Nabe und Speichen, Herrscher und Untertanen sowie Herz und Organe niemals ihre Rollen tauschen und immer »anders« bleiben, bilden sie doch eine unteilbare Einheit. Trennt man beide Elemente, so hören beide auf zu existieren.

Die Nabe stellt die innere Einheit des Rades dar, sie fügt die Speichen zusammen und ist der eine Fluchtpunkt, auf den alle Bewegung »zurückgeht«. Dieser inneren Einheit des Rades steht die äußere Einheit des sich bewegenden Rades als Ganzem gegenüber. Im Rad kommt der Nabe, dem leeren Zentrum, zweifelsohne die Führungsposition zu. Sie lenkt gewissermaßen den Kreislauf. Dementsprechend »führt« auch der Herrscher, allerdings ohne aktives Eingreifen, den Staat, und das Herz den Körper. Insofern kann die Nabe, der Herrscher oder das Herz mit dem ganzen Rad, mit dem ganzen Staat oder mit dem ganzen Körper identifiziert werden. Schon von ihr kann man stellvertretend für das Ganze sprechen. Insofern kann man sagen, dass die innere Geschehenseinheit des Dao, also Nabe, Herrscher oder Herz die äußere Geschehenseinheit vorwegnimmt. In einem ähnlichen Sinne ist man es auch in der Alltagssprache gewohnt, eine innere Einheit, eine führende Position in einem Gesamtzusammenhang mit dem Ganzen zu identifizieren: Wir sprechen von »Paris« und meinen Frankreich, weil wir das ganze Land mit der Hauptstadt, dem Zentrum identifizieren. Oder wir sagen »die Wirtschaft hat entschieden ...« und meinen damit gar nicht das ganze System von Arbeitnehmern, Arbeitgebern, Kapitalströmen und Produktionsmitteln, sondern bloß die großen Bosse und Eigentümer oder die Banken. Auch hier identifizieren wir das ganze Geflecht mit dem Zentrum, um das sich der Rest des Ganzen dreht. Dementsprechend kann auch der Ausdruck Dao einerseits auf die innere Geschehenseinheit, auf die leere, nichts beinhaltende Nabe im Rad, bezogen sein und andererseits auf die äußere, alles umfassende Geschehenseinheit, auf das ganze Rad in seiner Drehung. Diese doppelte Bedeutung des Dao wird in dem Text *Guanzi* prägnant zusammengefasst:[18]

> *Hinsichtlich seiner Größe betrachtet, gibt es nichts außerhalb (des Dao). Hinsichtlich seiner Kleinheit betrachtet, gibt es nichts darin.*

Wenn das Dao einerseits die Mitte ist, wie Nabe, Herrscher und Herz, so ist es andererseits auch die Einheit von Mitte und Drumherum, wie das Rad, der Staat und der Körper. Und genauso ist es im Hinblick auf Nabe, Herrscher und Herz leer, unbewegt und Einzelheit – also das Kleinste –, während es andererseits, im Hinblick auf Rad, Staat und Körper, die Einheit von Leere und Fülle, die Einheit von Ruhe und Bewegung und die Einheit von Einzelheit und Vielfalt ist – also das Größte. Aus der Perspektive der äußeren Geschehenseinheiten sind die inneren Gegensätze – auch die, die vorher als absolut erschienen – aufgehoben. Das Dao ist somit sozusagen überall und nirgends: Es ist nicht allein nirgends (wie die leere Nabe), sondern auch überall, wie das ganze Rad, das den ganzen Raum des Geschehens von Speichen und Nabe umfasst.

Aus dieser Perspektive auf das Bild des Rades als Zusammenhang von leerer Mitte und »voller« Peripherie« lassen sich die vielen Paradoxien, mit denen die daoistischen Texte spielen, besser verstehen. Die bekannteste dieser Paradoxien ist sicherlich die Formel *»wu wei er wu bu wei«*: »Nicht-Handeln und nichts bleibt ungetan« (*Laozi* 37, 48). Während die Nabe unbewegt bleibt, können sich gerade deswegen die Speichen ständig weiter drehen. Das heißt, während das Dao, identifiziert man es mit der Nabe, stillsteht, dreht es sich doch gleichzeitig unablässig, insofern man es als Ganzes sieht. Und während der Herrscher nicht eingreift, führen die Untertanen alle Aufgaben durch. Und gerade indem das Herz entleert ist und keine Regung zeigt, funktioniert der Organismus perfekt.

Man kann das Bild des Rades nun nicht allein hinsichtlich der es konstituierenden Elemente betrachten, sondern auch hinsichtlich der an es geknüpften Assoziationen und der mit ihm verbundenen Motive. Dann treten zwei andere Begriffe hervor, die für den Daoismus von herausragender Bedeutung sind: die *»Dauer«* (*chang, heng*) und das *»Von-selbst-so-sein«* (*ziran*).

»Das Dao ist die Unbeschadetheit von der Vergänglichkeit des Leibes« lautet der Schlusssatz im Kapitel 16 des *Daodejing*. Ein effektiver Organismus ist vor allem dadurch gekennzeichnet, dass er dauerhaft ist. Das Rad, das die Daoisten sich vorstellen, läuft ununterbrochen. Ein nach dem Muster des Dao konstruiertes Geschehen, ein Vorgang, der mit der Mechanik des Dao ausgestattet ist, funktioniert optimal, und das heißt eben auch, er funktioniert permanent. Die Dauerhaftigkeit des Dao, die bereits im berühmten ersten Satz des ersten Kapitels im *Daodejing* zur Sprache kommt, wird nicht nur mit dem perfekten Vorgang als solchem assoziiert, sondern ebenso wieder auf den Feldern des Staates und des Körpers und auch für den Kosmos insgesamt: »Der Himmel ist dauerhaft. Die Erde ist langwährend.« (*Laozi* 7). Die kosmischen Größen Himmel und Erde bilden ein kontinuierliches Geschehen. In ihrer Mitte gilt es für den Menschen, das Staatswesen, die menschliche Gesellschaft, zu einer ebensolchen Regelmäßigkeit zu führen.

In der Sinologie wird immer wieder darauf hingewiesen, dass die philosophisch kreative Epoche des chinesischen Altertums, in der auch der Daoismus sich formierte, durch innere politische Konflikte und nahezu ununterbrochene militärische Auseinandersetzungen gekennzeichnet war. In dieser sogenannten »Zeit der streitenden Reiche« (475-221 v. Chr.) bestand die Oberherrschaft des zentralen Herrscherhauses nur noch nominell, während sich die einzelnen Lehensfürstentümer bereits zu selbstständigen Einheiten entwickelt hatten. All diesen kleineren und größeren Ländern stellte sich die Frage, wie ihre Existenz zu erhalten und dauerhaft zu sichern sei. Das Dao der Daoisten war eine der Antworten, die auf diese Problematik gegeben wurde. Die Regierungskunst, die sich am Bild des Rades orientiert, ein Herrscher, der sich verhält wie die Nabe im Rad, sollte die Beständigkeit eines Staatswesens garantieren. Somit beschreibt vor allem das *Daodejing*, wie daoistisches Verhalten auf dem Feld des Politischen nutzbar gemacht werden kann und den Fortbestand einer Gesellschaft sichert.

Das Ideal der Dauer wurde in den religiösen Formen des Daoismus vom Staat auf den Körper übertragen. Das Ziel der Unvergänglichkeit des Leibes rückte hier in den Mittelpunkt der daoistischen Verhaltenskunst. Ein wichtiges Motiv war dabei das Ideal der Unversehrtheit oder der Geschlossenheit des Körpers. Die mythische Gestalt des »Hundun« (der »Chaotische«), wird dadurch getötet, dass man ihr die sieben Gesichtsöffnungen bohrt.[19] Öffnungen bedeuten Reibungen und Verschleiß: »Stopfe die Öffnungen, schließe die Eingänge – bleibe unbelastet vom Ende des Leibes« (*Laozi* 52). Der ideale Organismus ist geschlossen wie ein Rad. Er läuft widerstandslos. Öffnungen versehren diese ideale Abgeschlossenheit und gefährden die Dauerhaftigkeit.

Zu dem Ideal der Dauer kommt das Ideal des »Von-selbst-so seins«. Das daoistische Rad, das sich beständig dreht, ist gewissermaßen als *perpetuum mobile* konstruiert: Es hat keinen, der es anstößt. »Dem Dao ist der eigene Lauf Gesetz« (*Laozi* 25). Dieser »eigene Lauf«, das »Von-selbst-so-sein« entspringt der Tatenlosigkeit des Herrschers im effektiven Staatswesen, der Ruhe der Nabe inmitten der Drehung des Rades. Das leitende Element greift nicht ein: Es lässt die Dinge geschehen, und gerade deshalb können die Dinge, weil sie von keiner bestimmten Anstrengung, von keinem bestimmten Anstoß abhängig sind, »von selbst« laufen. Wären sie von einem Anstoß oder einer Anstrengung abhängig, so wären sie mit der Erschöpfung dieser Anstrengung auch selbst am Ende. Der daoistische Herrscher oder das daoistische Herz oder die daoistische Radnabe sind gerade deshalb keine »ersten unbewegten *Beweger*», weil sie selbst nichts bewegen. Die Nabe bewegt nicht die Speichen, sondern die Speichen drehen sich im Lauf der Bewegung wie »von selbst« um sie herum. Der Herrscher bleibt tatenlos, aber alle Untertanen verrichten, was zu verrichten ist, » – und die Leute meinen: ›Es geschieht uns von selbst‹«. (*Laozi* 17) Die Permanenz des optimalen Funktionszusammenhangs beruht sozusagen auf einer Art Autopoiesis: Die Geschlossenheit des Mechanismus sichert seine Unabhängigkeit von einem externen Ursprung. Der perfekte Mechanismus ist sich selbst der Ursprung.

Das Bild des Rades ist, wie gezeigt wurde, ein grundlegendes Bild des Dao, aber auch andere Bilder weisen gleiche Strukturen und Motive auf.

b. Das Wasser und das Weibliche

Das Wasser ist ein in vielen Kulturen beliebtes Symbol. In der altchinesischen Philosophie wird es häufig symbolisch eingesetzt, und zwar keinesfalls allein von den Daoisten, sondern gern auch von den Konfuzianern und anderen.[20] Bei den Daoisten ist das Bild des Wassers von einer besonderen Vielfalt und Komplexität. Während das Bild des Rades beinahe von systematischer Strenge ist, weckt das Bild des Wassers eine Kette von Assoziationen, die eng miteinander verwoben sind und unmerklich ineinander übergehen. Seiner Natur entsprechend, ist das Bild des Wassers *verschwommener* als das des Rades. Der weite Bereich seiner Symbolik im Daoismus lässt sich unter vier Gesichtspunkten beschreiben: das Wasser als *Fluss des Dao*, als *nähren-*

der Quell, als das, was immer den *tiefsten Ort* wählt, und schließlich als *das Weiche*, das das Harte besiegt.[21]

Dass das Dao ein *Fließen* ist, liest man in *Laozi* 34:

Das Dao –
Wie es fließt!
Links und rechts kann es sein.

Das Dao ist in Bewegung: es ergießt sich wie ein Fluss. Diese Bewegung ist eine »natürliche«, eine »ungezwungene« Bewegung ohne einen Beweger, nichts treibt die Bewegung sichtbar an. Das natürliche Fließen des Dao reicht in alle Richtungen. Dabei ist in dieser Textstelle eine politische Anspielung versteckt: »Links« und »rechts« vom Herrscher befinden sich die Minister, die Beamten, die für den Herrscher tätig sind. Aus dem ruhenden Herrschaftszentrum heraus strömt das Dao nach allen Seiten hin und breitet sich unaufhaltsam aus.

In dem Bild des Wassers als ein Fließen, als Strömung, die sich über das Land erstreckt, schwingt auch die Assoziation der Formlosigkeit und der Endlosigkeit mit: Der Fluss wird zum Meer. Die weite »Ödnis« des Dao »ist wie das Meer« heißt es in *Laozi* 20. Das Wasser, das sich ganz »natürlich« bei seinem Fließen vom Fluss zum Meer erweitert, symbolisiert die amorphe Grenzenlosigkeit und Unerschöpflichkeit des Dao, die nirgends endet.

Von anderem Symbolgehalt ist das Bild des Wassers, das in Kapitel 8 des *Laozi* verwendet wird:

Der Beste ist wie das Wasser
Die Güte des Wassers besteht darin,
den zehntausend Dingen zu nutzen
und im Streit den Platz einzunehmen,
den die Menge des Volkes für schlecht hält.
Also ist er dem Dao nahe.

Seine Stellung
ist gut in Hinsicht der Ortswahl.
Sein Herz
ist gut in Hinsicht der Tiefe.

Sein Spenden
ist gut in Hinsicht des Himmlischen Wirkens.

Auch an dieser Stelle ist vom »Dao der Herrschaft« die Rede. Der perfekte Herrscher wird mit den »Tugenden« des Wassers beschrieben. Weil er »wie das Wasser« ist, ist »er dem Dao nahe«. Das Wasser nützt allen Dingen: Es nährt sie und hält sie am Leben. Das muss auch der Herrscher tun. Er ist gewissermaßen der Quell des Wohlergehens für das Volk. Dabei folgt er einer besonderen »Strategie« des Wassers. Das Wasser nimmt immer den »unteren« Platz ein, es fließt abwärts und sucht den am tiefsten gelegenen Ort auf. Auch der Herrscher strebt, im Gegensatz zum gewöhnlichen Volk, nach der verborgensten und »niedrigsten« Stellung. Er zeigt sich nicht und nimmt für sich keine Ehrentitel in Anspruch. (»Gerade daher nennen die Fürsten und Könige sich selbst / den ›Verwaisten‹, den ›Verlassenen‹, den ›Unbegüterten‹. / Gerade so ruhen sie auf dem Niederen – oder nicht?« heißt es im schon erwähnten Kapitel 39 des *Laozi*.) Diese Bescheidenheit aber ist nur eine scheinbare: Denn der, der auf jedes Hervortreten verzichtet, sammelt in sich die höchste Macht. Die daoistische Kernstrategie ist die des *Gewinns durch Verzicht*. Wer sich am meisten zurückzieht, qualifiziert sich dadurch für die Herrschaft aus dem Verborgenen heraus. Dies ist der »Geist des Tales« (*Laozi* 6): Je tiefer, desto mächtiger. In Kapitel 61 des Laozi wird diese »Logik« mit Bildern des Wassers so ausgedrückt:

Ein großer Staat ist
ein unten liegendes Gewässer
das Weibliche der Welt,
die Verbindung der Welt.
Das Weibliche überwindet das Männliche
stets durch Ruhe.
Weil es ruht,
deshalb gebührt es ihm, unten zu liegen.

Hier wird die Symbolik des Wassers mit der im Daoismus mindestens ebenso wichtigen der Weiblichkeit vermischt. Ebenso wie das Wasser »unten liegt«, nimmt auch das Weibliche die untere Position ein, wobei dies hier sicherlich ebenso in sozialer wie auch in konkret sexueller

Hinsicht gemeint ist. Das tief liegende Gewässer ruht und nimmt auf oder empfängt – ebenso wie die Frau. Dadurch wird das höher Liegende – das Männliche – überwunden. Dies ist das »weibliche Verhaltensmuster« (*ci jie*), wovon in den »Vier Klassikern des Huangdi«, die im Abschnitt über den Huang-Lao-Daoismus erwähnt wurden, gesprochen wird. Diese Macht des Tiefen besitzt, mehr noch als das Tal, das Meer. Das Meer ist nicht nur grenzenlos und amorph, es verdeutlicht auch die weibliche »Tugend« (im außer-moralischen Sinn), die eben die des Wassers ist, die Tugend der unteren Position. So sagt *Laozi*, Kapitel 66:

Die Ströme und Meere vermögen
Hunderten von Flusstälern König zu sein,
weil sie die Güte haben, tiefer als jene zu liegen.
Gerade daher vermögen sie,
Hunderten von Flußtälern König zu sein.

Gerade daher:
Wenn der Heilige wünscht, über dem Volk zu stehen,
muss er sich in seinen Worten unter es stellen.
Wenn er wünscht, dem Volk voranzustehen,
muss er seine Person hintanstellen.

Dem Meer (und den Frauen) strömt alles Fließende »von selbst« zu – auf es läuft alles hin wie die Speichen zur Nabe. Es besteht eine natürliche Neigung aller Dinge zu diesem tiefsten Ort. Genau wie das Wasser (und wie die Frauen) muss sich der perfekte Herrscher diese natürliche Tendenz zu Nutze machen. Und dann kann er umgekehrt, wie das Wasser (und die Frauen), allen Dingen nützen und sie nähren. Indem er ruhig und unbewegt alles in sich aufnimmt, was ihm zufließt, kann er gleichzeitig Ursprung und Quell des Lebens sein: »Verglichen ist das Dao für die Welt / was Ströme und Meere für kleine Flusstäler sind« (*Laozi* 32).

Mit dem Bild des Wassers und des Weiblichen verbindet sich ähnlich wie mit dem Bild des Rades eine paradoxe Vorstellung: Das Schwache besiegt letztlich das Starke. Alle diese Bilder sind in dieser Hinsicht auch Bilder für den Weg zum Triumph. Kapitel 78 aus dem *Laozi* zeigt dies in aller Deutlichkeit:

Nichts in der Welt
ist geschmeidiger und weicher als Wasser,
doch nichts kann besser als es
dem Festen und Harten zusetzen. –
Denn es lässt sich nicht wandeln.

Dass das Wasser das Massive besiegt,
dass das Weiche das Harte besiegt –
keiner auf der Welt, der das nicht wüsste,
und doch keiner, der es anzuwenden vermag.

Also lauten die Worte des Heiligen:
Das Schändliche im Staat auf sich nehmen –
das bedeutet
Herrscher der Erd- und Getreidealtäre zu sein.
Das Unheilvolle im Staat auf sich zu nehmen –
das bedeutet,
König der Welt zu sein.
Rechte Worte sind wie verkehrt.

»Rechte Worte sind wie verkehrt« – die Strategie des Dao mutet widersprüchlich an. Aber wer wie das Wasser oder die Frauen »das Schändliche auf sich nimmt« – also den »unteren Weg« geht, der wird triumphieren und »Herrscher der Erd- und Getreidealtäre«, also höchster Machthaber, sein. Das »Weiche« besiegt das Harte. Auch diese Symbolik des Weichen gehört zur Symbolik des Wassers und des Weiblichen. Wasser ist weich, und auch den Frauen wird diese Eigenschaft, wozu noch die Biegsamkeit und die Anpassungsfähigkeit gehören, zugesprochen. Und dabei kann sicherlich, wenn vom Sieg des Weichen über das Harte die Rede ist, das Sexuelle wiederum in den Bedeutungsrahmen dieses Bildes mit einbezogen werden. Der Weg des Wassers ist der Weg des Weiblichen und des Weichen. (Wie zum Beispiel in den erwähnten »Vier Klassikern des Huangdi«, wo parallel zur Strategie des Weiblichen auch die des Weichen erwähnt wird.) Diese poetischen Bilder stellen einen Symbolzusammenhang dar, der unmittelbar an den des Bildes vom Rad anschließt.

c. Die Wurzel

Ein weiteres wichtiges daoistisches Symbol, das die Motive wieder aufnimmt, die sowohl mit dem Rad als auch mit dem Wasser, dem Weiblichen und dem Weichen verknüpft werden, ist das Bild der Wurzel (*ben* oder *gen*). Dieses Bild ist besonders in der durch Wang Bi ausgelösten Interpretation des Daoismus strapaziert worden.[22] Dabei bekommt das Bild der Wurzel als Bild des Dao die Bedeutung eines geradezu »transzendenten« Uranfangs der Welt. Eine solche Auslegung geht jedoch zu weit über den im *Daodejing* und im *Zhuangzi* angelegten Symbolgehalt hinaus. Vielmehr sollte das Bild der Wurzel im Daoismus ganz ähnlich verstanden werden wie die beschriebenen Bilder des Rades, des Wassers u. s. w. und man sollte eine direkte Verbindung dazu herstellen. Zwar wird mit dem Bild der Wurzel das Dao durchaus auch als eine Art »Ursprung« porträtiert, aber nicht als eine gleichsam göttliche Schöpfungsmacht, sondern vielmehr eben als der *anwesende Ursprung*, der nur zugleich mit dem, wovon er Ursprung ist, da ist, und nicht vor oder »über« diesem steht. Es ist ein Ursprung inmitten des Daseienden, der nur mit und in diesem existiert.[23]

Wang Bi benutzt das Bild der Wurzel zum Beispiel in seinem Kommentar zu Kapitel 40 des *Daodejing*. Dieses kurze Kapitel lautet:

Die Wende ist des Daos Bewegen.
Die Schwäche ist des Daos Segen.

Die Dinge der Welt gehen hervor aus der Fülle.
Die Fülle geht hervor aus der Leere.

Wang Bis Kommentar benutzt zur Erklärung dieses Lehrspruchs zwei Mal die Symbolik der Wurzel. Er schreibt (unter anderem):

Das Hohe hat das Niedrige zum Fundament. Das Hochgeschätzte hat das Geringgeschätzte zur Wurzel.

Die Dinge der Welt leben alle durch ihre Fülle. Die Fülle nimmt ihren Anfang im Nichts als der Wurzel.

In der Tat wird die Wurzel hier als etwas »Fundamentales« vorgestellt. Es verbindet sich damit die Vorstellung eines Urgrundes, woraus alles entsteht. Die Wurzel als Bild der Leere bzw. des Nichts (*wu*) und damit des Dao soll offenbar einen Uranfang darstellen. Wie später im Abschnitt über die Zeit (Kapitel II, 4) noch genauer beschrieben werden wird, setzt sich Wang Bi mit einer derartigen Konzeption eines Uranfanges in einen recht starken Gegensatz zum *Zhuangzi*. In der dort vorgestellten Version des daoistischen Denkens wird ein zeitlicher Uranfang gerade als illusorisch ausgegeben. In sich selbst ist das Erzeugte erzeugt, aber nicht durch einen dem Erzeugungsprozess vorausgehenden ersten Erzeuger.

Die Wurzel existiert nicht vor der eigentlichen Pflanze, sie ist vielmehr ein, wenn auch ganz besonderer, integraler Teil der Pflanze. Sie ist sicherlich der Ort, wo das Wachstum der Pflanze seinen Ausgangspunkt hat, aber dieser Ort gehört selbst schon zur Pflanze hinzu und ist nicht etwas, das außerhalb der Pflanze die Pflanze bedingt. (Auch die Nabe ist der »Ausgangspunkt« der Speichen und damit des Rades, aber es gibt sie nur *im* Rad.) Die Wurzel ist im Verhältnis zur Pflanze gerade nichts »Metaphysisches«. Das »Meta-physische« ist ja gerade deshalb meta-physisch, weil es nicht zum Physischen gehört und »über« dem Physischen steht. Die Wurzel jedoch gehört als Ursprung des Physischen doch zugleich ins Physische hinein. Sie ist zwar zu unterscheiden von dem, was sichtbar und über der Erde physisch hervortritt, sie ist unsichtbar (wie die leere Nabe), und sie ist auch in gewisser Weise die »Bedingung« der sichtbaren Pflanze, aber doch nicht »vor« dieser. Deswegen versinnbildlicht die Wurzel gerade den immer *anwesenden Ursprung* – und nicht den Schöpfergott. Und so wird das Bild der Wurzel im *Daodejing* auch verwendet.

In Kapitel 6 des *Daodejing* kommt das Bild der Wurzel zusammen mit denen des Wassers und der Weiblichkeit vor:

Der Geist des Tales stirbt nicht –
das heißt: verborgene Weiblichkeit.
Das Tor der verborgenen Weiblichkeit –
das heißt: Wurzel von Himmel und Erde.

Wie durchgängig!
Gleichsam anwesend.
Im Gebrauch unermüdlich.

Das Bild des Wassers kommt in diesem Abschnitt im Tal, und das heißt im *Fluss*tal, zum Ausdruck: in der fruchtbaren Tiefe inmitten der Höhen. Das unten liegende Gewässer korrespondiert, wie gesagt, mit dem Weiblichen. Und zu diesen Bildern tritt im sechsten Kapitel des *Laozi* auch die Wurzel hinzu. Auch die Wurzel ist *verborgen*, wie es im Text heißt, denn auch sie liegt unten. Dadurch ist sie eine Art Quell, aus ihr heraus wird die Pflanze genährt. In ihrer »niedrigen Stellung« nimmt sie die Kräfte in sich auf und spendet dadurch Leben. Das Dao ist dementsprechend auch »Wurzel von Himmel und Erde«. Und im Text wird ausgesprochen, dass diese Wurzel »anwesend« ist, sie geht nicht mit der Erzeugung verloren, sondern bleibt »unermüdlich« an ihrem Ort. Und so ist sie ein »durchgängiger« Ursprung, ein Ursprung, der alles Hervorgebrachte begleitet.

Die Wurzel ist verborgen, aber sie befindet sich zugleich (wie die Nabe im Rad) in der Mitte des durch sie aufrechterhaltenen Geschehens: Die Pflanze blüht auf und verwelkt. Inmitten dieses »sich drehenden« Prozesses bleibt die Wurzel unverändert und unbewegt an ihrem »verborgenen« Ort. Um sie herum vollzieht sich das Auf und Ab des Werdens und Vergehens. Diese Eigenschaften werden in Kapitel 16 des *Daodejing* angesprochen:

Die zehntausend Dinge geschehen eines mit dem anderen:
so schau ich darauf, wohin sie sich wenden.
Die Dinge der Welt bestehen in Vielfalt;
sie alle kehren sich wieder ihrer Wurzel zu. –
Das nennt man »Stille«.
»Stille« – so heißt die Rückkehr zu der Bestimmung.
Die Rückkehr zu der Bestimmung – das ist die Stetigkeit.
Die Kenntnis der Stetigkeit – das ist die Klarheit.

Alle Vielfalt dessen, was über der »Erdoberfläche« heranwächst, wendet sich doch wieder in seinem Vergehen der Wurzel zu. So wie die Speichen auf die Nabe zulaufen, wendet sich auch die welkende Pflanze der Wurzel zu. Die Wurzel ist »still« und »ruhig«: unbewegt und lautlos. Sie ist das stetige Element im Wandlungsprozess des Lebens. Über diese Stetigkeit inmitten des Wandels Bescheid zu wissen heißt (wenigstens im *Daodejing*), über die Herrscherkunst Bescheid zu wissen. Die Bilder des *Daodejing* sollen diese Kunst lehren.

Die Wurzel ist tief verborgen und besitzt alle nährende Kraft. Dabei verschleißt sie sich nicht und bleibt unverbraucht, unversehrt vom Aufblühen und Welken. Sie fügt sich ins Erdreich, wobei sie sich *schont* und deshalb auch verschont bleibt von der Vergänglichkeit über der Erde. Diese Bilder fasst Kapitel 59 aus dem *Daodejing* zusammen und stellt sie in einen direkten Zusammenhang mit der Staatskunst:

Um die Menschen zu regieren,
um dem Himmel zu dienen,
kommt nichts der »Schonung« gleich.
Nun, allein durch die »Schonung«
gerade daher entsteht frühes Fügen.
Frühes Fügen, das heißt:
vielfach gesammelte Kraft –
so bleibt nichts unüberwunden.
Er, dem nichts unüberwunden bleibt –
sein Ende kennt keiner.
Indem keiner sein Ende kennt,
kann ihm der Staat gehören.
Indem ihm die Mutter des Staates gehört,
kann er lang überdauern.
Das heißt »tiefe Verwurzelung« und »feste Grundlage«.
Es ist der Weg des langen Lebens
und der dauernden Gegenwärtigkeit.

In diesem Kapitel ist die angesprochene Bildlichkeit ein weiteres Mal vereint: Herrschaft und Macht werden mit der »Verwurzelung« und dem Bild der »Mutter« (des Weiblichen) illustriert. Die Herrschaft nach Art des Dao, die Herrschaft, die der Strategie des Weichen und Weiblichen folgt, bleibt ohne Ende beständig. Sie wird von steter Gegenwart sein, gestützt durch die leere Nabe, die verborgene Wurzel, das tiefe Wasser, und das heißt durch die Nicht-Gegenwart oder die Nicht-Präsenz in ihrer Mitte als »anwesendem Ursprung«.

2. Gleichnisse aus dem *Zhuangzi*

Die Bilder des *Daodejing* sind in ihrer Symbolik eng miteinander verknüpft, aber sie sind knapp und gewissermaßen »roh«, also nicht zu einer stringenten philosophischen Erzählung verwoben. Das ist im *Zhuangzi* und den darin enthaltenen Gleichnissen ganz anders. Diese Gleichnisse sind, wenn man sie genau liest, ein sorgfältig komponierter literarischer Ausdruck recht komplexer philosophischer Gedankengänge. Die Strukturen und Motive, die in den Bildern des *Daodejing* vorgeprägt worden sind, finden hier einen ganz neuen Ausdruck. Aber dabei wird die im Bild des Rades angelegte Philosophie nicht grundlegend verändert, sondern »nur« breiter und auch durchaus gewitzter ausgestaltet.

a. Der Schmetterlingstraum – oder: Alles ist echt

Schön, aber leider, wie ich meine, völlig falsch, übersetzte Martin Buber zu Beginn des 20. Jahrhunderts das inzwischen recht bekannt gewordene Gleichnis vom Schmetterlingstraum aus dem *Zhuangzi*:[24]

> *Ich, Tschuang-Tse, träumte einst, ich sei ein Schmetterling, ein hin und her flatternder, in allen Zwecken und Zielen ein Schmetterling. Ich wußte nur, daß ich meinen Launen wie ein Schmetterling folgte, und war meines Menschenwesens unbewußt. Plötzlich erwachte ich; und da lag ich: wieder ›ich selbst‹. Nun weiß ich nicht: war ich da ein Mensch, der träumt, er sei ein Schmetterling, oder bin ich jetzt ein Schmetterling, der träumt, er sei ein Mensch? Zwischen Mensch und Schmetterling ist eine Schranke. Sie überschreiten ist Wandlung genannt.*

Martin Buber konnte selbst kein Chinesisch und stützte sich deshalb bei seiner Übersetzung zum einen auf einen chinesischen Bekannten und zum anderen auf die englische Ausgabe des *Zhuangzi* von Herbert A. Giles. Offenbar stützte er sich aber nicht nur auf diese beiden

Hilfen zum Verständnis des Textes, sondern auch massiv auf manche Konzepte und Vorstellungen aus der jüdisch-christlichen Philosophie des Abendlandes, mit der er bestens vertraut war. Es lässt sich relativ einfach zeigen, dass die Geschichte vom Schmetterlingstraum, so wie sie Martin Buber erzählte, alles andere als altdaoistisch ist. Vielmehr klingen in der Version Bubers im Grunde nur ein wenig orientalisch verkleidete Motive des alteuropäischen Denkens an, und zwar gerade auf Kosten der ursprünglich daoistischen Gehalte. Wahrscheinlich war es gerade diese »Okzidentalisierung« des Schmetterlingstraumes, der ihn für viele Intellektuelle des 20. Jahrhunderts besonders interessant machte. Dabei merkten sie nicht, dass das Gleichnis in der Hand Bubers bereits durch und durch »verwestlicht« war.

Martin Bubers Schmetterlingstraum beruht ganz wesentlich auf einem entscheidenden Bewusstseinsakt als Angelpunkt der Erzählhandlung: Bubers Zhuangzi (Tschuang-Tse) *erinnert* sich an seinen Traum vom Schmetterling, wenn er erwacht. Sobald er sich daran erinnert, dass er träumte, er sei ein Schmetterling, beginnt er, über seine wahre Existenz und überhaupt über Probleme von Wirklichkeit und Nicht-Wirklichkeit nachzudenken, und kommt dabei zu einer nicht ganz genau definierten Einsicht in die Unbeständigkeit des Seins. Das Moment der Erinnerung macht dabei den Kern der Geschichte, des *plots*, aus. Würde sich Zhuangzi nicht an seinen Traum erinnern, so könnte er seine Geschichte überhaupt nicht erzählen. Erst indem sich Zhuangzi, wieder erwacht, auf seinen Traum besinnt, gerät er ins Nachdenken – und ebendieses Nachdenken soll offenbar auch den Leser der Geschichte inspirieren.

Das Motiv der Erinnerung ist ein zentrales der abendländischen Philosophietradition und mit den Konzeptionen vom Denken, der Wahrheit und der Erkenntnis recht eng verknüpft. Die Erinnerung ist eine in der »westlichen« Philosophie hochgeschätzte Methode. Sie wird gerne mit dem »Nach-Denken« gleichgesetzt oder wenigstens als die Voraussetzung des »Nach-Denkens« beschrieben. Wenn in Platos *Menon* Sokrates einem ungebildeten Sklaven durch geschicktes Fragen Grundkenntnisse der Geometrie entlockt, so behauptet er lediglich der *Erinnerung* des Sklaven auf die Sprünge geholfen zu haben. Und Hegel stellt am Ende seiner *Phänomenologie des Geistes* auf gar nicht so verschiedene Art und Weise die Erinnerung als Weg dar, der zum Wissen führt. In der alteuropäischen Philosophie wird dementsprechend häufig tatsächlich »zurückgedacht«, um zur Wahrheit zu finden. Und ebenso lässt Martin Buber den Zhuangzi in seiner Geschichte erst einmal »zurückdenken« – nämlich an das, was er geträumt hat –, um dann – weiterhin ganz in der Struktur der Erinnerung verbleibend – auf scheinbar tiefe philosophische Fragen um Schein und Sein zu *re-flektieren*.

Das zweite Hauptmotiv in Martin Bubers Schmetterlingstraum, das tief in der jüdisch-christlichen Tradition des Abendlandes verwurzelt ist, wird durch das Wort benannt, das in dem kurzen Text nicht nur zuerst, sondern auch am häufigsten gebraucht wird: Es ist das »*Ich*«. Dieses Ich durchzieht den ganzen Text wie ein roter Faden. Zhuangzi erzählt von sich, er erzählt, wie dieses Ich, das er ist, im Traum vermeint, ein Schmetterling zu sein. Dann erwacht dieses Ich wieder und ist – »ich selbst«. Schließlich ist es dasselbe Ich, das sich erinnert, beziehungsweise nachzudenken beginnt. Und worüber denkt dieses Ich nach? Über das, was dieses Ich in Wahrheit ist, also wieder über nichts anderes als über es selbst. Von Anfang bis Ende ist Bubers Text ein Text über das Ich und dessen Beschäftigung mit sich selbst. Es gibt in der Geschichte der westlichen Philosophie, die heute oft rückblickend als »subjekt-zentriert« beschrieben wird, nicht viele andere Texte, die *so* komprimiert und ausschließlich Fragen der Subjektivität behandeln, wie ausgerechnet und ironischerweise der Bubersche Schmetterlingstraum.

Das dritte Kernmotiv des Schmetterlingstraumes bei Martin Buber ist der *Zweifel*.[25] Sobald sich Zhuangzi an seinen Traum erinnert, gerät er ins Zweifeln, und zwar ziemlich existenziell, indem er darüber zweifelt, was er im Innersten eigentlich wirklich ist. Ist er nun Zhuangzi, der träumte, ein Schmetterling zu sein, oder ein Schmetterling, der träumt, Zhuangzi zu sein? Auch dieses Motiv des Zweifelns ist bekanntlich, insbesondere in der Neuzeit, mit der abendländischen Philosophie verknüpft. Das berühmte *cogito ergo sum* Descartes' kann ja nicht nur mit »Ich denke, also bin ich«, sondern auch mit »Ich zweifle, also bin ich« übersetzt werden. Spätestens seit Descartes und seinen *Meditationen* wird der Philosoph in Europa bevorzugt als ein Grübler angesehen, wie ihn etwa das Bildnis des *Denkers* von Rodin darstellt, das mindestens ebenso berühmt ist wie der genannte Ausspruch des Descartes. In der westlichen Tradition sind, wie Descartes' Diktum zeigt, alle genannten Motive, das der Erinnerung, das des Ich, und das des Zweifelns miteinander verbunden, sie bilden geradezu eine immer wieder verwendete begriffliche Kette in der (neuzeitlichen) abendländischen Philosophie. Wenn etwas philosophisch denkt, dann häufig ein Ich, und zwar in der Form grüblerischen Besinnens und Erinnerns. *Zhuangzi* erscheint bei Martin Buber als *Denker* wie er im Buche steht, freilich in chinesischer Verkleidung.

Das vierte »europäische« Motiv der Buberschen Version vom Schmetterlingstraum taucht erst am Schluss der Geschichte auf: das Motiv der *Grenzüberschreitung*. Sobald Zhuangzi sich über die Grenze zwischen Mensch und Schmetterling klar geworden ist, ist er sich auch darüber im klaren, dass diese Grenze von ihm, dem Philosophen, erkannt und damit überschritten werden kann. Zhuangzi reflektiert über die Grenze zwischen ihm selbst und dem Schmetterling, als welchen er sich träumte, und geht im Denken, durch Reflexion, über diese Grenze hinaus. Er überschreitet sinnbildlich die Grenze zwischen Traum und Wachsein, zwischen Schmetterling und ihm selbst, zwischen nur scheinbarer und »eigentlicher« Wahrheit. In diesem Motiv klingt, so glaube ich, das Motiv der Überschreitung der Grenze zwischen Immanenz und Transzendenz an, wie es insbesondere in der Philosophie und der Theologie der jüdisch-christlichen Tradition von zentraler Bedeutung ist. Der im westlichen Sinne »meditierende« Philosoph dringt gedanklich über die Grenze der Immanenz, der Beschränkung auf das Diesseits, auf die Scheinwelt, hinaus und stößt in ein entgrenztes, göttliches und vor allem wahres Jenseits vor, ähnlich wie der Mensch in Platos Höhlengleichnis, wenn er schließlich das Tageslicht erblickt.

Das fünfte alteuropäische Motiv in Bubers Schmetterlingstraum ist mit dem gerade beschriebenen eng verwoben. Es ist das Motiv der Relativität, der *Unwirklichkeit der Erfahrungswelt*. Von der Perspektive des »Erwachten« aus, erkennt Zhuangzi die Unwirklichkeit des Traumes. Das Diesseits, das im Zustand noch vor der göttlichen Erweckung erfahren wird, ist eine Scheinwelt, eine Welt von nur relativer Wirklichkeit. Ist aber die Grenze einmal überschritten, dann wird das, was zunächst als Wirklichkeit erfahren worden war, als bloßer Traum entlarvt. Es erscheint als eitel, als Einbildung von nur begrenztem Wert. Die höhere und eigentliche Wirklichkeit des Erweckten, die ideale und göttliche Wirklichkeit, wie sie die jüdisch-christliche Tradition entworfen hat, erkennt der hiesigen Welt nur einen beschränkten Wahrheitsgehalt zu. Sie ist nur ein Abglanz des Echten, so wie der Traum nur ein Abglanz des Wach-Seins ist. Die Wandlung, die der Zhuangzi des Martin Buber durchläuft, kann als eine solche aufgefasst werden, die ihn die Schimären einer noch nicht göttlich erweckten Wirklichkeitsauffassung erkennen lässt, eine solche, die ihn die Relativität eines Lebens vor der Erweckung verstehen macht.

Die größte und wunderbarste Verwandlung des Schmetterlingstraumes bei Martin Buber ist somit eigentlich gar nicht die des Zhuangzi innerhalb der Parabel, sondern vielmehr diejenige, die Martin Buber selbst vollbracht hat, indem er das kurze Erzählstück, trotz Beibehaltung der äußeren Hülle, von einem daoistischen in ein jüdisch-christliches umgeschrieben hat. Diese Verwandlung ist so perfekt durchgeführt, dass sie offenbar noch nicht einmal dem Verwandler selbst bewusst geworden ist, und noch viel weniger manchen gutgläubigen Beobachtern, wie es etwa Martin Heidegger oder Hermann Hesse waren. Der Verwandlungszauber Martin Bubers lässt sich allerdings durchschauen, wenn man den Schmetterlingstraum anstatt im Lichte der westlichen Übersetzer und Interpreten im Sinne altchinesischer Kommentatoren betrachtet. Liest man den Schmetterlingstraum mit deren Augen, so verschwinden all die genannten Motive der alteuropäischen Philosophie, die Martin Buber in seine Übersetzung so kunstvoll eingearbeitet hat. Für altchinesische Daoisten ist das entscheidende Erzählmoment nämlich keinesfalls die Erinnerung, sondern vielmehr das *Vergessen*. Und von diesem Vergessen ist auch das »Ich« betroffen – für die Daoisten gibt es eigentlich gar *kein kontinuierliches Ich*. Statt des Zweifels verbinden sie mit der Parabel den Zustand der *Zweifellosigkeit*. Wo bei Buber Grenzüberschreitung möglich wird, da werden bei ihnen *Grenzen* verlangt. Und wo Buber die Relativität der Erfahrungswirklichkeit andeutet, da sehen sie gerade deren *Wirklichkeit* illustriert und bewiesen. Die fünf Verwandlungen Martin Bubers lassen sich auf diese Weise allesamt mit dem schon erwähnten altdaoistischen Philosophen Guo Xiang (252-312) und dessen Kommentar zum Schmetterlingstraum rückgängig machen.

Entscheidend anders als in der Version Martin Bubers ist in der Lesart Guo Xiangs die Reaktion Zhuangzis, wenn er aus seinem Traum erwacht. Nach Guo Xiang erinnert sich Zhuangzi nämlich überhaupt nicht an das, was er träumte, sondern hat vielmehr seinen

Traum vom Schmetterling völlig *vergessen*. Guo Xiang merkt zu Zhuangzis Situation nach dem Erwachen Folgendes an:[26]

»*Das jetzige Nichts-Wissen vom Schmetterling unterscheidet sich nicht vom Nichts-Wissen von Zhou* (ein Name Zhuangzis) *zur Zeit des Traumes.*«

Zhuangzi weiß also, wenn er wieder aufwacht, ebensowenig von dem, was er vorher träumte, wie der Schmetterling zur Zeit des Traumes etwas von einem Zhuangzi wusste, der ihn träumt. Auf diese Weise erhält die Erzählung einen ganz anderen Verlauf. Ich stelle sie deshalb noch einmal in meiner eigenen Übersetzung vor, die sich möglichst eng an den chinesischen Text und an die Kommentare des Guo Xiang dazu anlehnt:[27]

Einst träumte Zhuang Zhou – und wurde ein Schmetterling, ein flatternder Schmetterling, heiter daselbst und seinem Ansinnen eingepasst! Er wusste nichts von einem Zhou. Mit einem plötzlichen Erwachen war ein Zhou voll und ganz da. Man weiß nicht, ob ein Zhou im Traum zu einem Schmetterling wird, oder ein Schmetterling im Traum zu einem Zhou. Wo es einen Zhou gibt und einen Schmetterling, da muss es eine Unterscheidung dazwischen geben. Diesbezüglich spricht man von der Wandlung der Dinge.

Hier ist die kurze Handlung also ganz anders als bei Martin Buber darauf aufgebaut, dass sich der Protagonist gerade nicht an seinen Traum erinnert. Vielmehr wird hervorgehoben, dass, indem sich der erwachte Mensch nicht an den Schmetterling im Traum erinnert, und auch der Schmetterling im Traum nichts von einem wachen Menschen weiß, es keine Möglichkeit gibt, den einen Zustand – etwa den des Schmetterlings im Traum – gegenüber dem anderen Zustand – etwa dem des wachen Menschen – als weniger »echt« herabzuwürdigen. Beide Zustände sind gleichermaßen »in sich geschlossen« und damit gleichermaßen »authentisch« – gerade weil weder der Mensch vom Schmetterling noch der Schmetterling vom Menschen etwas weiß, gerade weil beide sich nicht aneinander erinnern, gerade weil zwischen ihnen eine nicht zu überschreitende »Unterscheidung« besteht. Auf dieser nicht zu überschreitenden Unterscheidung beruht der »Wandel der Dinge«, der Wandel der verschiedenen Segmente im stetigen Lauf des Geschehens. Dabei kann man nicht sagen, der eine Zustand oder das eine Segment wäre wirklicher als das andere, das man »nur« als Traum gelten lässt.

Ein weiterer Unterschied zu Martin Bubers Version mag zunächst marginal erscheinen: Im Text ist von Zhuangzi (was wörtlich soviel heißt wie »Meister Zhuang«) nur in Form von dessen Rufnamen Zhuang Zhou die Rede. Es wird sich zeigen, dass auch dieser Unterschied höchst bedeutsam ist.

Bei Guo Xiang wird, dies sei nochmals hervorgehoben, das erste Motiv der Buberschen Übersetzung, das der Erinnerung, in sein Gegenteil verkehrt. Nicht die Erinnerung an den Traum macht das entscheidende Handlungselement aus, sondern das Vergessen. Der Bewusstseinszustand des Zhuang Zhou (wie man hier richtig anstatt »Zhuangzi« oder »Meister Zhuang« sagen muss) ist nicht der einer erinnernden Besinnung und Reflexion, sondern vielmehr der eines Menschen, der vergessen hat, was er gerade noch wusste.

Mindestens ebenso krass, wie das Moment der Erinnerung eine Verkehrung der ursprünglichen daoistischen Parabel bewirkt, verdreht die zweite Bubersche Zutat die Geschichte. Bubers »Ich«, das schon als erstes Wort auftaucht und insgesamt zehn Mal in den wenigen Sätzen erwähnt wird, kommt im Original überhaupt nicht vor. Buber konstruiert mit diesem Ich zunächst einen Zhuangzi als Ich-Erzähler – und das ist schon falsch. Aus dieser Perspektive wird die Geschichte nicht erzählt. Zudem ermöglicht dieses »Ich« die Erinnerung. Zhuangzi erinnert sich daran, was »er selbst« geträumt hat, und erwacht dann wieder »er selbst«.

All diese expliziten oder impliziten Einschübe Bubers verdrehen den Sinn der chinesischen Geschichte. Während bei Buber so ein »Ich« behauptet wird, das sozusagen als Substrat der Verwandlung erst ein Mensch ist, dann im Traum ein Schmetterling und dann wieder zu sich selbst als einem Menschen erwacht, ist im Original gerade *kein solches kontinuierliches Subjekt* erwähnt. Hier nämlich kommt es gerade darauf an, dass einerseits der Mensch und andererseits der Schmetterling jeweils völlig »selbstständig« ist und kein »Ich« dem einen oder anderen unterliegt. Bei Zhuangzi und Guo Xiang ist da kein Ich, das »bloß« träumt, ein Schmetterling zu sein. Gerade weil da kein »Ich« mehr feststellbar ist, ist der Schmetterling zur Zeit des Traumes ganz und gar und nichts anderes als ein Schmetterling. Bei Zhuangzi und Guo Xiang ist die Verwandlung vollkommen: Im Traum wird man tatsächlich zu einem Schmetterling, weil man doch überhaupt nichts von einem Ich weiß, das man vielleicht vorher war oder nachher sein wird. Während bei Martin Buber *ein* Ich da ist, das sich beständig transformiert und andere Gestalten annimmt, sind bei Zhuangzi und Guo Xiang *drei* Figuren zu beachten: der Zhuang Zhou vor dem Traum, der Schmetterling während des Traumes und der Zhuang Zhou nach dem Traum. Zwischen ihnen gibt es keine Brücke eines kontinuierlichen Ich. Und gerade deswegen sind alle drei vollkommen »authentisch«.

Damit bricht auch das dritte Motiv der Buberschen Version zusammen: der Zweifel. Indem sich Zhuang Zhou nicht an den Traum erinnert und nichts mehr vom Schmetterling weiß, kann er auch nicht in irgendwelche Zweifel geraten. Der wache Zhuang Zhou ist tatsächlich völlig gelassen und stellt sich keine merkwürdigen Fragen. Er grübelt nicht. Er ist vielmehr völlig mit sich selbst im Einklang, genauso wie dies der Zhuang Zhou vor dem Traum war und der Schmetterling während des Traums. Die Bubersche Frage, die sich Zhuangzi stellt, »Nun weiß ich nicht ...« taucht im chinesischen Text gar nicht auf. An ihrer Stelle steht eine Feststellung des »neutralen« Erzählers: Angesichts der Tatsache, dass der Schmetterling zur Zeit des Traums ebenso echt ist wie der Zhuang Zhou zur Zeit des Wach-Seins, lässt sich zwischen beiden Zustandsweisen keine Hierarchie aufstellen. Man hat keine wirkliche Grundlage, um zu entscheiden, dass ein Zustand echter sei als der andere. Man kann gerade nicht sagen, dass der eine Zustand »nur« eine Transformation des anderen, wirklicheren wäre. Man kann, von einer neutralen Perspektive aus, eben nicht sagen, der Schmetterling wäre »nur« geträumt. Also hinterlässt diese Gleichheit, diese *Gleichgültigkeit* beider Zustände (beide sind gleichermaßen gültig, weil sie nichts voneinander wissen, und also einander gleichgültig sind) *keinen Zweifel*, welcher Zustand der »wahre« ist und welcher nur Schein, sondern bestätigt vielmehr die Echtheit beider Zustände. Was bei Buber eine zweifelnde Frage ist, sorgt im Original dafür, dass der verständige Leser anerkennen muss, dass weder die Echtheit des einen noch die Echtheit des anderen Zustands bezweifelt werden kann. Es herrscht in der chinesischen Version am Ende kein Zweifel mehr darüber, dass ein Traum genauso echt ist, wie der Zustand, den man »Wach-Sein« nennt.

Auch das vierte Motiv der Buberschen Version wird somit verkehrt. Nicht die Grenzüberschreitung sichert im Chinesischen die gleichwertige Echtheit von Traum und Wach-Sein, sondern die jeweilige *Anerkennung der Grenzen* zwischen beiden Zuständen. Gerade weil der Wache nichts von seinem Traum weiß, ist er ganz und gar und nichts anderes als wach, und gerade weil der Schmetterling nichts von einem wachen Zhuang Zhou wusste, war er ganz und gar und nichts anderes als ein Schmetterling. Wüsste man im Traum, dass man träumt, so könnte man den Traum ja gerade nicht als echt erleben. »Sie zu *überschreiten* ...« schreibt Buber, aber für dieses »überschreiten« findet sich wieder im Original kein Wort, es ist eine reine Hinzufügung des Übersetzers, genau wie die zehn »Ich«. Im Traum darf man die Grenzen des Traums gerade nicht überschreiten, sonst wird man die Echtheit des Traumerlebnisses zerstören. Und genauso darf man im Wach-Sein gerade nicht seinen Träumen zweifelnd nachhängen, sonst wird man die ungetrübte und reine Wachheit zerstören. Man wird die totale Gegenwärtigkeit verletzen, wenn man – zum Beispiel auf dem Wege der Erinnerung – geistig in die Vergangenheit zurückgeht. Dadurch mindert man die Echtheit des Hier und Jetzt. Deshalb beruht die totale Gegenwärtigkeit, die Echtheit des Hier und Jetzt gerade auf der Anerkennung der Unterscheidungen und würde durch Grenzüberschreitung, wie bei Buber, unheilbar verletzt. Zhuang Zhou kann nur deshalb selbstzufrieden ein echter Zhuang Zhou sein, weil er die Grenze zum Schmetterling nicht überschreitet, und der Schmetterling ist nur dann ein heiter herum flatternder Schmetterling, wenn er die Unterscheidung zum Zhuang Zhou bewahrt. Die Wandlung der Dinge, die Wandlung der Zustände hat zur Voraussetzung, dass die Grenzen zwischen den Zuständen *nicht* überschritten werden. Nur so können die Zustände durch einen plötzlichen Übergang (wie das Erwachen) reibungslos wechseln. Zhuang Zhou überschreitet nicht die Grenze zum Schmetterling, und der Schmetterling überschreitet nicht die Grenze zu Zhuang Zhou. Gerade weil die Unterscheidungen akzeptiert werden, kann die Wandlung ohne Widerstände vor sich gehen. Das chinesische Schriftzeichen für Unterscheidung (*fen*), das im Text verwendet wird, ist grafisch auf ein Element mit der Bedeutung »Messer« gegründet. Die messerscharfe Unterscheidung garantiert den Wandel, sie zu missachten, ist gefährlich.

In seinem Kommentar deutet Guo Xiang die Parabel als ein Gleichnis über Leben und Tod. Guo Xiang meint, dass wir ebensowenig, wie wir den Traum gegenüber dem Wachsein als weniger echt abwerten sollen, auch den Tod nicht als weniger echt gegenüber dem Leben abwerten sollen. Traum und Wachsein sind nach Guo Xiang genauso wie Leben und Tod zwei gleichermaßen echte Seinsweisen, zwei Segmente eines Wandlungsprozesses. Es gibt keinen Anlass dafür, sich wegen des Todes Sorgen zu machen. Wenn man im Leben nur ganz und gar lebt und nicht über den Tod grübelt, dann kann man ebenso zufrieden sein wie der aufgewachte Zhuang Zhou, der nicht mehr seinen Träumen nachhängt. Und im Tod wird man ebenso zufrieden mit dem Tod sein können, weil man nicht mehr ans Leben denkt, wie der Schmetterling im Traum zufrieden sein konnte, weil er nicht mehr an einen Zhuang Zhou dachte. Guo Xiang erklärt:[28]

> *Nun, der Lauf der Zeiten hält nicht einen Moment ein, und das Heute bleibt im Fortgang nicht bestehen. So wandelt sich der Traum von gestern in ein Heute. Wie könnte es sich mit dem Wechsel von Leben und Tod anders verhalten!? Warum also sich zwischen beidem schwankend das Herz schwer machen lassen?! Denn ist man das eine, weiß man nichts vom anderen. Das Schmetterlingsein im Traum ist echt. Bezieht man dies auf die Menschenwelt, so weiß man zeit seines Lebens nicht, ob man nicht später einmal schöne Konkubinen in Wirklichkeit haben wird. Nur die Dummen glauben für sich selbst fest daran, zu wissen, dass das Leben etwas Erfreuliches und der Tod etwas Bedauernswertes sei. Das eben heißt, noch nichts von der Wandlung der Dinge gehört zu haben.*

Auch Martin Buber hatte offenbar »noch nichts vom Wandel der Dinge gehört«. Er glaubte, den Traum und das Wachsein als gleichermaßen unecht zu entlarven und über die Immanenz des Lebens hinaus in eine diese relativierende Transzendenz reichen zu müssen. Da kannte er die alten Daoisten schlecht. Denen waren Traum und Wach-Sein, Tod und Leben gleich viel wert – und nicht gleich wenig. So ist auch das fünfte Motiv der Parabel bei Buber geradezu ins Gegenteil verkehrt.

Den Daoisten galt die radikale Verwandlung von etwas in sein Gegenteil als Grundlage des dauerhaften und reibungslosen Wandlungsvorgangs. Dabei war es wichtig, dass keine Brücke der Erinnerung zwischen den Wandlungsphasen besteht und somit jede Phase für sich vollständig und ganz gegenwärtig ist. Nur so sahen sie die gleichwertige Echtheit einer jeden Wandlungsphase gewährleistet. Diese Vorstellung verdeutlicht auch eine Parabel aus dem Text *Huainanzi*.[29] Diese Parabel ist dem Schmetterlingstraum verblüffend ähnlich, allerdings nur dem Schmetterlingstraum in der Version des Guo Xiang, nicht in der Version Bubers. Die seltsame Erzählung aus dem *Huainanzi* lautet folgendermaßen:[30]

Einst litt Herzog Niuai unter der Verwandlungskrankheit. Nach sieben Tagen trat die Verwandlung ein, und er wurde zum Tiger. Sein älterer Bruder, der nach ihm schaute, trat ein, um seinen Leichnam zu bedecken. Da fasste ihn der Tiger und tötete ihn. So war aus einem kultivierten Menschen ein Raubtier geworden, mit Klauen und Zähnen. Gefühl und Herz hatten sich verändert. Geist und Form hatten sich verwandelt. Der nun ein Tiger war, wusste nichts von dem, der früher ein Mensch war. Und der, der früher ein Mensch war, wusste nichts von dem, der nun ein Tiger ist. Beide wechseln einander ab und schlagen in ihr Gegenteil um. Dabei erfreuen sie sich jeweils ihrer vollkommenen Form.

Die Wandlung des Herzogs Niuai zu einem Tiger entspricht der Wandlung des Zhuang Zhou zu einem Schmetterling. In beiden Geschichten beruht die perfekte Verwandlung auf dem totalen Nicht-Wissen der jeweiligen Phasen voneinander. So wie der Schmetterling nichts von Zhuang Zhou wusste und umgekehrt, so weiß Herzog Niuai nichts vom Tiger und umgekehrt. Dieses Nicht-Wissen markiert die Grenze, die Unterscheidung zwischen den Wandlungsphasen, die nicht überschritten werden darf. Nur so können sich die jeweiligen Phasen »ihrer vollkommenen Form erfreuen«. Die Gegensätzlichkeit von Mensch und Tiger in der Parabel unterstreicht diese Vorstellung: Als Mensch ist Herzog Niuai kultiviert, als Raubtier ist der Tiger wild und roh, er hat Klauen und Zähne. Die Wandlung ist perfekt, sie umfasst »Gefühl und Herz«, »Geist und Form«. Die Wandlungsphasen stehen einander gegenüber wie Tag und Nacht, und gerade deshalb schließen sie aneinander an, wie es besser nicht geht, und bilden einen endlosen Prozess des Geschehens.

Der Schmetterlingstraum illustriert nicht die Nichtigkeit des Traumes und der Scheinwelt angesichts der höheren Wahrheit, die sich dem nachdenkenden Philosophen offenbart, wie es anscheinend Martin Buber vermeinte, sondern vielmehr – analog zur Geschichte von Herzog Niuais »Verwandlungskrankheit« – den endlosen Prozess eines Wandels, dem es sich einzufügen gilt, indem man aufhört »nachzusinnen«. Der Text ist ein Gleichnis für den Lauf des Geschehens und eine Anleitung dafür, wie man im Einklang mit diesem Lauf zufrieden sein kann.

Somit ist die Parabel des Schmetterlingstraums der Buberschen Verwandlung entkleidet und wieder ihrem altdaoistischen Kontext einverleibt. Damit diese Einverleibung allerdings vollständig wird, muss ein letztes und tatsächlich im doppelten Wortsinne zentrales Element des Gleichnisses erklärt werden, nämlich das der Erzählperspektive. Wer kann eigentlich dieses Gleichnis erzählen? Zhuang Zhou sicherlich nicht, denn der weiß ja gar nichts von seinem Traum, und ebensowenig der Schmetterling, denn der weiß nichts von einem Zhuang Zhou. Um die Frage der Erzählperspektive zu klären, kann man – da im chinesischen Original kein Ich, wie Buber es einfügte, zur Verfügung steht – noch einmal auf den ersten Satz des Textes und auf die ein wenig merkwürdige Namensgebung zurückblicken.

Der Text beginnt nicht mit dem Wort »ich«, sondern mit dem Wort »früher« (*xi*). Geht man davon aus, dass der Leser im alten China voraussetzte, der gesamte Text *Zhuangzi* sei von einem personalen Autor Zhuangzi – also, ins Deutsche übersetzt, »Meister Zhuang« – geschrieben, so lässt sich daraus, wenn man genau hinschaut, folgern, dass dieser Meister Zhuang, den man »früher« einmal Zhuang Zhou[31] rief, jetzt – als Erzähler der Geschichte vom Schmetterlingstraum – nicht mehr derselbe ist, der »er« früher einmal war. Meister Zhuang erzählt, wie es das Wort »früher« und die Namensnennung »Zhuang Zhou« deutlich machen, die Geschichte von einem Zhuang Zhou als von jemandem, der er nicht mehr ist. Früher war da ein Zhuang Zhou, von dem jetzt einer erzählt, der auf diesen folgte, nämlich Meister Zhuang. Anders gesagt, Meister Zhuang erzählt die Geschichte vom Schmetterlingstraum als jemand, der weder Zhuang Zhou noch der Schmetterling ist, aber beiden gleich nahe oder gleich fern ist. Denn aus der Perspektive des Erzählers, des Meisters Zhuang, besteht ja, wie gesagt, kein Echtheitsunterschied zwischen Schmetterling im Traum und Zhuang Zhou im Wach-Sein. Also war Meister Zhuang früher nicht allein Zhuang Zhou (im Wach-Sein), sondern genauso ein Schmetterling (im Träumen). Meister Zhuang, der Erzähler, ist weder träumend noch wach, er ist weder Schmetterling noch Zhuang Zhou. Da waren früher, einmal träumend und einmal wach, ein Schmetterling und ein Zhuang Zhou, aber jetzt, da er die Geschichte erzählt, ist Meister Zhuang nichts mehr davon.

In gewisser Weise ist Meister Zhuang also sowohl von seiner »Entwicklung« her gesehen als auch zeitlich »weiter« als Zhuang Zhou und der Schmetterling es früher waren. Er ist einerseits, wie der Name sagt, ein »Meister«, und andererseits ist die Geschichte mit dem Traum in der Vergangenheit geschehen. Die Perspektive des Meisters Zhuang ist also eine andere, eine weitere, als die des Zhuang Zhou oder die des Schmetterlings in der Parabel.

Die Perspektive des Meisters Zhuang ist die Perspektive des daoistischen Heiligen, in der Mitte von Zhuang Zhou und Schmetterling, in der Mitte von Traum und Wach-Sein, in der Mitte von Tod und Leben. Meister Zhuangs Perspektive ist sozusagen die »Nullperspektive«. Er berichtet aus dem leeren Angelpunkt des Geschehens heraus, aus dem »Angelpunkt des Dao« (*dao shu*), wie es im *Zhuangzi* an anderer Stelle heißt.[32] Der Heilige ruht in der Mitte der Bewegung, er befindet sich inmitten des Geschehens, inmitten des Wandels. Von dieser »neutralen« Position aus wird der Schmetterlingstraum erzählt, nicht von einem sich kontinuierlich wandelnden Ich aus, nicht von einem Zhuang Zhou aus und auch nicht von einem Schmetterling aus.

Die Perspektive des Erzählers im Schmetterlingstraum ist die Perspektive des daoistischen Heiligen. Zhuangzi oder Meister Zhuang erzählt, denkt man an das Bild des Rades, vom Angelpunkt des Dao aus – von der Nabe im Rad. Damit lässt sich der Schmetterlingstraum ganz analog zum Bild des Rades erklären. Es ist ein anderes Bild mit derselben Struktur, ein anderes Bild des Dao als der optimalen Mechanik des Geschehens. Den Speichen im Rad, wie sie sich einmal oben und einmal unten befinden, wenn das Rad sich dreht, entsprechen Zhuang Zhou und der Schmetterling. So wie das, was oben ist, unten wird, so wird Zhuang Zhou ein Schmetterling, so wird der

Träumende wach, und so wird auch der Herzog Niuai zum Tiger. Aber in diesem Wandlungsprozess bleiben doch die durch die Speichen unterteilten Segmente immer fein voneinander getrennt. Niemals greift, trotz der Drehung, ein Segment in ein anderes über. Geradeso bleibt die Drehung in Gang, geradeso ist das, was unten ist, nur unten, nur an dem jeweiligen Ort, wo es ist. Niemals sind zwei Speichen an demselben Ort, und immer sind alle ganz und gar »gegenwärtig«, da wo sie gegenwärtig sind.

Der Heilige ruht in der Mitte, genauso wie Meister Zhuang zwischen Zhuang Zhou und dem Schmetterling. Dadurch ist allerdings der Kreislauf mit seinen Segmenten alles andere als seiner »Authentizität« enthoben. Im Gegenteil: In der Gestalt des Dao werden die Speichen nicht durch die Nabe in ihrer Wirklichkeit »relativiert«, sondern gestützt. Im Bild des Schmetterlingstraumes stellt Zhuangzi die Wirklichkeit von Zhuang Zhou und Schmetterling, von Wachen und Träumen, von Leben und Tod nicht in Frage, sondern beweist deren Wirklichkeit. Der daoistische Heilige steht nicht über Leben und Tod, er steht mitten dazwischen. Erst durch ihn haben Leben und Tod ihre »Authentizität«.

Die Lehre des Schmetterlingstraumes ist also zweifach: Wer nicht heilig ist, wer noch kein »Meister Zhuang« ist, soll einfach ganz und gar sein, was er ist, und nicht grübeln, zweifeln, nachdenken oder sich erinnern. Im Wachsein hat man nur zu wachen, im Träumen nur zu träumen. Nur so ist jeder Zustand von uneingeschränkter Echtheit. Die Aufgabe eines jeden ist es, vollkommen gegenwärtig und ohne Nachsinnen zu sein an seinem Platz, an seinem Ort und in seiner Funktion.

Dem Heiligen aber, der wie der Meister Zhuang *»weiter«* ist als Zhuang Zhou oder ein Schmetterling, obliegt es, überhaupt keine bestimmte Identifikation zu haben. Allein steht er allen bestimmten Positionen gleich fern und gleich nahe, allein nicht gegenwärtig ist er doch inmitten aller Gegenwärtigkeit. Von seiner »Nullperspektive« aus sieht er, wie der Kreislauf sich dreht. *Während alles andere nur ist, was es ist, lässt er alles so sein, wie es ist.* So kann er – so wie man die Nabe mit dem ganzen Rad identifiziert, den Herrscher mit dem Staatswesen oder das Herz mit dem Körper – mit dem allumfassenden Ablauf und Wandel der Dinge und Zeiten, mit dem Dao, identifiziert werden. Indem Zhuangzi, d. h. Meister Zhuang, weder Zhuang Zhou noch Schmetterling ist, sondern als leere Mitte zwischen beiden steht, kann er mit dem steten Wandel dieser beiden, mit dem Wandel von Wach-sein und Traum, mit dem Wandel von Leben und Tod als ganzem, geschlossenen Prozess identifiziert werden. Er ist nicht mehr nur ein begrenztes Segment im Wandel des Prozesses, sondern inmitten des Prozesses zugleich der ganze Prozess.

b. Das Reusengleichnis – oder: Vergesse zu denken

Ähnlich wie der Schmetterlingstraum lässt sich auch ein anderes bekanntes Gleichnis aus dem *Zhuangzi* vor dem Hintergrund der altchinesischen Philosophie ganz anders auffassen als in seiner prominentesten deutschen Übersetzung. Das »Reusengleichnis« liest sich in Richard Wilhelms *Zhuangzi*-Ausgabe so:[33]

> *Fischreusen sind da um der Fische willen; hat man die Fische, so vergisst man die Reusen.*
> *Hasennetze sind da um der Hasen willen; hat man die Hasen, so vergisst man die Netze.*
> *Worte sind da um der Gedanken willen; hat man die Gedanken, so vergisst man die Worte.*
> *Wo finde ich einen Menschen, der die Worte vergisst, auf dass ich mit ihm reden kann?*

Ähnlich wie die Version des Schmetterlingstraumes bei Martin Buber wirkt auch die Version des Reusengleichnisses bei Richard Wilhelm auf den ersten Blick leicht verständlich. Genauso wie beim Fischen und bei der Hasenjagd bestimmte Werkzeuge eingesetzt werden, um ein begehrtes, aber schwer zu fassendes Objekt zu bekommen, so werden in der menschlichen Kommunikation Worte eingesetzt, um bestimmter Gedanken – und zwar auch solcher, die sonst schwer zu fassen sind – habhaft zu werden. Und genauso wie man sich für das Werkzeug, wenn es einmal seinen Zweck erfüllt hat, nicht mehr interessieren muss, muss man sich auch nicht mehr für die Worte interessieren, wenn sie ihren Zweck erfüllt haben. Oder andersherum, nicht vom Werkzeug, sondern vom begehrten Objekt her betrachtet: Alles kommt darauf an, dieses sozusagen in der Hand zu haben, so wie beim Fischen alles auf die Fische ankommt und bei der Hasenjagd alles auf die Hasen, so bei den Worten alles auf die Gedanken.

Genau auf diese Weise wird nun das Reusengleichnis heutzutage meist ausgelegt. Man behauptet etwa, es belege, dass für die Daoisten das Wesentliche nicht das bloß Sprachliche sei, sondern vielmehr eine tiefere Einsicht in die in den Texten oder den Worten der Meister verborgene Quintessenz. Und so wie die Fischreuse vergessen werde, wenn der Fisch einmal gefangen ist, so könne man auch die Worte vergessen, wenn die wahre Bedeutung des Dao endlich erkannt sei. In Bezug auf die Sprache seien demnach die »Gedanken« oder die »wahre Bedeutung« alles, und die Worte nichts, beziehungsweise nur wenig. Formaler ausgedrückt lässt sich diese Auslegung so zusammenfassen: Während die Signifikanten relativ gleichgültig sind, zählt es letztlich, zu den Signifikaten zu kommen.

Eine solche Deutung weist – ähnlich wie die Bubersche des Schmetterlingstraumes – Parallelen zu philosophischen Gedankengängen auf, wie sie aus der alteuropäischen, auf Aristoteles zurückgehenden Tradition bekannt sind:[34] Wenn Worte Ausdruck von Gedanken sind, die wiederum die Tatsachen wahr abbilden können, dann müssen wir über die Worte hinaus zu den wahren Gedanken vordringen. Wenn wir diese dann »haben«, wenn wir verstehen, was von den Worten gemeint war, sind wir am Ziel, nämlich bei der Wahrheit. Somit lässt sich auch die Wilhelmsche Lesart des Reusengleichnisses »westlich« aufschlüsseln.

Allerdings ist die Version des Reusengleichnisses, wie sie in der Übersetzung Richard Wilhelms zugrundeliegt auch schon im alten China bekannt gewesen. Sie geht zurück bis ins dritte nachchristliche Jahrhundert, auf Wang Bi.

Ein Text Wang Bis über die »Klarstellung der Symbole« (*Ming xiang*) widmete sich der Frage, wie das *Yijing*, das *Buch der Wandlungen*, mitsamt der darin enthaltenen so genannten »Symbole« zu verstehen ist.[35] Er ist, genauer gesagt, eine literarisch äußerst kunstvolle Polemik, die auf verschiedene rhetorische Mittel und gelehrte Anspielungen zurückgreift, um damals populäre Methoden der Auslegung jenes alten konfuzianischen Orakelbuchs verächtlich zu machen. Dabei klagt Wang Bi seine Opponenten insbesondere an, allzu weit hergeholte Bedeutungen der *Yijing*-Symbolik zu konstruieren. Er beklagt, dass solche Lesarten zu viel Konkretes in die Textworte hineinlegen und das Gespür für die eigentlichen Aussagen gerade durch zu komplizierte Techniken der Weissagung völlig verlieren. Für Wang Bi ist es das Wichtigste, zur allgemeineren Sinnebene hinter den Symbolen vorzudringen, und er verwehrt sich gegen Interpretationen, die etwa das symbolische Hexagramm »*Qian*« aus dem *Buch der Wandlungen* konkret als Pferd verstehen und dann aus dieser Deutung die seltsamsten Schlussfolgerungen ziehen. So wird seiner Ansicht nach die tiefere Bedeutung, die die konfuzianischen Heiligen im Sinn hatten, als sie das Buch der Wandlungen schufen, verfehlt. Er sagt:[36]

> *Ist einmal der Ursprung verloren, dann entsteht ein Überfluss an spitzfindigen Auffassungen. Auch wenn das ein oder andere richtig getroffen wird, werden doch die Maximen nicht mehr erfasst, weil an den Symbolen festgehalten wird und die Gedanken vergessen werden.*

Wang Bi will, dass konkurrierende *Yijing*-Interpreten seiner Zeit sich auf den wahren Sinn hinter den Worten des *Buchs der Wandlungen* konzentrieren. Sie sollen, wie er es mit Rückgriff auf das Vokabular des Reusengleichnisses aus dem *Zhuangzi* zum Ausdruck bringt »die Worte vergessen, um die Gedanken zu bekommen«. Somit gebraucht Wang Bi das Reusengleichnis ganz offensichtlich im Sinne der heutigen Standardinterpretation.

Dabei muss allerdings berücksichtigt werden, dass es sich bei Wang Bis Text über die »Klarstellung der Symbole« tatsächlich gar nicht um eine *Interpretation* des Reusengleichnisses handelt. Vergegenwärtigt man sich den Kontext dieses Traktats, so wird offenbar, dass das Reusengleichnis hier – genauso wie andere Anspielungen – *instrumentalisiert* wird zum Zweck der Verteidigung einer bestimmten Form der *Yijing*-Exegese. Wang Bi geht es demnach an dieser Stelle keinesfalls um eine Aussage über den *Zhuangzi* oder um eine allgemeine Theorie der Sprache oder der Zeichen. Sein Text ist vielmehr eine hochgradig stilisierte Polemik im Kontext einer spezifischen intellektuellen Debatte seiner Zeit. Die bloße Verwendung einer Anspielung auf einen anderen Text, genauer gesagt, die Entlehnung eines literarischen Bildes aus einem anderen Text, kann dabei nicht als Versuch einer Interpretation dieses anderen Textes gelten. Wang Bi gebraucht die Bildlichkeit des Reusengleichnisses nur, um seine eigene

Argumentation in Bezug auf das *Buch der Wandlungen* zu unterstützen, ganz unabhängig davon, was das Reusengleichnis im *Zhuangzi* selbst bedeutet. Dennoch lehnen sich viele spätere Kommentatoren oder Übersetzer des Reusengleichnisses (in deren Folge auch Richard Wilhelms Übersetzung steht) bei ihrer Interpretation eng an Wang Bi an. Ein Rückblick auf den engeren daoistischen Umkreis kann demgegenüber jedoch zeigen, dass die so – auch in China – zur Standardinterpretation gewordene Lesart des Reusengleichnisses nach Wang Bi auf einer Kontextverschiebung beruht und zudem eine Pointe verschleiert.

Die Wendung »die Gedanken haben«, oder wörtlicher »die Gedanken bekommen« (analog zu »den Fisch bekommen« und »den Hasen bekommen«), besteht aus zwei Schriftzeichen in einer Verb-Objekt-Konstruktion, von denen das erste (*de*) ebensoviel wie »bekommen« oder »erhalten« heißt, und das zweite (*yi*) soviel wie »Gedanke« oder auch »Absicht« oder »Meinung« und »Bedeutung«. (Um der Kontinuität willen wird hier, der Übersetzung Wilhelms folgend, wenn möglich, stets »Gedanke« verwendet.) Im Reusengleichnis kann der Ausdruck *de yi* – wörtlich »die Gedanken bekommen« – als ein Wortspiel aufgefasst werden, das die Pointe des Textes im Vergleich zur Standardinterpretation nahezu verkehrt. Meines Erachtens ist der dritte der drei scheinbar völlig parallelen Sätze im Reusengleichnis tatsächlich nämlich nicht völlig parallel, sondern enthält – wie oft bei dreischrittig aufgebauten Erzählungen oder Witzen – eine Sinnverschiebung oder Sinnerweiterung, an die vorher nicht ohne weiteres zu denken war. Die Lehre des Reusengleichnisses besteht somit nicht darin, »Gedanken zu haben«, vielmehr ist die Wendung *»de yi«* – »die Gedanken haben« oder »die Gedanken bekommen« auf wortspielerische Weise als ihr Gegenteil zu verstehen. Dafür also, dass »die Gedanken haben« oder »die Gedanken bekommen« im daoistischen Sinne nichts anderes bedeutet als gerade »die Gedanken *nicht* haben« oder »die Gedanken los werden«, seien vier Gründe genannt.

Den ersten Grund liefert der Vergleich des Reusengleichnisses mit anderen Textstellen im *Zhuangzi*, die von »Gedanken« handeln. Das Schriftzeichen *yi* kommt im *Zhuangzi* mehr als fünfzig mal vor und wird dabei häufig, gerade wenn es im expliziten oder impliziten Zusammenhang mit dem Zeichen für »Worte« oder »Rede« (*yan*) gebraucht wird, eindeutig *negativ konnotiert*. Im Kapitel »Herbstfluten« etwa heißt es – mit dem (kursiv gedruckten) Kommentar des Guo Xiang[37]:

> Das, was mit Worten besprochen wird, das ist das Grobe an den Dingen. Und das, was mit Gedanken erreicht werden kann, das ist das Feine an den Dingen. Das aber, was von Worten nicht besprochen und von Gedanken nicht untersucht und erfasst werden kann, ist das, was weder zum Groben noch zum Feinen gehört.
>
> *Allein die Leere (wu)! Wie kommt es zur Fülle (you) von Worten und Gedanken? Nun, Worte und Gedanken gehören zur Fülle. Und das, worauf Worte und Gedanken beruhen, ist die Leere. Also strebt man (zur Heiligkeit) im sichtbaren Bereich der Worte und Gedanken und tritt dann ein in den Bereich der Wort- und Gedankenleere, und dann hat man schließlich das Ziel erreicht.*

Das, was weder fein noch grob ist, ist das Dao. Es ist, so wird behauptet, weder durch Worte noch durch Gedanken zugänglich. Offenbar müssen eben in Hinblick auf das Dao nicht nur die Worte, sondern auch die Gedanken abgelegt werden. Und dementsprechend berichtet der Meister Tian Zi Fang im gleichnamigen *Zhuangzi*-Kapitel über die besondere Fähigkeit seines Lehrers: »Er brachte die Gedanken der Menschen zum Verschwinden.«[38] Die Gedanken gehören, so wird an anderer Stelle gesagt, zu den sechs Übeln, die »das Herz verwirren«.[39] Der daoistische »wahre Mensch« (*zhen ren*) befreit sich möglichst von jedem Gedanken: »Mehr noch als ein Schaf wirft er die Gedanken ab.«[40] All diese Textstellen aus dem *Zhuangzi* sprechen einmütig dagegen, dass es, wenn man auch nur von einem geringen Grad an inhaltlicher Geschlossenheit ausgehen will, für den daoistischen Weisen oder Heiligen ein Ziel sein kann, »Gedanken zu haben« oder »Gedanken zu erlangen«.

Den zweiten Grund zur Skepsis gegenüber der Standardinterpretation liefert der Vergleich mit anderen Texten. In anderen Schriften aus dem daoistischen Umfeld taucht der Ausdruck »keine Gedanken haben« (*wu yi*) geradezu als Topos auf. Beispielsweise im Werk *Liezi* lautet eine daoistische Empfehlung: »Habe keine Gedanken, dann wird das Herz geeint.«[41]

Einen dritten Grund dafür, das Reusengleichnis als mit dem *Zhuangzi* und der daoistischen Einstellung konform zu verstehen, liefert wiederum der Kommentar des Guo Xiang. Guo Xiang merkt zum Reusengleichnis nur einen Satz an. Auf die Schlusssentenz folgend, fügt er hinzu:

> *Wenn zwei Weise erst einmal nichts mehr im Sinn haben* (wu yi), *dann haben sie auch nichts mehr, worüber sie reden.*

Zweifelsohne schließt also auch Guo Xiang aus dem Reusengleichnis, dass der daoistische Idealmensch, wenn er über die Worte hinaus ist, nicht etwa dafür »Gedanken hat«, sondern vielmehr, dass er gerade, wörtlich übersetzt, »keine Gedanken hat« (*wu yi*). Guo Xiang liest das Reusengleichnis offensichtlich so: Wenn ein Daoist erst einmal frei von Gedanken ist, dann ist auch das angestrebte Ziel des »Vergessens der Worte« nahe. So werden zwei »gedankenfreie« Heilige, wenn sie aufeinandertreffen, wohl kaum ein Gespräch über irgendwelche »wahren Bedeutungen« führen können. Nach der Standardinterpretation vergisst man erst die Worte und hat dann die Gedanken. Nach Guo Xiang muss man sich erst von den Gedanken befreien und hat dann auch keine Worte mehr.

Und dementsprechend lässt sich auch die Schlusssentenz des Textes etwas weniger kryptisch als in der Standardinterpretation und in der eben zitierten Wilhelmschen Übersetzung verstehen. An Guo Xiang anschließend lautet nämlich die rhetorische Frage – grammatisch und semantisch mindestens ebenso plausibel: »Wie sollte ich mit jemandem reden können, der die Worte vergessen hat?« Nach Guo Xiang lehrt das Reusengleichnis also nicht, was der Daoist erhält, sondern was er verliert.

Ein letztes Argument, das der Standardinterpretation bleibt, ist der Verweis darauf, dass es trotz allem im Text des Reusengleichnisses, analog zu »den Fisch haben« und »den Hasen haben« wörtlich heißt »die Gedanken haben« (*de yi*) und nirgends von »die Gedanken nicht haben« (*wu yi*) die Rede ist. Diesem Einwand lässt sich ein viertes philologisches Argument entgegensetzen: Die Wendung *de yi* – »die Gedanken haben« oder »die Gedanken bekommen« – kann durchaus als ein Wortspiel aufgefasst werden.

»De yi« heißt zwar wörtlich tatsächlich »die Gedanken bekommen«, aber es wird meistens verwendet im Sinne von »das bekommen, was man im Sinn hat«, oder »das bekommen, was man will«.

Davon abgeleitet ergibt sich dann der (heute immer noch vorkommende) Gebrauch als stehende Wendung in der Bedeutung »völlig zufriedengestellt« oder »wunschlos glücklich« bzw. »vergnügt sein«. In dieser übertragenen Bedeutung tauchen die beiden Schriftzeichen schon im *Zhuangzi* selbst an anderer Stelle auf. Im 28. Kapitel liest man: »In Muße wandernd zwischen Himmel und Erde, und das Herz ist von selbst zufriedengestellt.«[42] (*xin yi zi de*) So lässt sich der letzte der drei Parallelsätze des Reusengleichnisses auch ganz anders auffassen: Nicht der, »der die Gedanken hat«, braucht keine Worte, sondern der, »der hat, was er im Sinn hatte« oder einfach der wunsch- oder gedankenlos Zufriedene braucht keine Worte.

Dafür, dass die Wendung *»de yi er wang yan«* genau in diesem wortspielerischen Sinne (»hast Du, was Du im Sinn hattest, d.h. bist Du wunsch- oder gedankenlos zufrieden, vergisst Du die Worte«) verstanden werden kann, bietet wiederum der Text *Liezi* mitsamt des Kommentars von Zhang Zhan einen zusätzlichen Beleg. Hier wird nämlich die Wendung *de yi* unumwunden als *wu yi* (»keine Gedanken haben«) gedeutet. Wenn es im Text heißt: »Einer, der *de yi* ist, hat keine Worte«, so erklärt Zhang Zhan dazu, dass »Worte *und* Gedanken [bzw. Worte und Absichten oder Wünsche] völlig vergessen« sind.[43] Die Wendung *»de yi«* wird hier also vom Kommentator ausdrücklich nicht als »Gedanken haben« aufgefasst, sonst würde er nicht erläutern, dass *»de yi«* gerade auch »Gedanken vergessen« heißt. Einer, der *»de yi«* ist, ist also in diesem Kontext, ebenso wie in der verwandten Passage im *Zhuangzi*, offenbar einer, der wunschlos zufrieden ist und so endlich tatsächlich »hat, was er im Sinn hatte« oder »hat, woran er dachte«. Deshalb – weil er jetzt wirklich hat, woran er vorher nur dachte – muss er nun an nichts mehr denken und hat ein »leeres Herz«.

Nach dieser überraschenden oder »paradoxen« Wendung im dritten Parallelsatz des Reusengleichnisses kann man auch die ersten beiden Bilder in einem anderen Licht sehen. Erst wenn man satt ist, hat man den Fisch oder den Hasen wirklich und kann Reuse und Falle vergessen. Und damit man sich von den Worten oder der Jagd des Redens freimachen kann, muss man sozusagen des Denkens satt sein und durch Zufriedenheit die Gedanken zum Verschwinden bringen. Daoistisch betrachtet bedeutet »die Gedanken zu haben« demnach, »zu haben, worauf man aus war«, und das heißt nichts anderes als eben »keine Gedanken zu haben«. Die Wendung *de yi* gibt gerade dies wortspielerisch wieder. Sie schlägt in das Gegenteil ihrer Grundbedeutung um und macht so das Reusengleichnis aus. Es geht dabei, anders als es die Standardinterpretation nahe legt, gar nicht darum, Fische, Hasen oder Gedanken zu bekommen. Das eigentliche Thema des Reusengleichnisses ist vielmehr die Frage, unter welchen Vorbedingungen man Reusen, Hasenfallen und Worte *nicht mehr braucht*. Isst man Hasen und Fische, so vergisst man die Jagd, und sind die Gedanken aus dem Kopf hinaus, weil man wunschlos zufrieden ist, braucht man sich an dem Gerede nicht mehr zu beteiligen. Der daoistische Gewinn ist ein Gewinn durch Verlust: Ist man frei von dem, was man im Sinn hatte, hat man, was man im Sinn hatte. Dementsprechend muss das Reusengleichnis (mit dem kursiv gedruckten Kommentar von Guo Xiang[44]) so übersetzt werden:

> Reusen sind das, wodurch man an Fische kommt.
>
> *Erst wenn man die Fische bekommen hat, kann man die Reusen vergessen.*
>
> Hasenfallen sind das, wodurch man an Hasen kommt.
>
> *Erst wenn man die Hasen bekommen hat, kann man die Hasenfallen vergessen.*
>
> Worte sind das, wodurch man an das kommt, was man im Sinn hat.
>
> Erst wenn man bekommen hat, was man im Sinn hatte (bzw.: erst wenn man wunschlos glücklich ist und nichts mehr im Sinn hat); kann man die Worte vergessen.
>
> Wie sollte ich mit jemandem reden können, der die Worte vergessen hat?
>
> *Wenn zwei Weise erst einmal nichts mehr im Sinn haben, dann haben sie auch nichts mehr, worüber sie reden.*

Die Lehre des Reusengleichnisses besteht also nicht darin, möglichst auf irgendwelche »tiefen Gedanken« zu kommen und bei diesen zu verbleiben, sondern zielt im Gegenteil darauf, zu erklären, auf welche Weise man sich der Gedanken entledigen kann. Der Poet Yang Wanli (1127-1206) hat mehr als ein Jahrtausend nach der Entstehung des Reusengleichnisses den Topos des »Abwerfens der Gedanken« von der Philosophie auf die Dichtkunst übertragen. Er gibt, ganz im

Sinne des Reusengleichnisses, eine Anleitung dafür, wie man dichten soll, und erklärt dabei, welche Funktion die Dichtung eigentlich hat:[45]

Wie macht man Poesie? – Man lege Wert auf die Worte, das sei das Wesentliche! – [Oder besser,] der gute Dichter verwerfe die Worte und lege Wert auf die Gedanken! – [Oder besser,] der gute Dichter verwerfe die Gedanken! – Wenn aber die Worte verworfen werden und die Gedanken, worin besteht dann die Poesie? – Nun gerade im Verwerfen der Worte und im Verwerfen der Gedanken, darin hat die Poesie ihren Bestand. Gerade darin hat sie ihren wahren Bestand.

Genießt man ein Essen, so folgt auf die Süßspeise auch der Tee. Wen verlangte es nicht nach der Süßspeise, aber die Süße wird einem doch schließlich sauer. Kommt man zum Tee, so ist er den Menschen zwar erst bitter, aber diese Bitterkeit überwindet doch immer die Süße. Und ebenso verhält es sich mit der Poesie.

Gute Poesie, so meint der Dichter, ist sozusagen sinnvergessen oder sinnlos. So wie der Geschmackssinn nach dem Essen durch den Tee beruhigt und gewissermaßen zur Geschmacklosigkeit überführt wird, so liegt die Wirkung guter Dichtung gerade nicht darin, »zum Denken anzuregen«, sondern vielmehr darin, das Denken zu beenden. Der Zweck der Dichtung, den Yang Wanli beschreibt, ist, so gesehen, eben der der daoistischen Philosophie.

Das Dao, mit dem der Daoist sich identifizieren soll, ist der Fülle von Worten, Symbolen *und* Gedanken gegenüber genau das Leere und so noch nicht einmal ein Gedanke oder ein Signifikat. Die entscheidende Trennlinie des Daoismus verläuft nicht zwischen immer nur andeutenden und deshalb unzureichenden Worten oder Symbolen einerseits und immer nur angedeuteter, weil unendlich »voller« Bedeutung andererseits, sondern vielmehr zwischen der Fülle von Worten *und* Bedeutungen auf einer Seite und der, auch semiotischen, Leere des Dao andererseits. Oder formal gesagt: Die Trennung verläuft nicht zwischen Repräsentation und Präsenz, sondern zwischen Präsenz und Nicht-Präsenz.

Das Reusengleichnis beschreibt das Verhältnis eines daoistischen Heiligen zu Gedanken und Worten. Der Heilige löst auf, was sich an

Gedanken in seinem »Herz« befindet (das Herz galt im alten China auch als »Denkzentrum«), und er muss deshalb auch nicht mehr reden. Der Daoist ist gedankenleer, so wie ein idealer Staatslenker frei von Handlungen ist, aber das heißt nicht, dass damit alle Gedanken verschwunden sind. Die Daoisten sind genauso wenig für totale Gedanken- oder Wortlosigkeit, wie sie nicht für totale Handlungslosigkeit sind. Indem der Heilige nicht denkt und nicht spricht, so lässt er doch alles Denken und Reden der anderen zu. Er widerlegt nicht durch seine Gedankenlosigkeit und Wortlosigkeit die Gedanken und die Worte anderer, sondern lässt diese eigentlich erst gelten. Als gedankenloser und wortloser Angelpunkt steht er inmitten des Gedankenaustausches und der Wortwechsel in der Welt, so wie die Nabe im Wechsel der Speichen zwischen oben und unten ruht.[46]

Daoistische Gedankenlosigkeit entspringt der »Gleichgültigkeit« der daoistischen Nullperspektive: Der Gedankenlose ist gleichgültig im Sinne von unbeteiligt am »Diskurs«, der Wechsel der Worte lässt ihn unberührt. Aber gerade durch diese Position der ruhenden Mitte haben alle Positionen ihren Dreh- und Angelpunkt und beziehen aus ihm ihre jeweils gleichwertige Gültigkeit. Der Heilige denkt nicht, aber gerade deshalb lässt er alle Gedanken der anderen gelten. So kommt alles Denken einerseits in ihm zur Ruhe und wird doch zugleich andererseits erst durch ihn zu einer »runden Sache«, in der alle Gedanken ihren Platz haben.

c. Die Freude der Fische – oder: Glückloses Glück

Das kurze, aber bekannte Gleichnis aus dem *Zhuangzi* über »die Fröhlichkeit der Fische« (*yu zhi le*) berichtet von einem Disput zwischen Zhuangzi und seinem Freund und philosophischen Opponenten Huizi anlässlich eines Spazierganges:[47]

*Zhuangzi und Huizi spazierten (*you*) auf der Brücke über den Hao-Fluss. Zhuangzi sagte: »Die Elritzen kommen heraus und tummeln (*you*) sich sorglos! Das ist die Fröhlichkeit der Fische.« Huizi entgegnete: »Du bist kein Fisch. Wie kannst du die Fröhlichkeit der Fische erkennen?« Da antwortete Zhuangzi: »Du bist nicht ich. Wie kannst du erkennen, dass ich die Fröhlichkeit der*

Fische nicht erkenne?« Und Huizi erwiderte: »Ich bin nicht du, also erkenne ich dich gewiss nicht. Und du bist gewiss kein Fisch, und damit ist völlig klar, dass du die Fröhlichkeit der Fische nicht erkennst.« Zhuangzi sagte darauf: »Bitte gehe noch mal zu deinem Ausgangspunkt zurück. Als du mich fragtest, wie ich die Fröhlichkeit der Fische erkennen könne, da hast du doch schon erkannt, dass ich sie erkenne, indem du fragtest. Ich erkenne sie hier von der Brücke herab!«

Wie viele andere Gleichnisse im *Zhuangzi* arbeitet auch dieses mit einigen Wortspielen, die in vielen Übersetzungen unberücksichtigt bleiben. Das zentrale kommt bereits im ersten Satz vor und ist wichtig für das Verständnis der ganzen Geschichte. Genau wie Zhuangzi und Huizi sorglos herum spazieren, tummeln sich die Fische sorglos. Für »spazieren« und »(sich im Wasser) tummeln« steht im Chinesischen dasselbe Wort: *you*.[48] Es ist zugleich der daoistische *terminus technicus* für ein völlig zufriedenes »Aufgehen« im eigenen »Stand«, in der augenblicklichen Seinsweise. Es ist die Bezeichnung dafür, dass sich ein »Individuum« seiner Seinsweise, seiner »Rolle«, seinem Segment im Geschehensganzen total hingibt. Von diesem Wortspiel – der Verwendung desselben Ausdrucks für das »Herumstreifen« der Menschen und Fische – ausgehend, löst sich, wie man sehen wird, schließlich auch die Wortspielerei des eigentlichen Dialoges zwischen Zhuangzi und Huizi auf.

Das Wortspiel dieses Dialogs baut auf der (im Deutschen glücklicherweise gut wiederzugebenden) Doppelbedeutung der ersten Frage Huizis auf, die den philosophischen Streit eröffnet: »Wie kannst Du die Fröhlichkeit der Fische erkennen?« Dies kann ja zunächst einmal, wie es auch offenbar von Huizi gemeint ist, eine rhetorische Frage sein und somit bedeuten: »Wie solltest du überhaupt in der Lage sein, die Fröhlichkeit der Fische zu erkennen?« Huizi will damit also anscheinend nur bestreiten, dass Zhuangzi überhaupt etwas über die Fische erkennen kann. Damit spricht Huizi ein erkenntnistheoretisches Problem an: Wie ist Erkenntnis von anderen Seinsformen möglich?

Zhuangzi geht nun zuerst auf diese Frage ein und unterliegt dabei scheinbar in der Diskussion. Offenbar läßt sich Huizis Einwand nicht widerlegen, dass es von einer »erkenntnistheoretischen« Perspektive aus gesehen sehr problematisch ist, Einsichten in andere, fremde Seinsformen, wie die der Fische, zu behaupten.

Mit seinem letzten Satz aber dreht Zhuangzi den Spieß um und macht die Doppelbedeutung der anfänglichen Frage Huizis deutlich. Er fasst diese Frage jetzt etwas anders auf und weniger »philosophisch« – nämlich so, dass Huizi, indem er sagte »Du bist kein Fisch. Wie kannst du die Fröhlichkeit der Fische erkennen?« nur aus Unwissenheit die »dumme« Frage stelle, wie und wodurch Zhuangzi diese Freude der Fische erkenne, die er, Huizi, nicht sehe.

Zhuangzi versteht Huizis Frage nun nicht mehr streng erkenntnistheoretisch. Er versteht sie als konkrete Frage danach, wie man die Fröhlichkeit dieser Elritzen erkennen kann. Und darauf gibt er die »einfache« und spöttische, aber auch wiederum doppeldeutige Schlussantwort: Ich erkenne sie hier von der Brücke aus! – Ich erkenne die Fröhlichkeit der Fische von hier oben aus, indem ich gerade hier oben stehe.

Diese Antwort ist aber nicht nur spöttisch, sondern hat einen »tieferen« Sinn. Dieser tiefere Sinn hat mit dem anfänglichen Wortspiel um *you* zu tun: das menschliche Spazieren und das Tummeln der Fische. Dies erklärt wiederum der Kommentar des *Zhuangzi*-Herausgebers Guo Xiang:[49]

> *Nun, wo hinein die Dinge geboren sind und wo sie zufrieden sind: diesen Ort können Himmel und Erde nicht ändern, und diesen Stand können Yin und Yang nicht rückgängig machen. Deshalb kann es kaum wunderlich genannt werden, wenn man ausgehend von dem, worin das auf das Land Geborene zufrieden ist, dasjenige erkennt, worin das ins Wasser Geborene fröhlich ist!*

Mit Guo Xiang können wir den Witz Zhuangzis verstehen: So wie Zhuangzi auf der Brücke spaziert (*you*) und als Mensch völlig aufgeht in seiner Seinsweise, so gehen auch die Fische, die sich im Wasser tummeln (*you*), in ihrer Seinsweise völlig auf. So ist Zhuangzi am Land zufrieden und folgert daraus, dass die Fische auf ihre Weise im Wasser fröhlich sind. Denn menschliches Spazieren und das Tummeln der Fische im Wasser ist bei den Daoisten wortwörtlich eben auch »in seiner Seinsweise aufgehen«: *you*. Auch im Deutschen kann man ja ähnlich sagen: »sich wie ein Fisch im Wasser fühlen«. Und damit ist dann nicht gemeint, dass man beansprucht, genau die spezifischen Empfindungen eines Fisches selbst zu haben, sondern vielmehr »nur«, dass man sich »ganz in seinem Element« fühlt. Und das wollte auch Zhuangzi sagen. Er wollte nicht behaupten, er habe nun genau erkannt, wie Fische Fröhlichkeit empfinden. Er wollte sagen: Ich fühle mich in meinem Element »wie ein Fisch im Wasser« da unten. Und die Fische sind in ihrem Element offenbar fröhlich, so wie ich in meinem zufrieden bin. Deren Fröhlichkeit und meine Zufriedenheit sind dabei nicht dasselbe – sondern durchaus grundverschieden voneinander. Aber gleichzeitig geben wir uns jeder nach seiner Art ganz »mit dem Stand zufrieden, in den wir geboren sind«, wie man in Anlehnung an Niklas Luhmann sagen kann.[50]

In Anlehnung an den Schmetterlingstraum kann man aber auch sagen: Genauso wie der Schmetterling im Traum ganz und gar ein Schmetterling ist und deshalb zufrieden, und wie der wache Zhuang Zhou ganz und gar Zhuang Zhou ist und deshalb zufrieden, so sind auch die Fische im Wasser und Zhuangzi auf der Brücke ganz und gar »in ihrem Element« und deshalb zufrieden. Weil man im Traum ganz zufrieden sein kann, kann man wissen, dass man es auch im Wachen sein kann. Und weil man auf der Brücke ganz und gar zufrieden sein kann, kann man wissen, dass man es auch im Wasser sein kann.

Im Gleichnis von der Freude der Fische heißt Glück, in einem Stand zufrieden zu sein oder ganz und gar in einer Seinsweise »aufzugehen«. Das gilt für Fische ebenso wie für Schmetterlinge und Zhuang Zhous. Dieses Glück aber bedeutet nun keinesfalls, dass alle tatsächlich immer nur einfach emotional glücklich sein sollen. So wie die Fische sich im Wasser in ihrem Element »verlieren«, »verliert« sich auch ihr Glück. Ihr Glück ist glückloses oder wunschloses Glück. Aus der daoistischen Sicht ist daher dieses perfekte Glück letztlich kein »empfundenes« Glück – und das Unglück, wenn man ganz darin aufgeht, ist genauso wenig ein »empfundenes« Unglück. Beides sind partikulare Seinsphasen oder Seinssegmente, die sich ereignen, von denen der Daoist aber »im Herzen unberührt« bleibt. Deshalb sagten die Daoisten auch: »Die höchste Fröhlichkeit ist es, keine Fröhlichkeit zu haben.«[51] Inmitten der Seinsphasen vergisst der Daoist sein Glück und sein Unglück, indem er sich selbst vergisst. Er wird dann zur »leeren Mitte« im Wechsel der Seinssegmente, zur Nabe im perfekten Lauf der Geschehnisse.[52]

II. Themen

Die daoistischen Bilder sind Anschauungsmaterial zur Übung in daoistischer Praxis und haben eine didaktische Funktion. Ausgehend von diesen Bildern kann der Daoist lernen, sich nach dem Muster des Dao zu schulen und sich nach dem Vorbild des Heiligen und der Ordnung, die er stiftet, zu transformieren. In Anlehnung an das Bild des Rades gesprochen mag man sagen, man kann lernen, in die Mitte des Kreises zu gelangen und einen Kreislauf in Gang zu halten.

Gebiete, in denen die Daoisten eine solche Schulung für besonders förderlich hielten, waren, wie gesagt, das Feld der politischen Praxis und das der Kultivierung des körperlichen Organismus. Begreift man das daoistische Denken als Bauanleitung, um in Staaten und Körpern Ordnung zu schaffen, so ist mit den daoistischen Verhaltensvorschriften zugleich eine Art Bauplan von Staaten und Körpern verknüpft. Das daoistische Denken stellt dementsprechend Entwürfe von diesen, aber auch vielen anderen Gebilden oder »Themen« bereit.

1. Der Staat

Im *Zhuangzi* spielt die Politik meist keine wichtige Rolle, vielmehr enthält dieses Werk eine ganze Reihe von Textstellen, in denen politische Herrschaft und die Amtsübernahme in politischen Geschäften lächerlich gemacht wird. Ein Beispiel dafür ist die folgende Geschichte, die von Zhuangzi und seinem bevorzugten Dialogpartner Huizi, der schon im Gleichnis von der Freude der Fische auftrat, erzählt:[53]

Als Huizi Minister im Staat Liang wurde, da wollte Zhuangzi dort hingehen, um ihm einen Besuch abzustatten. Jemand wandte sich an Huizi und sagte: »Wenn Zhuangzi kommt, so wird er beabsichtigen, Euch von Eurem Ministerposten zu verdrängen.« Dies versetzte Huizi in Schrecken, und so ließ er drei Tage und drei Nächte lang im Lande nach Zhuangzi suchen. Zhuangzi aber kam zu Besuch und sprach: »Im Süden wohnt ein Vogel, sein Name ist

Yuanchu. Kennst Du ihn nicht? Nun, Yuanchu erhebt sich aus dem Südmeer und fliegt bis zum Nordmeer. Er lässt sich nur nieder auf den edelsten Bäumen, er speist nur die besten Früchte, und er trinkt nur aus den reinsten Quellen. Als einmal eine Eule gerade eine verdorrte Maus gefunden hatte, da flog er an ihr vorüber. Sie hob den Kopf, erblickte ihn und machte ›Huu!‹. Willst Du nun etwa wegen Deines Staates Liang auch ›Huu!‹ zu mir machen!?«

Zhuangzi kümmerte sich nicht um Politik. Sie war ihm so verlockend wie dem großen Vogel Yuanchu eine verdorrte Maus. Ganz anders verhält es sich im *Daodejing*, das durchaus als Handbuch für Regenten gelesen werden kann. Viele Kapitel wenden sich eindeutig an politische Führer, die frühen Manuskripte auf Seide und Bambus wurden in Herrschergräbern gefunden, und das »Ich«, das recht häufig im Text gebraucht wird, lässt sich als das »Ich« des idealen Herrschers verstehen, mit dem sich der potentielle Leser, nämlich der sich daoistisch bildende Regent oder Regentschaftsanwärter, identifizieren soll.

In diesem Sinne ist das *Daodejing* von Hanfeizi verstanden worden. Das dem Denker Hanfeizi zugeschriebene gleichnamige Werk entfaltet ein politisches Programm der Herrschaft durch Strafe und Belohnung. Der Herrscher herrscht im Verborgenen und lenkt die Politik, selbst tatenlos, allein durch Aufsicht über seine stets tätigen Untergebenen. Diese Struktur des legalistischen Herrschaftsentwurfs ist an daoistisches Denken angelehnt, und so sind im *Hanfeizi* zwei Kapitel allein der legalistischen Auslegung von Textstellen aus dem *Daodejing* gewidmet.

Die Strategie, die für das Staatsdenken im *Daodejing* ebenso wie im *Hanfeizi* von grundlegender Bedeutung ist – sich allerdings auch im Konfuzianismus finden lässt –, kann mit den bereits erwähnten Worten des *Daodejing* so zusammengefasst werden: *»wu wei er wu bu wei«* – »Nicht-Handeln und nichts bleibt ungetan« (vgl. *Laozi* 37, 48). Indem der Herrscher selbst keine Aufgaben übernimmt, werden alle Aufgaben von den Untertanen mehr oder weniger automatisch erledigt. Während die Daoisten ganz auf die Eigenwirksamkeit eines solchen passiven Verhaltens seitens des Regenten setzten, verknüpften es die Legalisten mit der Alleinherrschaft durch das Strafgesetz. Bei ihnen herrschte der Herrscher, indem er allein stets passiv blieb und so das Gesetz (*fa*) über die Verhaltensweisen der Untertanen richten ließ. War deren Verhalten korrekt und nützlich, wurden sie durch das Gesetz belohnt, widersprach ihr Verhalten aber dem Gesetz, so wurden sie bestraft. Der Herrscher vertrat nur dieses Gesetz der Handlungen. Indem er selbst nicht handelte, blieb er der einzige, der nicht unter das Gesetz fiel und dieses deshalb auch allein (durchaus auch im doppelten Sinne) exekutieren konnte.

Dabei wurde das Gesetz als nichts anderes als die ausführende Instanz des waltenden Dao begriffen: »Das Dao bringt das Gesetz hervor« (*dao sheng fa*) beginnen die »Vier Klassiker des Huangdi«. Das Gesetz als waltende Kraft des Dao spielt bei den meisten philosophischen Daoisten allerdings nur eine untergeordnete Rolle. Sie vertrauten auf die Kraft, die der dem Dao gemäß geordnete Staatsmechanismus aus sich selbst heraus zu entfalten in der Lage sei. Blieb der Herrscher nur passiv und fügte sich der optimalen Geschehensform des Dao, so würde sich die Ordnung »von selbst« (*ziran*) ausbreiten.

Die passive Rolle des Herrschers, seine Ruhe, korrespondiert mit den Aktivitäten der Untertanen, an denen der Herrscher nicht selbst mitwirkt. Während der Herrscher ein Alleinherrscher, eine einzelne Mitte, sein muss, müssen sich die Untertanen in die Vielzahl der jeweiligen Aufgaben und Pflichten fügen. Dabei ist es wichtig, dass alle Aufgaben harmonisch zusammenwirken und so ein geordnetes Ganzes ergeben. Damit die Elemente, die ein geordnetes, kontinuierliches Geschehen ergeben, sich zu einem harmonischen Ganzen – zum Wandel der Dinge – fügen können, muss es, so hieß es im Schmetterlingstraum des *Zhuangzi* »*eine Unterscheidung dazwischen geben*«. Während der Herrscher ununterschieden einzig und allein passiv im Zentrum aller Aufgaben verbleibt, sind die Tätigkeiten der Untertanen nur dann zu koordinieren, wenn sie fein säuberlich unterschieden bleiben. Die Ordnung im Staat beruht darauf, das diejenigen, die handeln, also die Untertanen, das Ihrige und nur das Ihrige tun. Im *Zhuangzi* wird das »unabänderliche« Wechselspiel zwischen Tatenlosigkeit des Herrschers und Tätigkeit der Untertanen an einer Stelle sogar noch präziser als im *Daodejing* beschrieben:[54]

Also schätzten die Menschen des Altertums das Nicht-Handeln. Würden die Hochgestellten nicht handeln, und die Untertanen

> *ebensowenig handeln, so hieße dies, dass die Hochgestellten und die Untertanen die gleiche »Tugend«* (de) *ausübten. Üben aber Hochgestellte und Untertanen die gleiche Tugend aus, so wird nicht gedient. Würden die Untertanen handeln, und handelten die Hochgestellten ebenso, so hieße dies, dass die Hochgestellten und die Untertanen den gleichen Weg* (dao) *verfolgten. Verfolgen aber Hochgestellte und Untertanen den gleichen Weg, so wird nicht geherrscht. Die Hochgestellten müssen nicht-handeln. Die Untertanen müssen handeln, sie werden für die Welt in Dienst genommen. Das ist der unabänderliche Weg* (dao).

Dieses daoistische Konzept führt Hanfeizi auf seine Weise aus und stellt dabei den besonderen Aspekt der Aufgabenteilung seitens der Untertanen in den Vordergrund, wie es die folgende Anekdote zeigt:[55]

> *Einstmals begab es sich, dass Marquis Zhao von Han sich betrank und einschlief. Der Verwalter der herrschaftlichen Krone bemerkte, dass sein Gebieter fror, und bedeckte ihn mit einem Gewand. Als jener aus dem Schlaf erwachte, freute er sich und fragte sein Gefolge, wer ihm das Gewand übergelegt hatte. Die Höflinge gaben zur Antwort, dass es der Verwalter der herrschaftlichen Krone war. Daraufhin bestrafte er beide, den Verwalter der herrschaftlichen Gewänder und den Verwalter der herrschaftlichen Krone, den ersten, weil er seinen Pflichten nicht nachgekommen war, und den zweiten, weil er seine Befugnisse überschritten hatte. Nicht, dass er die Kälte nicht fürchtete, doch er meinte, dass der Schaden von Amtsübergriffen schlimmer ist als Kälte. Deshalb können die Beamten, wenn ein weiser Herrscher sie leitet, weder durch Überschreiten der Amtsbefugnisse Verdienste erwerben, noch Vorschläge unterbreiten, die ihren Taten nicht entsprechen. Wer seine Amtsbefugnisse überschreitet, wird zum Tode verurteilt.*

Der Verwalter der Krone wird zum Tode verurteilt, weil er dem Herrscher ein Gewand übergelegt hat und so seine Aufgabenbegrenzung überschritt, und der Verwalter der Gewänder wird zum Tode verurteilt, weil er dem Herrscher kein Gewand übergelegt hat und so seine Aufgabe nicht erfüllte. Im legalistischen Denken ist dieses Urteil des

Herrschers nicht als despotische Grausamkeit zu verstehen, sondern vielmehr als weise Einsicht in das Dao. Die Ordnung der Welt beruht darauf, dass die Unterscheidungen der Aufgabenteilung bestehen bleiben. Hauptaufgabe des Regenten ist es, über diese Unterscheidungen zu wachen. Brechen die Unterscheidungen zusammen, so stellen sich die Speichen im Rad quer und so gerät der ganze Geschehenszusammenhang durcheinander.

Der, der allein nicht handelt, der Regent, darf nun bei diesem Nicht-Handeln auch keine Gefühle haben, weder Regungen der Grausamkeit noch des Mitleids. Er darf sich von seiner Freude über das Gewand, das ihm der Verwalter der Krone überlegte, nicht blenden lassen. Er muss von jedem persönlichen Gefühl absehen, sein Herz jeder Regung entleeren, erst dann kann er allein im Sinne des Dao handeln und wird den, der – obwohl ihm zum Gefallen – seine Pflichten überschritt, zum Tode verurteilen.

So variiert Hanfeizi in der Geschichte vom betrunkenen Marquis Zhao von Han das daoistische Motiv der Geschehensordnung durch Einteilung und Unterscheidung (*fen*). Genauso wie im daoistischen Schmetterlingstraum der Grund dafür, dass der Wandlungsprozess zwischen Schmetterling und Zhuang Zhou reibungslos vonstatten gehen kann, darin besteht, »*dass diese Unterscheidung fest eingerichtet ist, und nicht darin, dass es diese Unterscheidung nicht gibt*« – so der Kommentator Guo Xiang – genauso beruht die Ordnung im Staat darauf, dass die Unterscheidungen der Untertanen und ihrer Aufgaben fest eingerichtet sind. Der daoistische Regent erhält diese Unterscheidungen durch das Dao selbst aufrecht, der legalistische durch das Strafgesetz als ausführendes Organ des Dao.

Mit den Worten des *Daodejing* (Kapitel 57) soll der Regent die folgende Haltung einzunehmen lernen:

Ich handle nicht,
und das Volk wandelt sich von selbst.
Ich liebe die Ruhe,
und das Volk stellt sich von selbst richtig.
Ich bin ohne Aufgabe,
und das Volk wird von selbst reich.
Ich begehre, ohne zu begehren,
und das Volk wird von selbst schlicht.

Indem der Herrscher »die Ruhe bewahrt«, wird das Volk »von selbst« dem rechten Weg folgen. Der Herrscher sorgt dafür, dass die Lebensgrundlage im Staat gesichert ist, aber dieser »Reichtum« muss gleichzeitig »schlicht« machen. Die Menschen gehen ihren Tätigkeiten nach, sie sind ernährt, aber sie haben keine Bestrebungen, ihren Platz zu verlassen. Die Reg- und Tatenlosigkeit des Herrschers bewahrt auch die »Schlichtheit« – es entstehen keine Begierden, mehr zu sein als man ist, es bestehen keine Bestrebungen, seinen Platz zu verlassen. Der daoistische Idealstaat wird in dem berühmten 80. Kapitel des *Daodejing* dementsprechend so geschildert:

Ein kleines Land, wenig Menschen.

Soldaten und Waffen werden gewährt,
und bleiben dennoch ungenutzt.
Die Menschen werden in Furcht vor dem Tod gehalten,
und es liegt ihnen fern, auszuwandern.
Man hat Boote und Wagen,
die niemand besteigt.
Man hat Schilde und Schwerter,
die keiner erhebt.
Dem Volk gibt man wieder die Knotenschrift zum Gebrauch.

Süß sei das Essen.
Schön sei die Kleidung.
Froh seien die Sitten.
Friedlich seien die Wohnstätten.

Die Nachbarländer liegen in Sichtweite gegenüber,
gegenseitig hört man das Lärmen der Hähne und Hunde.
Aber bis ins Alter, bis in den Tod
reisen die Menschen nicht hin und her.

Im daoistischen Staat ist alles da, was gebraucht wird, aber man braucht es nicht, um Grenzen zu überschreiten. Der Reichtum unterstützt nur die Schlichtheit, indem er keine schädlichen Begierden aufkommen lässt. Jeder ist zufrieden mit seinem Ort und seiner Aufgabe. Die Menschen »reisen nicht hin und her«. Was aber »begehrt, sich zu regen, das halte ich nieder mit dem namenlosen, unbehauenen Holz.« (*Laozi* 37) »Dem Volk befiehlt es keiner, und doch tritt es von selbst ins Gleichgewicht.« (*Laozi* 32)

Der Herrscher herrscht im Einklang mit dem Dao. Er ist die Nabe im Rad: zentral, leer, unbewegt und allein, ohne Bestimmbarkeit, ohne Zuweisung eines Titels, ohne persönlichen Besitz, ohne Eigenschaft, ohne ein bestimmtes soziales Gegenüber. Er bleibt verborgen, niemand kennt ihn: »Vom Besten der Herrscher wissen die Untergebenen nur, dass es ihn gibt« (*Laozi* 17). Der Herrscher tritt nicht vor die Tür und schaut nicht aus dem Fenster (*Laozi* 11), er spricht nicht (*Laozi* 14, 23) und tut nichts: »Ich bin tatenlos dabei und gebe kein Zeichen von mir« (*Laozi* 20). Der daoistische Regent hat »das Herz eines Idioten« (*Laozi* 20), denn darin ist nichts, kein bestimmter Gedanke, kein Wunsch, keine spezifische Neigung. »Das gemeine Volk strahlt. Ich allein bin wie verborgen. Dem gemeinen Volk ist alles unterschieden. Mir allein ist alles vermischt.« (*Laozi* 20) Namenlos, unsichtbar verborgen, ohne Regung bewahrt der Regent den Zusammenhalt aller. Inmitten aller spezifischen und genau unterschiedenen Aufgaben ist er allein aufgabenlos und denkt an nichts.

Der Herrscher setzt sich selbst herab, wie die oben zitierten altchinesischen Selbstbezeichnungen belegen: Er ist der »Verwaiste,«, der »Verlassene«, der »Unbegüterte«. Diese Selbsterniedrigung aber bedeutet gerade den Anspruch auf die höchste Macht. Das 43. Kapitel schloss mit den Sätzen: »Das Unheilvolle im Staat auf sich zu nehmen – das bedeutet, König der Welt zu sein. Rechte Worte sind wie verkehrt.« Wer von sich sagt, er sei »ganz unten«, der zeigt damit im Rahmen der daoistischen Bildlichkeit an, dass er für das Herrscheramt prädestiniert ist. Dementsprechend gilt für das daoistische Denken oder die daoistische Rhetorik gerade in Hinsicht des Politischen die »Regel der Verkehrung«: Verzicht bedeutet Gewinn. (Wie man durch Verzicht auch auf anderen Feldern als dem politischen gewinnt, zeigte schon das Reusengleichnis.) Diese Regel der Verkehrung hat ihren doppelten Sinn gemäß der Unterteilung der Welt in Herrscher und Beherrschte. Für die Beherrschten bedeutet sie – wie für die Speichen im Rad oder die sichtbare Pflanze –, dass sich im Laufe der Zeiten die Rollen verändern: Die Tätigkeiten wechseln, die Speichen drehen sich, und was blüht, wird welken. Für den Herrscher aber bedeutet sie etwas ganz anderes. Die Strategie der Herabsetzung und die Strategie des Rückzuges sichern ihm seine totale Macht. Wer sich zurücknimmt, der steht allen voran (*Laozi* 66):

> *Wenn der Heilige wünscht, über dem Volk zu stehen,*
> *muss er sich in seinen Worten unter es stellen.*
> *Wenn er wünscht, dem Volk voranzustehen,*
> *muss er seine Person ihm hintanstellen.*

Gemäß der Regel der Verkehrung funktioniert nicht nur der Lauf des Rades, auch das Geschehen im Staat fügt sich dem Leitspruch »Die Wende ist des Daos Bewegen« (*Laozi* 40).

2. Der Körper (Kleinkind und Greis)

Der Staatskörper und der physische menschliche Körper wurden im alten China und insbesondere im daoistischen Denken als analog konstruierte »Organismen« konzipiert. Die Verquickung von politischem Denken und Lehren körperlicher Kultivierung erreichten im Daoismus einen ersten Höhepunkt mit dem Aufschwung der so genannten »Huang-Lao-Schule« zu Beginn der Han-Dynastie im zweiten vorchristlichen Jahrhundert.[56] Im Text *Guanzi*[57], der mit dieser Schule in Verbindung gebracht wird, geben die Kapitel über »die Kunst des Herzens« (*Xinshu shang* und *Xinshu xia*) und über »das Werk des Inneren« (*Neiye*) genaueren Aufschluss darüber, wie man sich die Parallelität von Körper und Staat, von Regierungskunst und Langlebigkeitstechniken vorstellte. Ähnlich wie der Legalismus in Gestalt des *Hanfeizi* Elemente aus dem *Daodejing* in eine konkrete Herrschaftslehre verwandelte, so verwandeln die genannten Kapitel aus dem *Guanzi* und andere Schriften, die man der Huang-Lao-Schule zurechnen kann, Elemente aus dem *Daodejing* und dem *Zhuangzi* zu einer Theorie der Pflege von körperlicher und politischer Immunität und Dauerhaftigkeit. Im ersten der beiden Kapitel über die »Kunst des Herzens« heißt es:[58]

> *Das Herz besetzt im Körper die Position des Herrschers. Den neun Körperöffnungen kommen ihre jeweiligen Körperfunktionen zu, entsprechend der Unterscheidung der Organe. Ohren und Augen*

*sind die Organe des Hörens und Sehens. Nur wenn das Herz sich nicht an den Aufgaben des Hörens und Sehens beteiligt, können die Organe ihre unterschiedlichen Pflichten einhalten. Wenn nun das Herz selbst Begehrlichkeiten entwickelt, dann werden die Augen, selbst wenn man an Dingen vorbeikommt, diese nicht sehen, und dann werden die Ohren, selbst wenn sie auf Töne stoßen, diese nicht hören. Deshalb heißt es: Sobald der Übergeordnete seinen Weg (*dao*) verlässt, verfehlen die Untergeordneten ihre Aufgaben. Deshalb heißt es: Die Kunst des Herzens besteht darin, nicht zu handeln und die Körperöffnungen zu regieren.*

Diese Textstelle macht deutlich, wie die daoistische Struktur der Ordnung – ein leeres und passives Zentrum beherrscht aktive und deutlich unterschiedene Funktionen um es herum – auf dem Umweg über legalistisches Staatsdenken schließlich auf den Bereich des menschlichen Körpers übertragen wird. Dasselbe Vokabular (die Worte »Organ« und »Beamter« [*guan*] oder »Körperfunktion« und »Berufspflicht« [*zhi*] sind im Altchinesischen jeweils gleich) wird in beiden Feldern strukturell völlig parallel gebraucht, das Vokabular wird bei der Konzeption körperlichen Funktionierens einfach von der Konzeption des staatlichen Funktionierens übernommen. Die »Kunst des Herzens« ist ein Abbild der Kunst des Herrschens.

Schon in den konfuzianischen und vorkonfuzianischen Vorstellungen der Staatskunst hatte man dieselbe an die Kultivierung der Herrscherperson geknüpft: Ein Staat war dann erfolgreich und wurde vom Himmel begünstigt, wenn sich der Herrscher innerlich, d.h. sittlich und körperlich, zu reinigen wusste. Die damit verbundene Forderung an den Herrscher, zuerst einmal seinen eigenen Körper in Ordnung zu bringen, taucht auch im *Daodejing* schon mehrmals auf. Vor allem Kapitel 54 schildert, wie die Kultivierung am eigenen Leib des Regenten beginnen muss, um sich dann auf immer größere soziale Gruppen und schließlich gar auf die ganze Welt zu erstrecken.

Im Verlaufe der Han-Zeit, und dabei besonders in deren zweitem Abschnitt in den ersten beiden nachchristlichen Jahrhunderten, entwickelten sich eine Vielzahl von Konzeptionen, Theorien, Sekten, Legenden und sogar politischen Bewegungen, die auf die frühdaoistischen Entwürfe von körperlicher Kultivierung aufbauten. Der gesamte Bereich des religiösen Daoismus, der einen ersten Höhepunkt in der späteren Han-Dynastie erlebte,[59] kann als Fortsetzung der daoistischen Körperkonzeption begriffen werden. Als Religion brachte der auf das Ziel körperlicher Dauerhaftigkeit und Erlangung körperlicher Unsterblichkeit konzentrierte Daoismus seit der Han-Zeit eine Vielzahl von Kulten, Texten, Rezepturen und Techniken hervor. Das Repertoire umfasst Atemtechniken und Sexualpraktiken, Talismane und Drogen, Geisterbeschwörungen und Meditationsformen und vieles mehr. Bei den meisten dieser sehr unterschiedlichen Formen daoistischer Praxis wurde irgendeine Verbindung zu den antiken »Gründervätern« herzustellen versucht. Insbesondere das *Daodejing* und der *Zhuangzi* waren dabei wichtige Bezugspunkte.

Die Techniken der daoistischen Religion werden inzwischen auch bisweilen als Form so genannter »Spiritualität« dargestellt. Dies ist insofern irreführend, als sich die Praktiken der Daoisten mehr vom Körperlichen als vom Geistigen herleiten. Anders gesagt, der Geist, also das eigentlich »Spirituelle«, wurde in der Regel als eine körperliche Funktion unter anderen verstanden. Und wenn, wie von einigen Schulrichtungen gefordert, der »Geist« (bzw. ein Konzept wie *shen*, das man in westliche Sprachen in der Regel mit Worten wie »Geist« oder »spirit« übersetzt) den Körper letztlich ganz überhöhen oder überdauern sollte, dann doch mehr als eine Art verfeinerter oder veredelter ätherischer Körper und weniger als »Geist« wie in der abendländischen Tradition. Die im Grunde monistischen Geisteskonzeptionen des Daoismus folgten häufig den Paradigmen der Körperlichkeit. Nicht umsonst benennt der renommierte Daoismus-Forscher Kristofer Schipper eines seiner Bücher, das den Daoismus (als Religion) zusammenfassend darstellt, mit dem Titel *Les corps taoïste – Der daoistische »Körper«*. Ich glaube, man kann mit gutem Recht behaupten, dass es in der daoistischen Religion – auch angesichts ihrer unentwirrbaren Mannigfaltigkeit – insgesamt weniger um so etwas wie »Bewusstseinserweiterung« und mehr um körperliche Transformation ging. Das primäre Ziel – insbesondere in der vorbuddhistischen Zeit – war es, den Körper so zu verwandeln, dass er möglichst lange lebte und im Idealfall gar nicht mehr sterben sollte.

Gewissermaßen könnte die daoistische Religion somit eher noch als »daoistische Medizin«, oder vielleicht genauer als »daoistische Körpermagie« verstanden werden. Die Fixierung auf den Körper in der daoistischen Religion verhinderte geradezu das Entstehen einer reinen »Spiritualität« im engeren, »westlichen« Sinne. Man kann im Gegensatz zu »logozentristischen« Tendenzen in der westlichen Tradition von einem »physiozentristischen« Paradigma im religiösen Daoismus sprechen, das auch die verschiedenen Konzeptionen des »Geistes« dominierte oder doch zumindest bedingte und begrenzte. Während man, etwa mit Friedrich Nietzsche als leuchtendem Bezugspunkt, die jüdisch-christliche Religionsgeschichte einer Geringschätzung der Leiblichkeit anklagen kann, so könnte man umgekehrt die daoistische Religionsgeschichte, vor allem in der formativen Phase vor der Begegnung mit dem Buddhismus, einer gewissen Geistesfeindlichkeit bezichtigen.

Einer der wichtigsten Begriffe im Rahmen der daoistischen »Körpermagie«, aber auch innerhalb der chinesischen Allgemeinvorstellung von Körper und »Materie« überhaupt ist der Begriff des *Qi*. Man hat dieses Wort mit »Lebensodem« oder »Lebenskraft« übersetzt, mit »Energie«, »Pneuma« oder »Kraft«. Unter *Qi* stellte man sich ein die ganze Welt durchströmendes »Etwas« vor, das alle Dinge »belebt«. Angesichts des Primats der Ordnung in der chinesischen Philosophie kann es nicht verwundern, dass auch und vor allem diese »*Qi*-Energie« in Ordnung gebracht werden musste. Es wurde eine Art Kunst entwickelt, mit diesem *Qi* umzugehen, es zu lenken und zu kanalisieren – das heute auch im Westen gern praktizierte *Qi-gong*. Mit Hilfe dieser Techniken versprach man sich, das durch den Körper strömende *Qi* in den Griff zu bekommen und so alle möglichen Wirkungen hervorzurufen. Im religiösen Daoismus wurden diese Techniken mit dem Ziel der Lebensverlängerung und der Strukturierung des Körpers zu einem dauerhaft funktionierenden Organismus verbunden. Atemübungen, Ernährungsvorschriften, Sexualpraktiken u. v. m. wurden auf den Umgang mit jener »*Qi*-Energie« hin konzipiert. Dabei war es besonders wichtig, dieselbe möglichst »natürlich« oder widerstandslos zirkulieren zu lassen. Der Strom dieser Energie wurde gleichsam als Strom der Lebensenergie verstanden. Es galt, sich so zu verhalten, dass dieser Strom möglichst ungehemmt fließen konnte; es galt, den Körper so einzurichten, dass die Qi-Energie darin endlos lief, wie ein dauerhaft fortlaufendes Rad.

Der Umgang mit der »Qi-Energie« wird bereits im *Daodejing* thematisiert. In drei Kapiteln ist davon die Rede. Kapitel 10, das die Kultivierung von Körper und Staat durch den daoistischen Heiligen in poetischen aber auch recht unklaren Worten umschreibt, enthält die Forderung, das *Qi* zu »konzentrieren« (*zhuan*) – womit offenbar bereits die Vorstellung verknüpft ist, es um ein Zentrum herum »zirkulieren« zu lassen. In Kapitel 55 wird das Herz, also das Zentrum im Körper, davor gewarnt, das *Qi* zu »zwingen«. Die Kontrolle über die Wirkkräfte darf, wie im Staat, nicht durch aktives Eingreifen ausgeübt werden, sondern erfordert vielmehr eine Form passiven Gewährenlassens. Nur so kann, wie es in Kapitel 42 angesprochen wird, die *Qi*-Energie ein »harmonisches« Funktionieren begründen.

Wenn die Vorstellung der zirkulierenden »*Qi*-Energie« auch insbesondere auf den Körper bezogen wird, so ist sie doch, wie gesagt, keinesfalls auf den Körper beschränkt. *Qi* zirkuliert überall. Der Strom des *Qi* durchfließt den Körper ebenso wie die Landschaft oder auch ein Landschaftsgemälde. Genauso wie im Körper auf den rechten Fluss des *Qi* geachtet werden muss, genauso muss man beim Errichten von Gebäuden oder der Anlage von Gräbern auf die »Energieströme« in der Landschaft achten, und genauso muss auch ein Maler, wenn er eine Landschaft auf Papier oder Seide erzeugt, darauf achten, dass in ihr das *Qi* ausgewogen zirkuliert. Diese Analogie von Körper und natürlicher bzw. künstlerischer Landschaft bedeutet nun für den Körper, dass er nicht allein wie ein Staat als Organismus mit Herrscher und Untertanen geordnet sein muss, sondern zudem ebenso wie eine Landschaft »ausgebreitet« ist. Ein Körper ist kein individuelles Gebilde, das in einer ihm fremden Umwelt lebt, sondern er ist selbst gewissermaßen eine Welt, in der »es lebt«.

Die Transformation des Körpers zu einem dauerhaften Gebilde wird im religiösen Daoismus auf vielerlei Weise angestrebt. Die Texte des antiken Daoismus liefern dazu noch keine wirklichen Rezepte, solche werden erst innerhalb der Entwicklung des religiösen Daoismus hervorgebracht – und zwar in großer Zahl. In den frühen »klassischen« Texten wie dem *Daodejing* und dem *Zhuangzi* finden sich allerdings schon die wesentlichen Entwürfe oder Vorbilder der vielfältigen Unsterblichkeits- oder Körpervisionen des späteren religiösen Daoismus. Die in jenen Texten an die Körperlichkeit geknüpften Bilder stellen einerseits den Fundus bereit, aus dem der religiöse Daoismus stets geschöpft hat, und bieten andererseits einen Zugang zur

Konzeption des Körpers im philosophischen Daoismus. Während der religiöse Daoismus im Grunde die »Körperzentriertheit« nie aufgegeben hat, so ist das Konzept des Körpers im philosophischen Daoismus nur ein Zwischenschritt zur Konzeption von Leben und Tod. Die religiösen Daoisten glaubten vielfach tatsächlich an die Möglichkeit, den eigenen Körper zu einem unvergänglichen Gebilde transformieren zu können. Im philosophischen Daoismus hingegen hat die Figur des unsterblichen Heiligen eine eher bildliche oder metaphorische Funktion. Hier war es nicht unbedingt ein konkretes Ziel des Philosophen, »am Ende« der Philosophie leibhaftig als Unsterblicher in fernen Gebirgshöhen zu weilen.

Das Erscheinungsbild des Unsterblichen im *Daodejing* und im *Zhuangzi* kann zunächst widersprüchlich wirken, denn die Heiligen, die unverwundbar geworden sind, werden hier einmal als Kind oder *Kleinkind* und dann wieder als *Greis* porträtiert. Diese doppelte Gestalt des Unsterblichen läßt sich meines Erachtens jedoch recht einfach erklären.

Im 10. Kapitel des Daodejing wird das Bild des Kleinkindes direkt mit der »Konzentration« des Qi verbunden:

Wenn Du das Qi konzentrierst und die Weichheit erreichst,
kannst Du dabei dem Kind gleichen?

Die »Konzentration des *Qi*« führt zur »Weichheit« des Körpers, der dann geschmeidig ist wie der eines Kleinkindes. Weichheit und Geschmeidigkeit sind natürlich auch Eigenschaften eines anderen, oben genannten daoistischen Symbols – des Wassers. Der Körper des Kleinkindes ist nicht nur weich und geschmeidig, er ist gleichzeitig potentiell kräftig und ausdauernd (*Laozi* 55):

Wer die Völle der Kraft in sich birgt,
ist einem Kleinkind gleich:
Wespen, Skorpione, Nattern und Schlangen
beißen ihn nicht.
Raubvögel und wilde Tiere
greifen ihn nicht.
Knochen und Muskeln sind weich und schwach –
aber der Griff ist fest.

Er weiß nichts von der Vereinigung des Männlichen und Weiblichen –
aber der Penis ist aufgerichtet.
Das ist das Maximum der Lebenskraft.
Den ganzen Tag brüllt er,
ohne heiser zu werden.
Das ist das Maximum der Ausgeglichenheit.

Das Kleinkind übt das Nicht-Handeln aus. Es bietet keinen Widerstand und wird deswegen von den zerstörerischen Wesen verschont. Es birgt alle Potenz – auch die sexuelle – in sich, verschwendet diese aber nicht, sondern bewahrt sie. Es kann – »unbewusst« – ununterbrochen zugreifen und brüllen. Nie erschöpft es seine Potenz. Dieses Bild des Kleinkindes kann noch weiter zurückgedacht werden bis zum Embryo. Er birgt ebenfalls alle Potenz in sich und ist noch ohne jeden Verschleiß. Er hat noch keine »Öffnungen«, die die Lebenskraft austreten lassen (*Laozi* 52 und 56), und gleicht darin der mythischen Gestalt des Hundun, die keine Gesichtsöffnungen hat und stirbt, indem man ihr dieselben bohrt.[60] Denn alle Körperöffnungen und die vier Extremitäten, die »dreizehn Begleiter des Lebens«, die den Mensch beweglich machen, die ihm Fortpflanzung und Stoffwechsel ermöglichen, machen ihn gleichzeitig auch sterblich. Der lebendige Körper ist als lebendiger zugleich natürlich ein sterblicher. Kapitel 50 im *Laozi* besagt:

Hinaustreten ins Leben.
Eintreten in den Tod.

Die Begleiter des Lebens sind dreizehn.
Die Begleiter des Todes sind dreizehn.
Und für die Menschen, die sich ihr Leben lebend bewegen,
werde sie alle zu dreizehn Stellen des Weges in den Tod.

Indem Bewegung und aktive Lebendigkeit mit der Verausgabung der Lebenskräfte gleichgesetzt werden, bedeutet die Minimierung der Bewegung und der Aktivität nach daoistischer Logik auch die Minimierung der Sterblichkkeit. Der dauerhafte Körper gleicht deshalb dem noch unausgebildetsten aller Lebewesen, dem amorphen. Ohne

Form und Gestaltung ist alles an ihm nur Potenz. Hier ist nur Leben, und es sind noch keine »Stellen des Todes« vorhanden. Das Kleinkind, oder noch konsequenter das Ungeborene, gleicht deshalb den Unsterblichen. Zur Unsterblichkeit zu gelangen heißt, zurück zu diesem Zustand zu gelangen.

In scheinbarem Gegensatz zu diesem Bild des Kleinkindes oder des Ungeborenen als Gestalt des Unsterblichen steht ein anderer Typus des daoistischen Heiligen, der im *Zhuangzi* mehrmals mit den prägnanten und im Daoismus sehr bekannten Worten beschrieben wird: Er besitzt einen »Körper wie morsches Holz und ein Herz wie tote Asche«.[61] Im Gegensatz zum Kleinkind oder dem Ungeborenen, das weich und geschmeidig ist, ist dieser Heilige dürr und vertrocknet, spröde und »ausgebrannt«. Alle Potenz ist dahin. Der Heilige hat hier die Gestalt eines Greises – oder sogar die eines Leichnams.

Beide daoistischen Bilder des Heiligen, das des Kindes oder Ungeborenen wie das des Greises oder Leichnams, haben allerdings eine wesentliche Gemeinsamkeit. Sie stellen mehr oder weniger Unlebendiges dar. Das Kleinkind oder das Ungeborene lebt *noch nicht* (richtig), während der Greis oder der Leichnam *nicht mehr* (richtig) lebt. Das Ungeborene hat *noch keine* »Stellen des Todes« – keine Körperöffnungen, die Verschleiß bringen – und der Leichnam hat *keine mehr* – denn im alten China verschloss man den Toten die Körperöffnungen mit Jade. Beide Bilder, das des Ungeborenen wie das des Leichnams, sind Bilder des Körpers als ein in sich geschlossener, keinem Verschleiß ausgesetzter Organismus. Sie stellen damit im Grunde gar keinen Gegensatz dar, sondern die zwei möglichen »Extreme« des Leibes, die, an den äußersten Grenzen des Lebens, die Dauerhaftigkeit symbolisieren. Und im *Zhuangzi* sind beide Bilder sogar in einer Textstelle vereint. Dort werden dem Laozi, dessen Namen man übrigens analog zur doppelten Bildlichkeit auch mit »altes Kind« übersetzen kann und von dem die Legende deshalb erzählt, er sei als Greis geboren worden, die folgenden Worte als Antwort auf die Frage nach dem »Schutz des Lebens« in den Mund gelegt:[62]

> *Kannst Du ein Kind sein? Ein Kind bewegt sich, aber es weiß nicht, was dabei (von ihm) getan wird. Es geht, aber es weiß nicht wohin. Der Körper sei wie der Zweig eines morschen Baums, das Herz sei wie tote Asche.*

Kleinkind und Greis bewahren die höchste Lebenskraft, weil sie sie noch nicht oder nicht mehr entäußern. Sie stellen einen Körper dar, der so transformiert ist, dass aus ihm Energie entweder nicht mehr oder noch nicht entweicht. In diesem Sinne können diese beiden Bilder des dauerhaften Körpers mit dem bereits angesprochenen Bild des Körpers als Landschaft, wie es die daoistische Religion konzipiert hat, verglichen werden. Denn die Funktion der Transformation eines lebendigen und damit verschleißenden Körpers zurück zum Zustand des Kleinkinds oder vorwärts in den Zustand des Greises ist es, den Organismus *abzuschließen*, die »*Öffnungen zu stopfen*«.

Das heißt, die Transformation des Körpers zur Unsterblichkeit besteht wesentlich darin, einen Körper, der sich innerhalb einer Umwelt bewegt und sich an den Reibungen mit dieser Umwelt – durch den Austausch über Körperöffnungen und Glieder – letztlich zugrunde richtet, zu einer ganzen Welt »für sich« zu verändern. Indem der Körper zur eigenen Welt wird, indem er keine Umwelt mehr hat, sondern selber eine geschlossene Welt – einen »Mikrokosmos«, wenn man so will – darstellt, kann er nicht mehr als bloßer Teil eines Wandlungsprozesses vergänglich sein, sondern ist vielmehr selbst ein alle Vielheit in sich aufnehmender Wandlungsprozess. Die Verwandlung vom vergänglich lebenden Körper zum Kleinkind oder zum Greis entspricht darin völlig der Verwandlung zur Landschaft: In all diesen Fällen wird ein vereinzelter, individueller Teil einer Welt – ein Körper neben anderen Körpern – zu einem geschlossenen Ganzen transformiert.

Diese Transformation – und das ist nicht unbedeutend – geschieht notwendig auf Kosten jedweder »Individualität«. Deshalb wird die Wandlung zu »morschem Holz und toter Asche« im *Zhuangzi* auch zugleich als »Verlust des Ich« bezeichnet:[63] Indem ich ein »Ich« bin, bin ich notwendig ein »Ich« neben anderen, die nicht »Ich« sind. Indem ich aber ein Ich neben anderen bin, gehöre ich der Welt der Vielheit, der »Welt der Speichen« an, um mit dem Bild des Rades zu sprechen, einer Welt, die ein oder viele Gegenüber und deshalb viele »Stellen des Todes« hat. Dieses »Ich«, das in einem individuellen Körper beheimatet ist, muss zu einer geschlossenen Ganzheit gemacht werden, die nicht mehr individuell ist, die keine Umwelt mehr hat (bzw. noch nicht hat), die keine anderen Ichs, keine anderen Körper, keine anderen Dus, an denen sie sich nur reiben würde, neben sich hat. Vielmehr muss diese totale Einheit »ohne Öffnung« die ganze

Vielheit in sich bergen. Im Bild des Rades gesprochen: Es muss eine Transformation von einer Speiche in ein ganzes Rad geleistet werden. Ein Individuum muss sich in eine Geschehenseinheit verwandeln. Diese Geschehenseinheit enthält dann alle Potenzen, alle Vielheit und Verschiedenheiten, alle Bestimmtheiten, alle verschiedenen »Ichs« in sich und hat kein Außen mehr, keine individuelle Eigenschaft. Sie gleicht einem sich endlos drehenden Rad. In ihr spielt sich alles ab, ein ganzer Vorgang vollzieht sich: Es wechseln oben und unten, so wie im endlosen Laufe der Zeit die Jahreszeiten wechseln. Aber nichts davon dringt nach Außen, weil es gar kein Außen mehr gibt. Der Körper hat sich zum ganzen Kosmos gemacht. Dazu musste er sein »Ich« oder auch seine »Ichs« in sich begraben. Er sieht dann aus wie ein Embryo, ein Leichnam, eine Landschaft, ein in sich abgeschlossener Kosmos. Er ist weder nur Schmetterling oder nur Zhuang Zhou, keines dieser beiden Ichs alleine, sondern der gesamte Kreislauf von Zhuang Zhou und Schmetterling und wieder zurück. Er ist ein ganzes Land, ein ganzer Staat. Er ist ohne bestimmte Form, aber er birgt alle Formen in sich: So wie der Embryo alle Potenzen enthält, so wie der Leichnam alles »hinter sich« und damit auch »in sich« hat, so wie die ganze Landschaft Berge und Täler enthält – und so wie ein ganzes Staatswesen alle Funktionen in sich birgt.

Die chinesische Kunst hat uns Bilder von solchen Unsterblichen gegeben, die sich selbst in ein Kleinkind, in einen Greis, in eine Landschaft und damit in einen abgeschlossenen Mikrokosmos verwandelt haben. In seinem Buch über den »daoistischen Körper« merkt Kristofer Schipper zu einer der berühmtesten Darstellung eines Unsterblichen durch den Maler Liang Kai (12. Jahrhundert) an, dass diese wahrscheinlich Laozi selbst zeige, und zwar als Gebirge. Dabei sehe Laozi auf diesem Bild nicht nur aus wie eine in Nebel getauchte Berglandschaft, er sei auch mit der Technik der Landschaftsmalerei und nicht mit der der Porträtdarstellungen gemalt. Zudem, so gibt Schipper weiter zu bedenken, erinnere das ausdruckslose Gesicht an das eines Neugeborenen.[64] Das ist alles völlig richtig – und sieht der unsterbliche Laozi auf dem Bild des Liang Kai nicht zudem noch aus wie ein Greis? Liang Kais Laozi ist *alterslos* gemalt, er ist *Greis und Kleinkind zugleich* und zudem noch ein im Nebel verschwindendes Gebirge, *eine ganze Landschaft*.

Abbildung 1: *Ein Unsterblicher*, von Liang Kai (12. Jahrhundert), Palast-Museum, Taibei.

3. Leben und Tod

Religiöse Daoisten strebten mit allen Mitteln nach einer Transformation ihres physischen Körpers in ein unsterbliches Gebilde. Sie stellten sich vor, es gebe wirklich solche Wesen wie auf dem Bild des Liang Kai. Im philosophischen Daoismus aber war die Transformation des Ichs zu einem Körper-Kosmos nur ein Bild für den Umgang mit Leben und Tod. Der philosophische Daoismus trachtet nicht tatsächlich nach körperlicher Unsterblichkeit, er stellt statt dessen ein Konzept von Leben und Tod bereit, mit dem man die Sterblichkeit des Körpers nicht mehr zu fürchten braucht. Die zunächst widersprüchlich erscheinenden Haltungen zum Körper gehen einher mit zunächst widersprüchlich erscheinenden Einstellungen zum Tod im religiösen und im philosophischen Daoismus. Diese Unterschiede sind von vielen Sinologen bemerkt und kommentiert worden. So traf der Sinologe

Wolfgang Bauer eine Unterscheidung zwischen »einer heroischen Gleichgültigkeit gegenüber dem Sterben« einerseits, die in den philosophischen Texten propagiert wird, und einer umgekehrten hohen Wertschätzung des physischen Lebens andererseits, die im religiösen Daoismus im Ziel der Unsterblichkeit Gestalt annimmt.[65]

Trotz dieser genannten Unterschiede kann der Daoismus allerdings sowohl in religiöser als auch in philosophischer Hinsicht – nicht anders als viele andere Religionen und Philosophien auch – als Reaktion auf die Unausweichlichkeit des Todes verstanden werden, als Kompensation der menschlichen Sterblichkeit. Er bietet seinen Anhängern einen Glauben, eine Haltung oder eine Praxis an, durch die das Schreckliche an der Aussicht, sterben zu müssen, zumindest gemildert wird. Die religiösen Daoisten versprechen einen unsterblichen Körper, die philosophischen bieten ein Konzept an, das dem Tod alles Unangenehme nimmt. Beide daoistischen Umgangsweisen mit dem Tod haben dabei eine entscheidende Gemeinsamkeit: Beide operieren mit einem Ideal der Permanenz, nur sozusagen auf unterschiedlichen Ebenen. Die Gleichgültigkeit gegenüber dem Tod auf der philosophischen Seite und die Suche nach der Unsterblichkeit des Körpers auf der religiösen können als makro- bzw. mikrokosmische Umsetzung derselben daoistischen Konzeption ungebrochener Dauer verstanden werden, die dem Tod die Angriffsfläche nimmt. Die religiösen Daoisten wollen den Körper in eine permanente »mikrokosmische« Gestalt (in ein »altes Kind« oder in eine Landschaft) transformieren, während die philosophischen Daoisten einen permanenten, makrokosmischen Kreislauf von Leben und Tod konstruieren, in dem der Daoist eine ganz besondere Stellung einnehmen kann.

Unter den Texten des Daoismus ist der *Zhuangzi* – umso mehr, wenn man die Kommentare des Guo Xiang dazu liest – wie kaum ein zweiter auf die Bewältigung der Todesproblematik konzentriert. Deswegen werde ich mich bei der Darstellung der Konzeption von Leben und Tod im Daoismus auf Textstellen aus dem *Zhuangzi* und die dazugehörigen Kommentare des Guo Xiang beschränken.

Die Unterscheidung Leben / Tod korrespondiert mit anderen Unterscheidungen, sie wird analog zu hell / dunkel, Sonne / Mond, Anfang / Ende, Heraustreten / Hineintreten, voll / leer, Himmel / Erde, aber auch analog zu den Unterscheidungen der Jahreszeiten und vor allem zu der Unterscheidung wach sein / träumen vorgestellt. Stets ist bei diesen Unterscheidungen ihre sozusagen ultimative Einheit mitgedacht. Hell und dunkel, Tag und Nacht oder die Jahreszeiten bilden in ihrem Wechsel ebenso ein komplementäres Ganzes wie Leben und Tod, es sind jeweils aneinander anschließende Phasen, die einen zeitlichen Kreislauf bilden. Bedeutsam für die daoistische Konzeption von Leben und Tod ist nun, dass keine der jeweiligen Phasen gegenüber einer anderen als irgendwie privilegiert gedacht wird. Alle jeweiligen Phasen gelten als gleichrangig oder gleich echt. Sie lösen einander ab, weil sie in einen natürlichen Wandlungsprozess gehören, nicht aber, weil die eine Phase die andere verursachen würde. Zwischen den Phasen herrscht kein hierarchisches Verhältnis. Der Tag bringt nicht die Nacht hervor, sondern er löst die Nacht im Lauf der Zeit ab, genauso wie auch der Sommer nicht den Herbst hervorbringt, sondern lediglich im Wandel der Jahreszeiten diesem vorausgeht. Ganz diesem Schema entsprechend verstehen die Daoisten auch Leben und Tod als zwei komplementäre Abschnitte eines (zeitlichen) Wandlungsvorgangs. Auf Lebenszeit folgt notwendig Todeszeit, so wie auf die Sommerzeit notwendig die des Herbstes folgt. Und auf Todeszeit folgt Lebenszeit, so wie auf den Winter der Frühling folgt. Dabei ist kein Segment des zeitlichen Kreislaufs gegenüber dem anderen »Ursprung« oder »Grund«. Der Wandlungsprozess – die Bewegung des Dao (»Die Wende ist des Daos Bewegen«, Kap. 40, *Daodejing*) – allein ist »Ursache« der jeweiligen Zustände. Deshalb werden im *Zhuangzi* dem Konfuzius die folgenden Worte in den Mund gelegt (mit dem Kommentar des Guo Xiang in kursivem Druck):[66]

> Nicht durch das Leben wird Totes lebendig. *Nun, Totes ist, allein indem die Wandlung eingetreten ist, nichts als tot. Es ist nicht der Fall, dass etwas Lebendiges Totes zum Leben erwecken würde*. Nicht wegen des Todes wird Lebendiges tot. *Lebendiges ist ebenso, allein indem die Wandlung eingetreten ist, nichts als lebendig*.

Etwas, das lebt, ist ganz und gar lebendig. Sobald der Wandlungsprozess eintritt, sobald die Positionen sich verkehren, sobald die Bewegung der Wende den Umschlag bringt, ist statt des Lebendigen nun etwas Totes da. Aber es kann weder gesagt werden, der »Tod«

töte das Leben, noch das »Leben« mache Totes lebendig. Hier wechseln nur Phasen eines Prozesses einander ab. Genauso wenig kann man in diesem Kreislauf von »Wiedergeburt« reden. Der Prozess, die Wandlung ist total: Es ist nicht einmal so, dass dasjenige, was lebt, dann auch dasjenige wird, was tot ist, und dann »wieder« neu lebt.

Denkt man an die Parabel der Verwandlung von Mensch zu Tiger, so wird auch dieser wichtige Aspekt klar: Die Wandlung verwandelt etwas in sein genaues Gegenteil. Aus dem kultivierten Menschen wird ein wilder Tiger. Zwischen beiden Phasen besteht gerade *keine kontinuierliche Brücke wesenhafter Identität.* Da ist nicht ein »Etwas«, das erst Mensch ist und dann Tiger. Der Prozess löst das eine »Etwas« ganz auf und setzt an seine Stelle sein Gegenteil: ein völlig anderes »Etwas«. Die Wandlung ist radikal – das illustriert das Beispiel von Mensch und Tiger[67] auf drastische Weise. Der Tag wird von der Nacht ganz und gar abgelöst; und der nächste Tag ist nicht die »Wiedergeburt« des vorigen, sondern nichts als ein ganz *neuer* Tag. Es ist weder so, dass ein Zustand (das Leben oder der Tag) der »eigentliche« wäre, demgegenüber der andere (der Tod oder die Nacht) nur eine Schwundform, eine Negation, ein Fehlerhaftes, ein Sekundäres wäre, noch ist es so, dass beim Wechsel der verschiedenen Phasen von Leben und Tod oder von Tag und Nacht etwas vom einen ins andere übergeht. Was tot ist, ist ganz und gar tot, und daran ist tatsächlich nichts mehr von dem, was einst lebendig war. Und an dem, was lebendig ist, ist nichts mehr von dem, was vorher tot war.

In diesem Zusammenhang kann man auch von einer »Prozessontologie« im Gegensatz zu einer »Substanzontologie« sprechen. Im Rahmen der Prozessontologie »ist« eigentlich oder wesentlich nur der Prozess. Ihm gegenüber, oder besser, in seinem Verlauf sind alle Phasen nur unbeständiges, vorübergehendes, zeitweiliges Sein. Was hier zählt, ist der Wandlungsprozess selbst, ihm sind alle verschiedenen »Substanzen« einverleibt. Eine »Substanzontologie«, wie sie etwa im Christentum vorkommt, behauptet demgegenüber, dass im Verlauf einer prozessualen Wandlung – etwa vom Leben zum Tod – eine Substanz, namentlich die »Seele«, kontinuierlich erhalten bleibt. Somit sind in der Substanzontologie die »Substanzen« das Wirklichere, das Eigentliche, das, was erhalten bleibt, während den Phasen nur ein unbeständiges, vorübergehendes und zeitweiliges Sein zukommt. Hier ist der Prozess des Wandels nur ein der kontinuierlichen Substanz anhaftendes sekundäres Merkmal. Im Rahmen der Substanzontologie ist dasselbe Seiende erst lebendig, dann tot und dann im ewigen Leben. Im Rahmen der Substanzontologie besteht ein Wandlungsprozess aus dem Wechsel von toten und lebenden Segmenten, die einander ablösen, ohne tatsächlich ineinander überzugehen.

Angesichts der »prozessontologischen« Konzeption von Leben und Tod im Daoismus kann der »gläubige« Daoist dem Tod gelassen entgegentreten. Ohnehin wird nichts von ihm, der jetzt lebt, tot sein, denn im Tod wird er ja zu etwas ganz und gar Anderem. Er »stirbt« also eigentlich gar nicht. Nicht »er« ist ja dann später tot, sondern etwas anderes als das, was jetzt lebt, wird dann, wenn der Tod kommt, tot sein. Und dann wird das, was tot ist, ebenso mit seinem Tot-Sein zufrieden sein können, wie das, was jetzt lebt, jetzt mit seinem Leben zufrieden sein kann. Indem das Lebende im Tod von etwas Totem ganz und gar abgelöst wird, so wie ein Mensch mit der »Verwandlungskrankheit« von einem Tiger ganz und gar abgelöst wird, muss man sich im Leben nicht über den Tod sorgen.

Tod und Leben gleichen dem Wach-Sein und dem Träumen. Auch im Traum weiß man nicht, dass man träumt, und erlebt deshalb, zur Zeit des Traumes, den Traum genauso echt wie das Wach-Sein. Im *Zhuangzi* wird die Unterscheidung oder die Wandlung Leben/Tod sehr häufig mit der Unterscheidung oder der Wandlung Wach-Sein/Träumen verglichen. Wer sich vor dem Tod fürchtet, der wird mit einem verglichen, der sich zu träumen fürchtet. Und wer das Leben gegenüber dem Tod höher bewertet, weil er es als echter einschätzt als den Tod, der wird darauf verwiesen, dass man, wenn man träumt, den Traum nicht als weniger echt empfindet, als man zuvor das Wach-Sein empfunden hatte. Wer sich vor den Verwandlungen fürchtet, der hat den Lauf der Dinge noch nicht verstanden, der hat noch nicht verstanden, dass alle Phasen des Prozesses gleich-gültig sind und keine die »eigentliche« ist. An einer Stelle (die übrigens wiederum in deutschen *Zhuangzi*-Übersetzungen nicht ganz richtig wiedergegeben worden ist) wird so argumentiert (mit dem kursiv gedruckten Kommentar des Guo Xiang):[68]

> Wie weiß ich denn, dass die Vorliebe für das Leben (berechtigt ist und) nicht eine Verwirrung ist?

Leben und Tod bilden eine Einheit. Dennoch allein für das Leben eine Vorliebe zu haben bedeutet, dass Wünschen und Wandel in einem Widerspruch zueinander stehen. Also weiß man (im Leben) noch nicht, ob die Vorliebe für das Leben nicht (vielmehr) eine Verwirrung ist.

Wie weiß ich denn, dass das Verabscheuen des Todes (berechtigt ist und der Tod) nicht vielmehr (dem Zustand) des jung heimatlos Gewordenen (gleicht), der gar nicht weiß, dass er zurückgekehrt ist (wenn er nach Hause kommt)?

›Jung heimatlos Gewordener‹ wird jemand genannt, der in der frühen Kindheit seinen alten Wohnsitz verloren hat. Der junge Heimatlose ist folglich jemand, der immer da völlig zufrieden ist, wo er sich befindet, und es gar nicht weiß, wenn er in seine Heimat zurückgekehrt ist. Wie sollte man wissen können, dass das Leben nicht eine solche ›Heimatlosigkeit‹ ist und der Tod nicht eine solche ›Rückkehr‹, und deshalb den Tod verabscheuen?

Eine schöne junge Dame namens Li war die Tochter des Grenzwartes von Ai. Als sie gerade vom Staate Jin gefangen genommen wurde, da weinte sie so sehr, dass ihre Kleider getränkt waren von Tränen. Als sie aber im Königspalast angekommen war, das Lager mit dem König teilte und feines Fleisch speiste, da bereute sie ihre Tränen.

Genauso ändern sich die Gefühle innerhalb eines Lebens. An einem Tag weiß man nichts vom nächsten – und wie ist es da erst mit dem Wechsel vom Leben zum Tod!? Wie sollte da ein wechselseitiges Wissen möglich sein?

Wie soll ich wissen, ob der Tote nicht bereut, dass es ihn vordem zu leben verlangte?

Das Schriftzeichen qi *heißt »nach etwas verlangen«.*

Einer, der vom Schnapstrinken träumt, vergießt Tränen am nächsten Morgen. Einer, der im Traum Tränen vergießt, geht am nächsten Morgen auf die Jagd.

So ist der Wechsel der Sache nach zwischen Wach-Sein und Schlaf. Indem sich die Sache wandelt, wird auch das Gefühl ein anderes. Dementsprechend können die jeweiligen Annehmlichkeiten im Tod und im Leben nicht in Übereinstimmung gebracht werden. Wenn man sich im Leben am Leben erfreut, so erfreut man sich daher im Tod am Tod. Auch wenn Leben und Tod verschieden sind, so sind sie doch darin eins, dass sie jeweils ihre Annehmlichkeiten haben. Warum also an (einem von beiden) hängen?

Während man träumt, weiß man nicht, dass man träumt.

So gesehen, weiß man auch im Tod nicht, dass man tot ist, und lebt im Einklang mit seinen Wünschen.

In Träumen kommen wiederum (manchmal) Traumdeutungen vor.

Wenn jemand träumt und wiederum im Traum eine Traumdeutung macht, so gibt es nichts, wodurch (der Träumer) vom Wachen unterschieden werden kann.

Erst wenn man aufwacht, weiß man, dass man geträumt hat.

Im jeweiligen Zustand ist alles perfekt. Warum sollte man sich während des Lebens wegen des Todes grämen?

Außerdem gibt es ein großes Erwachen. Danach weiß man, dass all jenes ein großer Traum war.

Der groß Erwachte ist der Heilige. Der groß Erwachte weiß, dass alle die, die Besorgnis und Grübelei in sich tragen, nicht wach sind.

Es gibt genauso wenig einen Grund, das Leben als »echt« zu schätzen und den Tod als »falsch« zu fürchten, wie zu meinen, wenn man wach wäre, ginge es einem besser, als wenn man träumt. Der, der »jung heimatlos geworden« ist, weiß nichts mehr von einer »Heimat«. Ihm gefällt es an dem Ort gut, wo er ist. Er fühlt sich überall ganz und gar daheim, weil er nicht den Ort, wo er vorher war, für »echter« oder »eigentlicher« hält. Er hat die Wandlung deshalb akzeptiert, weil er nicht mehr an einer vermeintlichen Heimat hängt. Indem er seine Heimat vergessen hat, hat er keine Heimat mehr außer derjenigen, in der er sich momentan befindet, und kann gerade deshalb in dieser momentanen Heimat ganz und gar zufrieden sein.

Auch die Geschichte der Dame Li hat dieselbe »Moral«: Solange sie Furcht vor dem Wandel hat, kann sie mit ihrer momentanen Situation nicht im Reinen sein und ist unglücklich. Ihre Sorge aber stellt sich als grundlos heraus, und sobald sie sich in ihrer neuen »Lebensphase« ganz und gar eingelebt hat und die dortigen Schätze »zu schätzen weiß«, sobald sie eigentlich ein *neuer Mensch* ohne Vergangenheit geworden ist, ist sie wieder glücklich. Mit den Wandlungsprozessen Wach-Sein/Träumen und Leben/Tod-Sein verhält es sich ebenso. Ihre

Verwandlung ist jeweils »fundamental« – nichts geht vom einen ins andere über, und so gilt es, gerade dadurch, dass man in der jeweiligen Phase nur ganz und gar in dieser Phase ist und sich nicht den Kopf über die Wandlung zerbricht, jede Phase in Ihrer »Echtheit« anzuerkennen.

Analog wird argumentiert, dass man auch den Traum als genauso echt wie das Wach-Sein erlebt. Dass wird hier dadurch bewiesen, dass man im Traum manchmal Träume deutet – und dies kann man nur, wenn man sich gerade für »echt« wach hält.

Was aber ist mit dem »großen Erwachen« gemeint, von dem am Schluss der gerade zitierten Textstelle die Rede ist? Worin unterscheidet sich dieses »große Erwachen« von dem »kleinen Erwachen« aus dem Traum? Zhuangzi und Guo Xiang haben doch gerade die Echtheit jedes kleinen Erwachens nachdrücklich unterstrichen und gefordert, man solle sich im jeweiligen »kleinen Wach-Sein« ganz und gar »einleben«, man solle im jeweiligen »kleinen Wach-Sein« völlig zufrieden sein können. Was soll da noch ein »großes Erwachen« bewirken? Um diese wichtige und im wahrsten Sinne des Wortes zentrale Frage zu klären, sei noch einmal auf das Gleichnis des Schmetterlingstraumes verwiesen, in dem es, wie der zitierte Kommentar des Guo Xiang dazu deutlich machte, ja ebenfalls um die Analogie von Wach-Sein/Träumen und Leben/Tot-Sein ging. Guo Xiang sagte zum Gleichnis vom Schmetterlingstraum:

> *Nun, der Lauf der Zeiten hält nicht einen Moment ein, und das Heute bleibt im Fortgang nicht bestehen. So wandelt sich der Traum von gestern in ein Heute. Wie könnte es sich mit dem Wechsel von Leben und Tod anders verhalten!? Warum also sich zwischen beidem schwankend das Herz schwer machen lassen?! Denn ist man das eine, weiß man nichts vom anderen. Das Schmetterling-sein im Traum ist echt. Bezieht man dies auf die Menschenwelt, so weiß man zeit seines Lebens nicht, ob man nicht später einmal schöne Konkubinen in Wirklichkeit haben wird. Nur die Dummen glauben für sich selbst fest daran, zu wissen, dass das Leben etwas Erfreuliches und der Tod etwas Bedauernswertes sei. Das eben heißt, noch nichts von der Wandlung der Dinge gehört zu haben.*

Offensichtlich sind der Schmetterlingstraum und die vorstehend zitierte Textstelle aus *Zhuangzi*/Guo Xiang thematisch und inhaltlich deckungsgleich. Mit dem »jung heimatlosen Gewordenen« verhält es sich genauso wie mit dem Zhuang Zhou aus dem Gleichnis vom Schmetterlingstraum: Der jung heimatlos Gewordene war zunächst in der Heimat, dann war er ihr fern, und schließlich kehrt er wieder zurück. Aber er fühlt sich jeweils überall gleich »zu Hause«, denn er weiß ja gar nichts von seiner Heimat, weil er *keine Erinnerung* an sie hat. Genauso geht der Wechsel von Zhuang Zhou zum Schmetterling und wieder »zurück« zu Zhuang Zhou vor sich. Jede Phase löst die vorige ab, und es besteht keine Differenz der jeweiligen »Echtheit«. Genauso soll es auch mit dem Wechsel von Tod zu Leben und wieder zu Tod sein.[69]

Die daoistische Konzeption von Leben und Tod lässt sich gleichermaßen anhand des Schmetterlingstraumes verdeutlichen. Auch der Schmetterlingstraum schildert, wie unsinnig es angesichts der totalen Wandlung ist, sich wegen des Todes im Leben schwermütige Gedanken zu machen.

Zunächst lassen sich die bei der Analyse des Schmetterlingstraumes erwähnten fünf philosophischen Aspekte (die Martin Buber »westlich« verwandelt hatte: Vergessen, Ich, Zweifellosigkeit, Grenzziehung, Echtheit) mühelos auf das Thema Leben/Tod und das, was hier zur daoistischen Vorstellung davon gesagt worden ist, übertragen. Das *Vergessen* des Traumes durch den erwachten Zhuang Zhou steht für das Vergessen des Todeszustands im Leben, ebenso wie das Vergessen des Zhuang Zhou durch den Schmetterling im Traum für das Vergessen des Lebenszustandes im Tod steht. Gerade weil man den vorherigen Zustand vergisst – so wie der früh heimatlos Gewordene seine Heimat vergisst – kann man im jetzigen Zustand vollkommen »zu Hause« und damit zufrieden sein. Genauso wenig, wie man im Wachen an den Traum denken soll, soll man im Leben an den Tod denken. Denn es gibt genauso wenig ein kontinuierliches *»Ich«*, das die Wandlung von Zhuang Zhou zum Schmetterling begleitet, wie es ein kontinuierliches »Ich« gibt, das in der »Wandlung vom Leben zum Tod erhalten bliebe. Ein »Ich« ist an eine Phase, an einen jeweiligen Zustand gebunden und wird mit dem Wandlungsprozess in ein ganz anderes Ich verwandelt. Gerade das »Ich« ist im Rahmen der »Prozessontologie« keine stabile Größe. Deswegen soll man auch keinesfalls in *Zweifel* geraten, welches »Ich« oder welcher Zustand der »eigentliche« ist. Nicht Zweifel über die Beziehung zwischen Leben und Tod bestimmen das daoistische Denken, sondern vielmehr die Gewissheit darüber, dass beide Zustände zwei gleichrangige Segmente eines Prozesses sind. Außerdem ist es gerade die völlige *Abgrenzung* zwischen Leben und Tod, die den Sprung vom einen Zustand zum anderen Zustand möglich macht. Genauso wenig wie die Grenzen zwischen Zhuang Zhou und Schmetterling verwischt oder überschritten werden, genauso wenig dürfen die Grenzen zwischen Leben und Tod überschritten werden. Wer im Leben über den Tod nachdenkt, der verletzt die Unmittelbarkeit des »Lebensgefühls«, er macht sich selbst unsinnigerweise das Leben schwer. Schließlich dient das Schmetterlingsgleichnis dazu, die *gleichrangige Echtheit* von Traum und Wach-Sein zu demonstrieren. Keine der beiden Phasen relativiert die Gültigkeit der anderen; beide bestätigen einander vielmehr gerade. Analog soll der Daoist Leben und Tod als genau gleichermaßen echte Zustände anerkennen. Die Erfahrungswelt ist in jeweils beiden Zuständen gleichermaßen »authentisch«.

Und in genauer Analogie zum Schmetterlingstraum lässt sich auch schließlich erklären, was das »große Erwachen« ist. Zwischen kleinem und großem Erwachen muss man genauso unterscheiden wie zwischen Zhuang Zhou und Zhuangzi, dem daoistischen Heiligen. Zhuang Zhou, der vom Schmetterlingstraum erwacht, ist genau wie der Schmetterling im Traum einem Prozesssegment, einer »Wandlungsphase« zugehörig. Das kleine Erwachen ist das Erwachen aus dem »kleinen Traum«, es ist der Übergang von einer Phase in die nächste. Innerhalb der jeweiligen Phasen gilt es für jeden, voll und ganz in dieser Phase zu sein und nicht deren Grenzen zu überschreiten. Wenn man wach ist, soll man nur wach sein, wenn man träumt nur träumen; und genauso soll man, wenn man lebt, nur leben, und wenn man tot ist, soll man nur tot sein. Das kleine Erwachen gilt denjenigen, die an der Wandlung teilhaben, denjenigen, die sich im Wandlungskreislauf drehen, den Speichen im Rad. Ihr Erwachen bedeutet, dass sie, wenn sie in einem Zustand sind, diesen Zustand voll und ganz akzeptieren sollen und mit diesem zeitweiligen Zustand gewissermaßen vollkommen verschmelzen. Das kleine Erwachen ist die Lehre für den »kleinen Mann«, der noch nicht Heiliger ist, aber nichtsdestoweniger ganz »authentisch« in die Welt des Wandels, die den Heiligen umgibt, hinein gehört.

Das große Erwachen ist das Erwachen von Zhuang Zhou und Schmetterling zu Zhuangzi, es ist das Erwachen aus dem Kreislauf von Traum und Wach-Sein, von Tod und Leben zur daoistischen Heiligkeit inmitten von Leben und Tod. Der daoistische Heilige identifiziert sich, wie die Nabe im Rad, nicht jeweilig mit dem, was ihn umkreist. Die Nabe wird als Mittelpunkt des Geschehens mit dem ganzen Kreislauf identifiziert. Die »Nullperspektive« der Nabe oder die Nullperspektive aus der Zhuangzi die Wandlung von Zhuang Zhou zu Schmetterling und wieder zu einem Zhuang Zhou beschreibt, ist die Perspektive des Heiligen auf den Wandel von Leben und Tod. Im Gegensatz zum klein Erwachten, der sich ganz und gar mit einem der Zustände, nämlich mit dem, in dem er gerade ist, identifiziert und von diesem Zustand gewissermaßen ganz in Besitz genommen wird, identifiziert sich der Heilige mit keinem bestimmten der sich wandelnden Zustände, sondern mit allen in ihrer Wandlung.

So wie aus einem Schmetterling oder einem Zhuang Zhou ein Zhuangzi werden kann, so kann aus einem klein Erwachten ein groß Erwachter werden. Es muss gewissermaßen ein Sprung in die Mitte von Leben und Tod erfolgen. Indem sich der daoistische Heilige im Leben weder mit dem Leben noch mit dem Tod identifiziert, identifiziert er sich mit dem Wandlungsprozess als Ganzem und tritt in die Nullperspektive ein. Er muss die Position der Mitte einnehmen, er muss im »Angelpunkt des Dao« (*dao shu*) verweilen. Zu Leben und Tod verhält sich der daoistische Heilige somit nicht anders als der Herrscher zu seinen verschiedenen Beamten oder das Herz zu den verschiedenen Organen des Körpers. Ohne sich mit einem Segment des Wirkungsganzen zu identifizieren, befindet er sich doch inmitten des Wirkungskreises und beherrscht diesen.

Der daoistische Heilige »erhebt« sich über den Wechsel von Leben und Tod, indem er ihn geschehen lässt. Das große Erwachen »transzendiert« also keinesfalls Leben und Tod, sondern ist beiden der Angelpunkt. Der Heilige lässt Leben und Tod um sich herum geschehen, er lässt seinen Körper leben und sterben, ohne dass sein Herz davon gerührt werde. Er freut sich nicht über das Leben und klagt nicht über den Tod.[70] Aber er klagt auch nicht über das Leben und freut sich nicht über den Tod. Ihm ist alles gleich-gültig. *Er kommt nicht, um den Tod zu überwinden, sondern um ihn zu bestätigen in seiner dem Leben gleichrangigen Echtheit, Authentizität und Gültigkeit.*

In diesem Sinne wird auch der daoistische Heilige auf seine Weise »unsterblich«. Während sein Körper zerfällt, »bewirken Tod und Leben keine Veränderung für ihn«[71]. Aus der Nullperspektive heraus gesehen bietet sich stets das gleiche Bild, und die Nabe wechselt nicht ihren Ort, wenn das Rad sich dreht. Indem der Heilige kein Selbst mehr hat, indem er sich völlig entleert hat von jeder Identität und Funktion, ist ihm sein eigener Körper zur »Umwelt« geworden. Dessen Zerfall berührt ihn so viel oder so wenig wie die Wurzel das Welken einer Pflanze im Herbst. Insofern gibt es für ihn »kein früher und jetzt und so tritt er ein in (den Ort) wo er weder lebt noch stirbt«.[72] Auf diese Weise hat er seine eigene Form der Unsterblichkeit, sein »Dao des Nicht-Sterbens«[73] gefunden, was freilich nicht wie bei den religiösen Daoisten bedeutet, dass sein Leib nicht vergeht. Der daoistische Heilige, der »groß Erwachte«, hat sich aller Körperlichkeit und aller Geistigkeit – und dadurch aller Lebendigkeit und Sterblichkeit – entzogen und ist in einen Zustand völliger Leere gekommen. Um ihn herum dreht sich der Wandel der Welt, sein Körper wächst und schrumpft, seine Gedanken kommen und gehen, er wird im Winter frieren und im Sommer schwitzen, aber weil sein Innerstes leer ist, so ist ihm dies nur der Lauf der Dinge, den er geschehen lässt, ohne dass es ihn berührte.

Das Idealbild des daoistischen Heiligen im Umgang mit Leben und Tod wird im *Zhuangzi* in der Person des »Trauerkünstlers« Mengsun Cai geschildert, der, wenn die Zeit des Weinens kommt, weint, aber dabei keine Tränen vergießt, weil sein Herz entleert ist und nichts mehr empfindet. In der Geschichte des Mengsun Cai treten Konfuzius und dessen Schüler Yan Hui als Dialogpartner auf. Konfuzius erweist sich in diesem Gespräch aber nicht nur als guter Ritenkenner und somit als guter Konfuzianer, sondern vor allem als guter Daoist, da er begreift, dass und warum Mengsun Cai ein wahrer Heiliger ist und besser noch als die Konfuzianer zu trauern vermag. Denn Mengsun Cai kann trauern, ohne zu trauern. Der Dialog, in dem alle insbesondere im Gleichnis vom Schmetterlingstraum vorkommenden Motive der daoistischen Konzeption von Leben und Tod nochmals wiederholt werden, soll hier im Ganzen und wieder einschließlich des (kursiv gedruckten) Kommentars von Guo Xiang in deutscher Übersetzung angeführt werden:[74]

> Yan Hui fragte Konfuzius: »Als Mengsun Cais Mutter starb, da weinte er, ohne Tränen zu vergießen, das Herz in seiner Mitte trauerte nicht, und er verrichtete die Begräbnisfeierlichkeit ohne zu wehklagen. Diese drei Dinge fehlten, und doch gilt er im Staate Lu als derjenige, der sich am besten darauf versteht, Begräbnisfeierlichkeiten zu vollziehen. Offenbar ist das nun ein Fall, wo jemandem ein Ruf zukommt, ohne dass der Sachverhalt dafür gegeben ist, oder? Ich jedenfalls finde dies sehr seltsam.« *Im Staate Lu beachtete man Mengsun Cais ritenkonformes Verhalten, Yan Hui aber prüfte dessen Herz.*
>
> Konfuzius sagte: »Nun, Mengsun hat die Angelegenheit erschöpfend durchdrungen. Er ist über die Sachkenntnis hinaus fortgeschritten. *Er hatte die Struktur von Leben und Tod erschöpfend durchdrungen. Jemand, der dem innen und außen Angemessenen entspricht, der bewegt sich mit dem Himmel wandelnd und ist kein Kamerad der Sachkenntnis.* Allein, er hatte einen (der beiden Zustände Tod und Leben als den ›Echten‹ gegenüber dem anderen) herausgreifen wollen, aber es war ihm nicht gelungen. *Er griff jeweils Tod oder Leben heraus, ohne dass es ihm gelang, dabei eine Verschiedenheit (an Echtheit) festzustellen. (Deren Wandel) war (für ihn) bloß wie der Wandel der vier Jahreszeiten Frühling und Herbst, Winter und Sommer.* Denn sobald er einmal einen (Zustand) herausgegriffen hatte, da wusste er entweder nicht, (sofern er gerade das Leben herausgegriffen hatte) woher dieses zum Leben gekommen war, oder er wusste nicht (sofern er gerade den Tod herausgegriffen hatte), woher dieser zum Tod gekommen war. *Indem einmal (ein Zustand) herausgegriffen war, da gelang es nicht (eine Verschiedenheit an Echtheit festzustellen), deshalb gab es keine Unzufriedenheit (in einem der Zustände). Weil es (in keinem der Zustände) Unzufriedenheit gab, deswegen gab Mengsun Cai sich (dem Wechsel von) Leben und Tod hin, ohne dass sein Sinn dadurch aus der Ruhe gebracht worden wäre. (Es war) eine Wandlung, die von selbst geschah.* Er wusste da jeweils weder, von woher (der Zustand) hergekommen war, noch, wo (dieser) später hingehen würde. *Wie es sich traf, so traf es sich zur Zufriedenheit.*

Wenn er gerade in ein Ding verwandelt worden war – *er widerstrebte der Wandlung nicht* – worauf sollte er da Erwartungen gründen über Verwandlungszustände, von denen er nichts wusste? *Leben und Tod lassen einander wechselseitig den Vortritt und bilden im Wandel eine Einheit. Auf diese Weise vergißt man in der aktuellen Gegenwart (eines Zustandes), was man (im anderen Zustand) wusste. Wieso sollte man, gegründet auf etwas, das man noch nicht weiß, sich vorausschauend sorgen?* Wie sollte im Zustand der Verwandlung etwas über den Zustand der Nicht-Verwandlung gewusst werden? Und wie sollte im Zustand der Nicht-Verwandlung etwas vom Zustand der Verwandlung gewusst werden? *Weiß man etwa im Zustand der Verwandlung, in dem man lebt, etwas von der Zeit, da man noch nicht lebte? Wusste man etwa im Zustand, da man noch nicht verwandelt und tot war, etwas über den Zustand nach diesem Tot-Sein? Also geht man, indem es nichts zu meiden gibt und nichts, wonach zu streben ist, ganz und gar mit dem Wandel.* Können nicht gerade Du und ich in einem Traum sein, aus dem wir noch nicht erwacht sind? *Nun, Leben und Tod sind bloß wie Wach-Sein und Träumen. Wenn man gerade träumt, so hält man sich selbst für wach. Also gibt es nichts, wodurch man klären kann, ob das Wach-Sein nicht tatsächlich ein Traum ist. Wenn es nichts gibt, wodurch zu klären ist, ob das Wach-Sein nicht tatsächlich ein Traum ist, so gibt es auch nichts, um zu klären, ob das Leben nicht tatsächlich ein Tod ist. Weder im Leben noch im Tod, weder im Wach-Sein noch im Traum, weiß man, (in welchem der beiden Zustände) man ist. Und so gibt es, wie es sich auch in der jeweiligen Gegenwart trifft, nichts, was sich nicht selbst genügt. Wie kommt man nur dazu, sich im Hier wegen des Dort zu sorgen?* Für jenen (Mengsun Cai) nun gibt es zwar äußere Formen, die sich überraschend verändern, aber er hat kein Herz, das daran Schaden nähme. *Er nimmt die Verwandlung bloß als überraschende Veränderung der äußeren Form. Deshalb nimmt sein Herz keinen Schaden (am Wechsel von) Leben und Tod.* Und es gibt für ihn den morgendlichen (Neuaufbau einer) Hütte, aber keine Gefühlsregung angesichts des Todes. *Er nimmt die Veränderung des Körpers bloß als den Aufbau einer Hütte an einem neuen Tag. Seine Gefühlsregungen fassen dies nicht als Sterben auf.* Mengsun ist besonders erwacht. Wenn die anderen Leute weinen, so weint er auch. Dies (Verhalten) ist in seiner Wesensart begründet. *Nun, einer, der stets wach ist, ist frei von Widersetzlichkeit, wenn der Gang (der Zeiten) seinen Lauf nimmt. Deswegen ist es korrekt, wenn er auch weint, wenn die anderen Menschen weinen. Dies ist es, wodurch sein Verhalten (auch in diesem Fall) angemessen ist.* Außerdem, wenn wir beide jetzt so beisammen sind, so halten wir uns dabei jeweils bloß für (ganz) uns (selbst). *Nun, (im Verlauf) des Wandels von Leben und Tod halten wir uns immer für (ganz) uns (selbst). Wenn wir uns (selbst) immer für echt halten, warum sollte dieses »(ganz) uns (selbst)« dann (in diesem Zustand) verloren gehen? Und wenn das »(ganz) uns (selbst)« noch nicht verloren ist, warum sollten wir uns dann sorgen? Weil er ohne Widersetzlichkeit ist, weint (Mengsun Cai) auch, wenn die anderen Menschen weinen. Weil er aber ohne Sorge ist, weint er, ohne zu trauern.* Wie soll man aber auf Dauer wissen, worauf wir uns beziehen, wenn wir von ›für uns selbst halten‹ sprechen? *Es gibt keinen Zustand, in dem wir uns nicht (ganz) für uns (selbst) halten. So sind Außen und Innen auf verborgene Weise vereint und Früher und Heute in vollständiger Kontinuität. Mit dem Wandel gibt es täglich Neues. Wie sollte man da wissen, wo ›wir (selbst)‹ uns befinden?* Im Traum wirst du beispielsweise ein Vogel und fliegst hinauf in den Himmel. Oder Du wirst im Traum ein Fisch und tauchst hinab in die Tiefe. *Dies sagt aus, dass man nirgends, wo man hingeht, sich nicht selbst genügt.* So weißt Du nicht, ob der, der jetzt hier im Gespräch ist, ein Wachender oder ein Träumender ist. *Zur Zeit des Traumes hält man sich selbst für wach. Wie soll man also wissen, ob nicht die Gegenwart ein Traum ist oder – genauso – ob sie nicht Wach-Sein ist. (Die Wandlungen) von Wach-Sein und Träumen können jedweden Gang nehmen. Deshalb gibt es im Wechsel von Tod und Leben keinen Zeitpunkt, der dazu hinreichte, Leidgefühle zu erwecken.* Ist man dem, was sich ereignet, angepasst, so kommt es nicht dazu, dass man (vor Freude) lacht. Lacht man hingegen (vor Freude), so kommt es nicht dazu, dass man die Veränderung (auf reibungslose Weise) vollzieht. *Indem man allem, was sich ereignet, angepasst ist, vergisst man, dass man angepasst ist. Deswegen kommt es nicht dazu, dass man (vor Freude) lacht. Mit dem Wort ›Veränderung‹ ist die Veränderung als Verschiebung gemeint. Nun, um den Riten entsprechend zu wei-*

nen, muss man Trauer empfinden, und um (vor Freude) zu lachen, muss man glücklich sein. Wenn aber Trauer und Glücksgefühl in der Brust verankert sind, dann können Veränderungen und Verschiebungen nicht mit (völligem) Angepasstsein vollzogen werden. Mengsun ist nun stets angepasst. Deswegen weint er, ohne zu trauern, und geht ganz und gar mit dem Wandel. (Mengsun Cai) war zufrieden im Laufe der Veränderungen gewesen und mit dem Wandel gegangen. Dann trat er ein in den verlassenen Ort und bildete mit dem Himmel die Einheit. *(Mengsun Cai) war zufrieden im Laufe der Veränderungen und Verschiebungen gewesen und ganz und gar mit dem Wandel fortgegangen. Er trat deshalb dann ein in den einsamen, verlassenen Ort und bildete mit dem Himmel die Einheit. Weiter oben treffen wir auf Zisi. Beider (Verhalten) läuft auf eines hinaus, aber die Begräbnisse, die sie begingen, waren verschieden. Deshalb gibt es den Unterschied, dass dabei der eine (Zisi) sang, während der andere (Mengsun Cai) weinte.*

Die letzten Sätze des eindrucksvollen Kommentars Guo Xiangs zum eindrucksvollen Dialog über den Trauerkünstler Mengsun Cai beziehen sich auf zwei unmittelbar davor im *Zhuangzi* erzählte Geschichten von einigen daoistischen »Freunden« – eine dieser Gestalten ist Zisi –, die angesichts des Todes eines der Ihren lachen und singen. Das Verhalten der singenden »Freunde« und des weinenden, aber gefühllosen Mengsun Cai läuft, so meint Guo Xiang, auf dasselbe hinaus. Alle sehen Tod und Leben als gleichermaßen echte Zustände innerhalb eines Wandlungsvorganges an. Das »Ich« ist dabei jeweils an einen solchen Zustand gebunden und entsteht mit jedem Zustand von neuem. Deshalb gibt es kein Ich, dessen Tod zu bedauern wäre, denn es wird ja sofort von einem neuen Ich abgelöst. Es wird immer wieder argumentiert, Tod und Leben seien Zustände wie Traum und Wach-Sein. Da man sich im Traum als genauso wach erleben kann wie im Wach-Sein, muss man den Tod nicht fürchten, den man ebenfalls so »echt« wie einen Traum wird erleben können. Man kann nicht einmal wissen, ob man, wenn man sich gerade für wach hält, nicht in Wirklichkeit träumt, beziehungsweise, ob man, wenn man sich gerade für lebendig hält, nicht in Wirklichkeit tot ist. Voraussetzung zum ungebrochenen »Echtheitserleben«, zur totalen Gegenwärtigkeit im Tod wie im Leben, ist nur – wie im Schmetterlingstraum illustriert –, dass man mit dem vorherigen Zustand völlig bricht, dass keine Brücke der Erinnerung oder des Wissens von einer anderen Existenz besteht. So kann man sich, d.h. seinen Körper, schließlich getrost dem Verfall und Wandel überlassen und muss (wie Zisi) auch nicht über den Tod anderer besorgt sein.

Da man sich dem natürlichen Verhalten nicht widersetzt, wird man nun auch, wenn für die Konfuzianer die Trauerzeit anbricht, ohne zu zögern den Trauerriten Folge leisten können: Mengsun Cai weint mit den anderen um seine Mutter, weil er sich der Zeit anpasst – in der Zeit des Weinens weint er auch. Seine Mutter verstarb nämlich *im Staate Lu*, dem Heimatland des Konfuzius, in dem man die Riten streng beachtete. Aber Mengsun Cai bleibt doch von der zeremoniellen Konvention in seinem Herzen unberührt. So lachen und singen die daoistischen Freunde beim Tod eines der Ihren, weil sie den Tod genauso wenig fürchten, wie es der Verstorbene tat, und Mengsun Cai weint beim Tod seiner Mutter, die offenbar unter Konfuzianern lebte, weil er sich den Umständen völlig anpassen kann. Dabei ist er aber nicht traurig, weil er als Daoist den Tod nicht als weniger echt oder als schlechter betrachtet als das Leben. Mengsun Cais Handeln ist verschieden von dem der Freunde, denn er weint um seine »konfuzianisch« verstorbene Mutter, nicht um einen glücklich verstorbenen Daoisten, aber seinem Handeln liegt dieselbe Einstellung zugrunde.

Zhuangzis Konfuzius anerkennt in der Geschichte des Trauerkünstlers Mengsun Cai, dass dessen daoistische Variante der Trauerkunst, dessen Einstellung zu Leben und Tod, die konfuzianische gewissermaßen übertrifft: Als Daoist kann man die Riten der Konfuzianer, wenn es sein muss, durchaus mitmachen. Denn den Daoisten sind die Formen des Trauerns und der Freude, wieder im doppelten Sinne, gleich-gültig. Aber von der »inneren Einstellung« her gesehen ist man, gerade indem man nichts empfindet, über die Konfuzianer und deren scheinbar »wahres« Empfinden weit hinaus.

Die daoistischen Freunde, von denen vorher die Rede war, fragten einander:[75]

Wer vermag, das Nichts zum Kopf zu haben, das Leben zum Rückgrat und den Tod zum Gesäß? Wer weiß, dass Leben und Tod, Bestehen und Verfallen ein Körper sind? Mit dem werden wir Freundschaft schließen!

Die Freunde hätten zweifelsohne Mengsun Cai in ihren daoistischen Bund aufgenommen. Denn er war einer, dessen »Herz in der Mitte« aller Gefühle entleert war, oder, was dasselbe heißt, einer, der »das Nichts zum Kopf hat«. Genau wie Zhuangzi im Schmetterlingstraum die Nullperspektive zwischen Zhuang Zhou und Schmetterling inne hat, so hat Mengsun Cais Herz oder Kopf sich entleert und ist die leere Mitte in einem Körper aus Leben und Tod geworden.

Die erste Stufe dieses Prozesses ist die totale Gegenwärtigkeit des »Ich« ganz und gar als »Ich«, die totale Zufriedenheit des Schmetterlings im Schmetterling-Sein, des Träumers im Traum, des Lebenden im Leben. So war Mengsun Cai mit dem Lauf des Wandels gegangen, hatte immer einen der Zustände »herausgegriffen« und konnte dabei doch keinen der Zustände als weniger echt als einen anderen erleben, weil er immer ganz und gar in einem gegenwärtig war, und von keinem anderen etwas wusste.

»Dann« aber vollzog er den wichtigsten Schritt, erreichte sozusagen *die zweite und letzte Stufe*, er *»trat er ein in den verlassenen Ort und bildete mit dem Himmel die Einheit«*, wie es in der Geschichte heißt. Dann nämlich identifizierte er sich mit der leeren Mitte, mit der Nabe im Rad – und somit mit dem gesamten Rad, dem gesamten Wandlungsprozess. Indem er seinen Kopf oder sein Herz total entleerte, hatte er »das Leben zum Rückgrat und den Tod zum Gesäß«. Er hatte sich in die Gestalt des Dao eingepasst und war schließlich ganz mit dem Wandlungsprozess vereint. »Dann« war er nicht mehr nur jeweils ganz und gar zufrieden in seinem Zustand, sondern von einem begrenzten Element des Prozesses zum Prozessganzen »erwacht«. Er war aus dem Zustand des jeweiligen kleinen Erwachens zum »großen Erwachen« gekommen.

Der religiöse Daoismus strebt danach, den physischen Körper in einen Organismus zu verwandeln, der der Struktur des Daos, dem sich endlos drehenden Rad, nachgebildet ist. Der philosophische Daoismus benutzt dieselbe Folie, dasselbe Muster. Aber im philosophischen Daoismus wird nicht der individuelle Körper als Mikrokosmos eingerichtet, sondern es findet vielmehr eine Art Entleerung des Bewusstseins statt, die es ermöglicht, den Kreislauf von Leben und Tod widerstandslos gelten zu lassen, ohne dabei noch eine Gefühlsregung zu empfinden. Angesichts des Todes, des größten und absoluten Schreckens, der den Menschen droht, erreicht der Daoismus die völlige *Gleichgültigkeit*. Der philosophische Daoist blickt dem Tod nicht mutig ins Auge, sondern es ist nichts am Tod, das ihn zu bewegen vermag, weil er erstens im Tod überhaupt nichts weniger Echtes als im Leben erblickt und sich zweitens schon in gar keinem von beiden Zuständen mehr befindet. Er steht, »groß erwacht«, ungerührt mitten dazwischen: »Die Menschen im Altertum waren im äußerlichen Wandel innerlich ohne Wandel.«[76]

4. Zeit

Mit der Zeit verbindet die daoistische Philosophie vor allem zwei Idealvorstellungen, nämlich die Dauer und das Konzept des »rechten Zeitpunktes«. Das Konzept des »rechten Zeitpunktes« beinhaltet die Vorstellung eines Handelns zur rechten Zeit und das Ideal, sich zur rechten Zeit am rechten Ort zu befinden. Darüber hinaus ist mit diesem Konzept auch das Ideal einer korrekten, »zeitgemäßen« Abfolge von zeitlichen Segmenten, wie etwa der Wechsel der vier Jahreszeiten oder der von Tag und Nacht verbunden. Im Grunde werden auch Leben und Tod als Zeitphasen verstanden, die aufgrund ihres Wechsels in ein dauerhaftes Geschehen, in eine dauerhafte Folge von jeweils begrenzten Segmenten münden. Die Abfolge der zeitlichen Segmente, die jeweils »zur rechten Zeit« gegenwärtig sein müssen, bildet ein geschlossenes, stetiges Ganzes. Auf diese Weise gehören die Vorstellungen des »rechten Zeitpunktes« und der Dauer zusammen. Das Ideal des »rechten Zeitpunkts« (der einzelnen Phasen oder Segmente) bildet die Voraussetzung für die Dauerhaftigkeit des aus den Segmenten zusammengefügten Laufes der Zeiten. Die Dauerhaftigkeit des Prozessganzen beruht damit auf der zeitlichen Begrenztheit, auf dem vorübergehenden Bestehen der Elemente, die das Ganze bilden. Permanent ist nur der Wandel, während die den Wandel bildenden Phasen vorübergehend sind.

Bereits im *Daodejing* spielt das Ideal der Dauerhaftigkeit eine herausragende Rolle. Anders als im späteren religiösen Daoismus, wo, wie bereits gesagt, die Dauerhaftigkeit der physischen Existenz im Vordergrund steht, ist im *Daodejing* die Dauerhaftigkeit von Herrschaft, d. h. die Dauerhaftigkeit des politischen Organismus, von größerer Wichtigkeit. Anders herum gesehen, bedeutet dieses Ideal der

Dauerhaftigkeit gleichermaßen auch Angst vor der Vergänglichkeit. Während die religiösen Daoisten allerlei Mittel gegen die als Bedrohung empfundene Vergänglichkeit des Leibes erfanden, so spielt das *Daodejing* auf allerlei Mittel an, um der steten und besonders in der so genannten »Zeit der streitenden Reiche« offenkundigen Bedrohung politischer Herrschaft entgegenzuwirken. Kapitel 23 im *Daodejing* kündet von der daoistischen Furcht vor der Vergänglichkeit:

Sturmwind dauert keinen Morgen.
Gewitterregen dauert keinen Tag.
Was waltet hier?
Himmel und Erde,
und doch kann keine Dauer sein.
Wie soll es da der Mensch vermögen?

Wenn sogar bestimmte, besonders »aktive« Naturerscheinungen von der Vergänglichkeit betroffen sind, wie sehr muss da der Mensch, als der fragilste der den Kosmos bildenden drei Teile (Himmel, Mensch, Erde) davor bangen, bei falschem Verhalten unterzugehen! Die daoistische Philosophie entwirft ein Konzept, eine Struktur der Dauer, um die Furcht vor der Vergänglichkeit zu kompensieren. Dabei baut sie die Vergänglichkeit selbst mit in dieses Konzept ein, verleiht ihr aber nur einen untergeordneten Status. Wenn man so will, wird die Vergänglichkeit des Einzelnen und Bestimmten in der daoistischen Konzeption der Dauer des Geschehensganzen im dreifachen Hegelschen Wortsinne »aufgehoben«. Durch die Kontinuität des Geschehensganzen, durch die Beständigkeit des Dao, wird die Diskontinuität der das Dao bildenden Einzelsegmente zwar einerseits bewahrt (wenn man nur aufs einzelne schaut), aber andererseits auch auf eine höhere Stufe gehoben und somit ausgelöscht (wenn man das Ganze betrachtet).

Bereits der berühmte erste Satz aus dem ersten Kapitel des *Daodejing* handelt von den Voraussetzungen für Dauerhaftigkeit des Dao, und damit für die Dauerhaftigkeit eines »Organismus«:

Ein Dao –
kann es als Dao bestimmt werden,
ist es kein stetiges Dao.

Das Dao als dauerhaftes Gebilde ist zusammengesetzt aus jeweils bestimmten und zeitlich begrenzten Phasen, als Ganzes kann es aber, eben weil es durch gegensätzliche Elemente konstituiert wird, nicht »bestimmt werden«. Der Jahreskreislauf z. B. kann nicht mit einer bestimmten Jahreszeit identifiziert werden und ist, gerade weil er aus bestimmten, aber gegensätzlichen Jahreszeiten zusammengesetzt ist, selbst unbestimmt. Im politischen Raum muss nun wie im kosmischen Raum darauf geachtet werden, dass alles zu seiner Zeit geschieht. So wenig wie die Jahreszeiten zur falschen Zeit kommen dürfen, damit die Welt in Ordnung bleibt, so wenig dürfen in der menschlichen Gemeinschaft die Aufgaben, seien sie landwirtschaftlicher oder administrativer Natur, zur falschen Zeit erledigt werden. Von höchster Bedeutung ist deshalb, dass der Herrscher über die »Rechtzeitigkeit« seiner Untertanen wacht. Er, der selbst ja nicht handelt, muss darauf achten, dass alle Handlungen zu ihrer Zeit ausgeführt werden. Wenn der Herrscher Handlungen vornehmen lässt, so muss dies im Einklang mit dem Zeitenlauf geschehen. Deshalb heißt es in Kapitel 8 aus dem *Daodejing* über den idealen Regenten:

Sein Veranlassen
ist gut in Hinsicht der Zeiten.

Indem zu rechten Zeit dasjenige geschieht, was zu dieser Zeit zu geschehen hat, wird nicht allein die Dauerhaftigkeit des gesamten Geschehensprozesses gewährleistet, sondern auch die zu jedem Zeitpunkt vollkommene »Gegenwärtigkeit« dessen, was geschieht. Im daoistischen Lauf der Zeiten existieren eigentlich weder Vergangenheit noch Zukunft, sondern nur reine Gegenwärtigkeit. Schon das Gleichnis vom Schmetterlingstraum illustrierte, wie der Bezug auf die Vergangenheit (die Erinnerung des Zhuang Zhou an den Schmetterling im Traum) oder auf die Zukunft (die Sorge um das, was nach dem Ende des Lebens im Tod kommen wird, im Kommentar des Guo Xiang zum Schmetterlingstraum) die völlige Gegenwärtigkeit stören kann. Wer an die Vergangenheit denkt und dieser nachhängt oder wer um die Zukunft besorgt ist, der verletzt gewissermaßen das Gebot, nur in seiner »rechten Zeit« zu leben und somit die Begrenzung seiner Rolle, die Begrenzung seiner Daseinsphase strikt einzuhalten. Das Glück und die Zufriedenheit des Schmetterlings im Traum, sein vollständiges »Echtheitsgefühl«, seine Authentizität hängen völlig davon ab, dass er nichts mehr von Zhuang Zhou weiß. Nur wenn man auch gedanklich ganz und gar in der einem zugemessenen Gegenwart bleibt, kann man diese Zufriedenheit, diese Unmittelbarkeit erlangen. Jede Verletzung der Zeitgrenze in Richtung Zukunft oder Vergangenheit bedeutet Unzufriedenheit und Gefährdung des reibungslosen Kreislaufs der Gegenwärtigkeiten. Wer seine Zeit überschreitet, der macht sich erstens selbst unglücklich und zweitens gefährdet er die Ordnung der Zeit. Strukturell verhält er sich damit genauso wie der Verwalter der herrschaftlichen Krone des Marquis Zhao von Han im *Hanfeizi*, der seinem Regenten das Gewand umlegt, obwohl dies gar nicht seine Aufgabe ist[77]: Er befasst sich mit Dingen, die ihn nichts angehen, und bringt so Unheil über sich und den ganzen Mechanismus, an dem er teilhat.

Im daoistischen Zeitverständnis gibt es demnach streng genommen weder Zukunft noch Vergangenheit. Es gibt, jedenfalls im Idealfall des ungestörten und ungehemmten dauerhaften Geschehensprozesses, nur einander abwechselnde Gegenwartszustände. Die Dauer des Kreislaufs beruht auf der totalen Gegenwart der einzelnen Phasen. Dabei fehlt allerdings noch ein Element. Im Bild des Rades gesprochen bedeutet der Wechsel der Speichen, ihre Drehung, den Wechsel und die Drehung der Zeitsegmente, während das ganze Rad als *perpetuum mobile* die Kontinuität des idealen Prozesses symbolisiert. Analog zum Bild des Rades fehlt nun noch die Position der Nabe, der leeren Mitte im Wandlungsgeschehen. Es fehlt noch die Position der Unbewegtheit inmitten der zeitlichen Bewegung als ganzer. Es fehlt die Position, die als Angelpunkt die Phasen der Zeit zum geschlossenen Zeitlauf zusammenfügt. Es wird nicht schwer zu erraten sein, dass es natürlich wieder dem daoistischen Heiligen zukommt, diese Position im Zentrum des Kreislaufs – also sozusagen das Herz der Zeit – zu besetzen. Im *Zhuangzi* heißt es (wieder einschließlich des kursiv gedruckten Kommentars von Guo Xiang) dazu:[78]

> Ranxiang gelang es, die Mitte des Kreises zu besetzen. Durch Fügung schaffte er Vollendung.
>
> *Ranxiang war ein heiliger König der Frühzeit. Er siedelte sich in der Leerstelle an, um den (Lauf der Dinge) sich fügen zu lassen, und (der Lauf der) Dinge kam zur Vollendung.*

Mit (dem Lauf der) Dinge war er ohne Anfang und ohne Ende, ohne Zeitpunkt und Zeitphase.

Im Nu war er mit ihnen (den Dingen) im vollständigen Wandel.

Der, der täglich mit den Dingen wandelt, ist der, der einzig ohne Wandel ist.

Täglich wandelt er mit den Dingen. Deshalb bleibt er stets ohne Ich. Er bleibt stets ohne Ich. Deshalb wandelt er nicht.

Der Heilige Ranxiang ist ein wahrer Daoist. Er ist ein Heiliger der Zeit. Denn er siedelt sich in der leeren Mitte der Zeit an. So kann man ihn mit dem ganzen Zeitenlauf identifizieren. Indem er ohne jede der »drei Zeiten« (*san shi*) ist, ohne Vergangenheit, ohne Zukunft und ohne bestimmte Gegenwart, wie es im Subkommentar des Guo Qingfan (1844-1896) zu dieser Stelle ausdrücklich heißt,[79] kann er den Wandel der Zeiten aus der Zeitlosigkeit heraus begründen. Im Nu oder im Augenblick geht er mit den Dingen – er ist immer dabei, jeden Tag, ohne wirklich dabei zu sein. Das heißt, während alle Dinge ihre Zeit haben, während alle Dinge in ihrer Gegenwart stehen, ist er allein ohne jede bestimmte Zeit im Wandel dabei. Er gleicht der Wurzel, die dem blühenden Baum im Sommer und dem welken Laub im Winter zugrunde liegt, ohne selbst in Erscheinung zu treten. Er ist die zeitlose »Mitte des Kreises«, die den ganzen Kreislauf erst zum Kreislauf werden lässt und diesen somit »vollendet«.

Jeder bestimmte Zeitpunkt, jede der Gegenwärtigkeiten ist mit einem »Ich« verbunden. Aber diese »Ichs« sind alle nicht kontinuierlich. Zur Zeit des Wachens ist da ein Zhuang Zhou; und im Traum wird aus dem Zhuang Zhou ein Schmetterling. Die Ichs wechseln mit der Zeit. Der, der einzig ohne Ich ist, *wandelt sich einerseits nicht* – wenn man ihn als »Mitte des Kreises« ansieht. Man könnte aber auch sagen, wenn man den gesamten Kreislauf betrachtet, dass er den ganzen Wandel der Zeiten in sich begreift und an jeder Wandlungsphase teilhat. Er ist somit *andererseits der ganze Zeitenlauf in seinem stetigen Wandel*. Der daoistische Heilige nimmt dabei dem Zeitlichen nicht seine Zeitlichkeit, genauso wenig, wie er Tod und Leben die Authentizität nimmt. Er bestätigt und garantiert vielmehr die Zeitlichkeit dessen, was in der Zeit ist, indem er zwar selbst *zeitlos*, aber gerade deshalb *jederzeit* dabei ist – wie die Nabe und die Wurzel. Er ist die Nicht-Gegenwart, die jede Gegenwart begleitet. Allein der, der selbst zeitlos ist, begründet die »Echtheit« des zeitlichen Wandels.

Der daoistische Idealmensch ist zeitlos inmitten der Zeit. Er »durchschaut« den Wandel, der sich um ihn herum vollzieht. Der Wandlungsprozess, bestehend aus der sich kontinuierlichen verändernden Gegenwart der »Dinge«, stellt sich für ihn, wie es im *Zhuangzi* in einer streng parallel angeordneten Passage geschildert wird, auf die folgende Weise dar:[80]

Nun, was die Dinge angeht, so gilt in ihrem Bereich, dass
die Maßstäbe keine letzte Geltung besitzen,
der Zeitenlauf kein Ende nimmt,
das Unterschiedene nicht dauerhaft ist,
dem Anfang und dem Ende keine Endgültigkeit zukommen.
Deshalb
– wird man, wenn man das Nahe und Ferne weise betrachtet,
weder das Kleine für gering noch das Große für viel halten.
Denn man erkennt, dass (für die Dinge) die Maßstäbe keine letzte Geltung besitzen.
– wird man, wenn man das Heutige wie das Frühere klar durchschaut,
weder wegen des lang Anhaltenden betrübt noch wegen des Kurzfristigen besorgt sein.
Denn man erkennt, dass (für die Dinge) der Zeitenlauf kein Ende nimmt.
– wird man, wenn man das Volle und das Leere prüft,
weder wegen des Gewinns sich freuen noch wegen des Verlusts sich grämen.
Denn man erkennt, dass (für die Dinge) das Unterschiedene nicht dauerhaft ist.
– wird man, wenn man Einsicht nimmt in den ebenen Weg,
weder das Leben als Glück noch den Tod als Unglück empfinden.
Denn man erkennt, dass dem Anfang und dem Ende keine Endgültigkeit zukommen.

Im Bereich der sich zeitlich wandelnden »Dingwelt«, in der Welt der konkreten Sachen und Ereignisse, in der Welt von Leben und Tod vollzieht sich ein stetiger Wechsel – »der Zeitenlauf nimmt kein Ende«. Alles, was als Ding von anderen Dingen unterschieden ist und seine Zeit hat, ist in dieser Unterschiedenheit begrenzt und wird von einem anderen, das ebenfalls seine Zeit hat, abgelöst. So sind weder Gewinn noch Verlust, weder Anfang noch Ende endgültig: Jeder Gewinn birgt einen zukünftigen Verlust (umgekehrt hält, wie die daoistische »Regel der Verkehrung« lehrt, jeder Verlust einen Gewinn bereit), und jedes Ende ist zugleich ein neuer Anfang.

Dazu kommt, dass aus der »Nullperspektive« des Heiligen die jeweiligen Zustände angesichts ihrer gegenseitigen zeitlichen Begrenztheit gleich-gültig sind: Das Kleine ist zu seiner Zeit und in seiner Gegenwart nicht klein, es erscheint erst als klein, wenn man es aus der ihm fremden Perspektive des Großen betrachtet. Genauso erscheint die Zeit des Todes nur dann als abschreckend und weniger wirklich, wenn man sie aus der dem Tod fremden Lebenszeit heraus betrachtet – ebenso wie ja die Traumzeit nur dann als nicht »echt« erscheint, wenn man sie aus der Wach-Zeit heraus betrachtet. In der zeitlich begrenzten Dingwelt gilt es, die Grenzen der Zeit nicht zu überschreiten und die jeweilige Zeit nur aus der Perspektive dieser Zeit zu sehen – gewissermaßen aus der Eigenperspektive. Nur diese Eigenperspektive, das Verbleiben in der eigenen Zeit, kann stete Gegenwärtigkeit gewährleisten. So kann alles zu seiner Zeit als makellos gelten, so ist das Kleine nicht klein, das Große nicht groß, das Langwierige nicht langwierig und das Kurze nicht kurz.

Aus der »Nullperspektive« des perfekten Daoisten, die keiner der Eigenperspektiven einen Vorrang zuspricht, sondern alle Eigenperspektiven gleichermaßen gelten lässt, zeigt sich schließlich die jeweilige Begrenztheit der Eigenperspektiven und ihrer »Eigen-« Zeiten. Ein jedes Ding hat seine Zeit – und das ist gut so. Nur der daoistische Heilige »hat keine Zeit«, und so alle Zeiten der Welt. Ihm zeigt sich der Wandel der Zeiten. Er, der keine Gegenwart, keine Eigenperspektive und kein »Ich« mehr hat, sieht, wie sich Nahes und Fernes, Heutiges und Früheres, Volles und Leeres auf einem »ebenen Weg« der Zeit ablösen.

Für die Daoisten stellt sich damit aus strukturellen Gründen das Problem eines Anfangs der Zeit genauso wenig wie das einer göttlichen Schöpfung. Anfang und Ende gibt es nur für einzelne Segmente innerhalb des sich drehenden Zeitenrades. Phasen kommen und gehen, der Zeitenwandel bleibt, ohne einen Beginn und ohne einen Schluss. Das Zeitenrad als solches ist ein *perpetuum mobile* ohne Anfang und Ende, es ist einfach nur »andauernd«. Im monistisch geschlossenen Geschehensganzen gibt es keine »Transzendenz« der Zeit durch eine überzeitliche Ewigkeit als eine Art Hülle des Zeitlichen. Die Dinge und Phasen machen den Lauf der Zeiten in ihrem Wechsel aus und der daoistische Heilige verleibt sich diesem Zeitenlauf ein. Er steht mit seiner Zeitlosigkeit gerade nicht außerhalb, sondern inmitten allen Wandels. Anders als im Christentum bedeutet seine Zeitlosigkeit, seine Flucht aus der Zeit, sein Verzicht auf Gegenwart, keine Abwertung des Zeitlichen, sondern eine innere Verankerung für dessen Authentizität. Indem der Heilige nicht gegenwärtig ist, akzeptiert er das Gegenwärtige als echt.

Der daoistische Heilige erschafft nicht die Zeit, er geht vielmehr in ihr auf. Im *Zhuangzi* (mit dem kursiv gedruckten Kommentar des Guo Xiang) wird die daoistische Haltung zur Zeit in einem dreistufigen Modell so skizziert:[81]

> Es gibt solche, für die es einen Anfang gibt.
>
> *Gibt es einen Anfang (für sie), so gibt es auch ein Ende (für sie).*
>
> Es gibt solche, für die es noch nicht angefangen hat, einen Anfang zu geben.
>
> *Es ist die Rede davon, dass, indem weder Anfang noch Ende da sind, Tod und Leben als eine Einheit aufgefasst werden.*
>
> Es gibt solche, für die es noch nicht einmal angefangen hat, nicht damit angefangen zu haben, einen Anfang zu geben.
>
> *Nun, Tod und Leben als Einheit aufzufassen, kommt dem nicht gleich, dass ohne die Annahme einer solchen Einheit von selbst Gleichgültigkeit besteht. Dieser Zustand bedeutet, dass sogar noch die Einheit vergessen ist.*

Die, die noch von einem Anfang ausgehen, solche, für die es einen Beginn ihres Daseins gibt, leben innerhalb einer Zeitphase. Solche Menschen (oder auch Schmetterlinge) können sich ganz und gar ihrer

Gegenwart hingeben. Dann werden sie diese als »echt« erfahren. Aber zweifelsohne wird ihr »Ich«, für das sie sich in dieser Zeit halten, von einem anderen Ich einer anderen Zeit abgelöst werden. Diese »Verwandlung« bedeutet eben das »Ende« ihres Daseins. Wenn man einen Anfang annimmt, wenn man sich als Ich in eine Zeitspanne hineinbegibt, dann setzt man sich zugleich der Vergänglichkeit und dem Ablaufen dieser Phase unausweichlich aus. Ein Ich ist notwendig ein Bestimmtes, es kann nicht »andauernd« und damit zeitlich ununterscheidbar sein. Ein Ich setzt sich in eine bestimmte Zeit hinein, jedes Ich setzt seine eigene Zeit – es hat eine individuelle »Biografie«. Hat man einmal mit einem individuellen Anfang begonnen, dann kann man an einem individuellen Ende nicht vorbei. Anfang und Ende sind mit der Individualität unzertrennlich verbunden.

Fängt man aber nicht erst damit an, für sich einen Anfang in der Zeit anzunehmen, dann stiehlt man sich gewissermaßen aus der Zeit – freilich unter der Preisgabe eines Ich. So wird man, wenn man nicht mehr an seinem »Ich« festhält, sich nicht darum kümmern, ob dieses Ich nach einer gewissen Zeit stirbt und dann ein ganz anderes Ich kommt. Tod und Leben sind aus dieser Sicht einerlei, und das heißt eben auch rückwirkend, dass man keinen Anfang zu setzen in der Lage ist. Genauso wenig, wie man weiß, wohin dieses Ich zukünftig geht, von welchem Ich es abgelöst werden wird, genauso wenig weiß man, woher es gekommen ist. Der Trauerkünstler Mengsun Cai hatte, indem er weder wusste, wohin er ging, noch woher er kam, keinen eigentlichen Anfang und kein eigentliches Ende mehr. Die Entleerung des Ich lässt den daoistischen Heiligen in die zeitlose und ichlose Mitte zwischen lebenden und toten Ichs in der Zeit eintreten. Diese Zeitlosigkeit, für die Tod und Leben eine (sich wandelnde) Einheit bilden, ist nicht mit der Ewigkeit zu verwechseln, in die gerade individuelle Seelen einzutreten vermögen, indem sie gewissermaßen über die Grenze der Zeit hinausgehen. Im Gegensatz zur christlichen Ewigkeit, an der »Ich« (nach dem Tod) teilhaben kann, ist die daoistische Stetigkeit immer die Stetigkeit des Nicht-Ich.

Die dritte in der Textstelle aus dem *Zhuangzi* beschriebene Stufe geht nun nicht über den ich-leeren Mittelpunkt in der zyklischen Zeit hinaus, sondern führt nur konsequent weiter aus, was dieser Schritt aus dem Ich und aus der Zeit für die daoistische Philosophie letztlich bedeutet. Wo kein Ich und keine Zeit mehr sind, da kann im Grunde ja auch nicht mehr eine Einheit erfahren werden, weil überhaupt nichts mehr erfahren werden kann. Die Position der Mitte ist – so lassen sich jedenfalls viele paradoxen Stellen des *Zhuangzi* verstehen – notwendig eine Position des Schweigens. Das totale »Vergessen« der Zeit und des Ichs muss, »logisch« gedacht, zu einem Vergessen auch noch der Einheit führen.

Der chinesische Philosoph Feng Youlan spricht im Zusammenhang mit dieser absurden Selbsterkenntnis des Daoismus von einer Philosophie der »negativen Methode«: Die Philosophie der leeren Mitte, des Vergessens, kann eigentlich noch nicht einmal etwas über die von ihr ständig postulierte Verschmelzung mit der Geschehenseinheit sagen, weil sie durch den Verlust des Ich und durch den Verlust der Zeit »automatisch« zu einer Philosophie des Schweigens werden muss.[82]

5. Die Natur

Der französische Sinologe Marcel Granet, der das chinesische Denken wie kaum ein anderer eindrucksvoll durchdrungen und vor allem – bis heute in der Sinologie weitgehend unerreicht – auf den Begriff gebracht hat, stellt das altchinesische Konzept des Dao auf mannigfaltige Weise dar. Eine seiner Darstellungen nimmt ziemlich genau meinen Versuch einer Darstellung der Konzeption des Dao im philosophischen Daoismus vorweg. Er erklärt nämlich (hier ohne direkten Bezug auf Kapitel 11 des *Daodejing*) das Dao »aufgrund des Bildes eines Angelpunktes und einer Kreisbewegung«.[83] Dabei leitet er den chinesischen Ausdruck *dao* her von der Bezeichnung des »Gnomons«, einer im Mittelpunkt der Welt aufgestellten kerzengerade in den Himmel ragenden Holzstange. Die Funktion dieses Gnomons im archaischen China beschreibt Marcel Granet auf die folgende Art und Weise:[84]

> *Wenn die Fürsten eine Hauptstadt gründeten und die Kreuzung der Wege bestimmten, auf welchen ihnen die Tribute aus den Vier Himmelsrichtungen herbeigeschafft werden würden, mussten sie auf das Spiel von Licht und Schatten (von Yin und Yang) achten und einen Gnomon aufstellen. Im politischen Wunderglauben hat bei den Chinesen stets der Grundsatz Geltung behalten, dass in der*

> *Hauptstadt eines vollkommenen Herrschers der Gnomon am Mittag in der Sommermitte keinen Schatten werfen darf. Noch aufschlussreicher sind die Mythen. Im genauen Mittelpunkt des Kosmos – dort, wo die vollkommene Hauptstadt liegen sollte – ragt ein wunderbarer Baum empor und verbindet die Neunten Quellen mit den Neunten Himmeln, also die Tiefen der Erde mit ihrem First.* Man nennt ihn den Aufgerichteten Baum *(jian mu)* und behauptet, dass in seiner Nähe nichts, das *vollkommen aufrecht* steht, einen Schatten werfen kann. *Dort erzeugt auch nichts einen Widerhall. Durch eine (vollkommene, ist sie doch das Ergebnis einer Hierogamie) Synthese heben sich alle Gegensätze und alle Wechselwirkungen, alle Eigenschaften und alle Zeichen in der Einheit der Mitte auf.*

Dieses idealtypische Bild der Struktur des Kosmos, der gesamten »Natur«, wenn man so will, entspricht dem daoistischen Bild des Dao als optimal gestalteter Geschehenszusammenhang. In der Mitte der Welt steht der »aufgerichtete Baum«, ein Gnomon, als Angelpunkt, um den sich der Kreislauf der Natur dreht.[85] Er, der – weil er genau im Zentrum steht – im Mittag schattenlos ist, ist das Dao als »Nabe« des natürlichen »Rades«, des kosmischen Kreislaufs. Der politische Herrscher nimmt diesen Punkt als seinen Ort in Anspruch und gibt damit kund, dass er der Sachwalter des Dao ist und nicht nur den Mittelpunkt der menschlichen Gesellschaft, sondern den der gesamten Welt oder Natur bildet. Erst durch diese Inbesitznahme des Mittelpunktes der Welt, der »kultivierten« Gesellschaft ebenso wie der Natur, wird die Einheit hergestellt, die, in den Worten Marcel Granets, »alle Wechselwirkungen, alle Eigenschaften und alle Zeichen« synthetisch aufhebt. Auch die Natur, der Makrokosmos, wird im alten China von den Daoisten – und nicht nur von ihnen – nach derselben Struktur entworfen, die auch den Konzeptionen des Körpers (als Mikrokosmos), des Staates, des Zeitenlaufs und des Wechsels von Leben und Tod zu Grunde liegt.

Das Wechselspiel von Licht und Schatten, von Yang und Yin (die ursprünglich die Licht- und Schattenseite eines Hügels bezeichnen) in der Natur, entspricht der Struktur nach ganz und gar dem Wechselspiel von Traum und Wach-Sein, von Tod und Leben. Um die schattenlose (und echo-lose) Mitte herum wechseln Licht und Schatten einander rhythmisch ab. Der Lauf der Zeit ist auch der Lauf des Raumes, der sich um den unbewegten Angelpunkt herum vollzieht. Der Mittelpunkt der natürlichen Welt ist im Beispiel Granets zugleich Mittelpunkt der politischen Welt: In der Mitte der Welt liegt die Hauptstadt, welcher die den vier Himmelsrichtungen zugeordneten Gebiete als Zeichen der Unterwerfung und Unterordnung Tribute leisten müssen. Aber diese politische Struktur ist zugleich auch eine Struktur des natürlichen Raumes. Erst durch die Besetzung der Mitte ergibt sich die Unterteilung der Welt in einen strukturierten Raum. Erst indem das Zentrum feststeht, haben Osten, Süden, Westen und Norden ihren Platz, ihre räumliche Verankerung, um die herum sie sich gruppieren. Auch die den vier Himmelsrichtungen entsprechenden vier Jahreszeiten sind um die Sommermitte, die Mitte des Jahres, herum gruppiert. Der Gnomon – und d. h. mit Granet zugleich das Dao – ist Mittelpunkt des Raumes, denn er steht in der Mitte des Kosmos, aber er ist auch in der Mitte der Zeit – am Mittag in der Sommermitte wirft er allein keinen Schatten – und er ist, inmitten der Hauptstadt, genau in der Mitte des Staates. Der Gnomon und der »Aufgerichtete Baum«, der nicht nur vertikal die vier Himmelsrichtungen, sondern auch noch horizontal oben und unten, die »Neunten Quellen« (das Tiefste) und die »Neunten Himmel« (das Höchste) verbindet, sind die Weltachse – also nichts anderes als die Nabe der Welt.

So wie man schließlich die Nabe mit dem Rad identifizieren muss, weil sie den Kreislauf der Speichen erst zum einheitlichen Kreislauf vereint, so lässt sich der Gnomon als das Dao einerseits als die Mitte des Kosmos und der Natur und deswegen gleichzeitig andererseits auch als die Einheit der Natur oder des Kosmos verstehen. Das Dao ist die Mitte, die Einheit und die »Synthese«. So wie es der Heilige im *Zhuangzi* erreichen muss, in die Mitte des Kreislaufs von Leben und Tod zu kommen, auch um diesen Kreislauf erst reibungslos als Einheit zu ermöglichen, so muss die Natur, der Wechsel von Tag und Nacht, durch eine diesem Wechsel selbst nicht unterliegende, schattenlose (und d.h. analog auch Tod-lose) Mitte zur reibungslosen Einheit eines unablässigen Prozesses zusammengeschlossen werden. Die leere Mitte ist zugleich die Ganzheit des Geschehens. Das Dao ist zugleich Nabe und ganzes Rad, es ist zugleich das Zentrum und die Totalität, und das gilt eben auch für die Konzeption der Natur oder des Kosmos.

Im *Zhuangzi* wird deshalb die »Perspektive« des Heiligen im selben Kontext einmal als die Perspektive des Angelpunktes (*dao shu*) oder die der Mitte des Kreises (*huan zhong*) und einmal als die Perspektive des »Himmels« oder der »Natur« (*tian*) beschrieben.[86] Die Perspektive des Gnomons, des Dao, ist zugleich die Perspektive des Ortes, um den sich die Natur (Licht und Schatten, Tag und Nacht, Raum und Zeit) dreht, und die Perspektive des natürlichen Gesamtzusammenhanges. Es ist gleichzeitig die Nullperspektive und die Allperspektive. Die ganze Natur kann mit ihrer Mitte (dem Gnomon), um die sie sich dreht, identifiziert werden. Indem der Heilige die Perspektive dieser Mitte einnimmt, um die sich alle Gegensätze drehen, nimmt er zugleich die Perspektive der ganzen Natur in ihrer Gesamtheit ein. Er steht Licht und Schatten gleich nahe, genau wie Leben und Tod für ihn gleichermaßen echt und authentisch sind. Im Zentrum des Ganzen ist das Ganze »konzentriert«. Im Zentrum der Natur zu stehen, heißt deshalb, die Dinge »aus der Perspektive der Natur (oder »des Himmels« zu betrachten« (*zhao zhi yu tian*).[87] Dies kann nur der Heilige. Er allein ist im Wortsinne mitten in der Natur und deshalb mit dieser synthetisch zu einem Prozessganzen vereint.

So wie das Rad aus Nabe und Speichen besteht, so besteht die Natur aus dem Gnomon in der Mitte und dem sich darum drehenden Wechselspiel von Licht und Schatten, von Yang und Yin. Yin und Yang bedeuten nun nicht nur Schatten und Licht, sondern sie sind vielmehr, in der Terminologie Marcel Granets, die »Hauptrubriken«[88], denen alles, was sich natürlich ereignet, zugeordnet wird. Das chinesische Denken kann allgemein als von Grund auf »klassifikatorisch« betrachtet werden. Alles, was es gibt, was erscheint oder beobachtet wird, wird bestimmten Rubriken oder Segmenten eines Ordnungszusammenhangs zugeordnet. Tag und Nacht, Licht und Schatten, Sonne und Mond beispielsweise sind konkrete Phänomene, die alle jeweils nach den beiden Grundrubriken Yang und Yin unterschieden werden. Diese »Logik« der Rubriken nun entfalteten die Chinesen im Allgemeinen und die Daoisten im Besonderen zu einem ungeheuer komplexen Geflecht von Klassifikationen. Die zwei Grundrubriken Yin und Yang werden sehr bald erweitert durch das System der »fünf Wandlungsphasen« (*wu xing*) und diese wiederum geben sofort Anlass zu immer weiter gehenden Einteilungskonzepten. Diesen Klassifikationen wird schier alles und jedes unterworfen: Medizin und Kriegskunst, Geografie und Zeremonialwesen, Astronomie und Naturkunde arbeiten gleichermaßen mit diesem Modell wie im Grunde alle anderen Zweige altchinesischer Gelehrsamkeit.

In der daoistischen, nach dem Bild des Rades strukturierten Grundgestalt entspricht der Wechsel von Yin und Yang dem Wechsel der Speichen in der Drehung. Die Natur wird als ein Kreislauf aneinander anschließender und abwechselnder Segmente oder Phasen betrachtet, die gewissermaßen im Modus »einmal Yin und einmal Yang« aufeinander folgen. Die berühmte, im »Großen Kommentar« zum *Yijing*, dem Buch der Wandlungen, enthaltene Formel »ein Yin, ein Yang, das ist das Dao« (*yi yin yi yang, zhi wei dao*)[89] wird bereits von Marcel Granet im Zusammenhang mit der oben zitierten längeren Passage aus *Das chinesische Denken* erwähnt. Die jüngere Daoismus-Forschung in China hat gerade auf den engen Zusammenhang jenes *Yijing*-Kommentars, der die genannte Formel enthält, mit dem philosophischen Daoismus hingewiesen.[90] Deswegen kann durchaus davon die Rede sein, dass das Konzept der Natur als eines sich um eine Mitte drehenden Wechsels von Yin- und Yang-Segmenten ein (wenn auch nicht ausschließlich) altdaoistisches ist.

Die »Natur« (*tian*) ist bei den Daoisten zuerst ein Prozessgeschehen, das nach dem Bild des Rades funktioniert. Es ist die Gesamtheit kosmischer und »irdischer« Ereignisse, der Lauf der Zeiten und die Ordnung des Raumes. Der Lauf der Natur ist der Lauf des Dao. Sich diesem Lauf, dieser Geschehensordnung möglichst einzuverleiben, zu ihr sozusagen isomorph zu werden, d. h., ganz ihre Form anzunehmen, ist das Ziel daoistischer Übung. Der Heilige fügt sich so in die Natur wie sich der altchinesische Herrscher im Zitat aus *Das chinesische Denken* der Natur einverleibt: Er nimmt den Platz in ihrer Mitte ein und wird so eins mit der ganzen Natur. Die religiösen Daoisten versuchten dies mit ihrem Körper, die philosophischen sozusagen mit ihrer Lebenshaltung. Das eigene Herz zu entleeren bedeutet, es gewissermaßen als Gnomon zu installieren, um das sich dann die ganze Natur drehen kann. Gelingt die Entleerung des Herzens, ist die Inbesitznahme der Mitte geglückt. Dem religiösen Daoisten ist es dann gelungen, seinen Körper in einen endlos funktionierenden, perfekten Organismus zu transformieren, der dem natürlichen Organismus in seinem endlosen Wechsel entspricht. Und dem philosophischen Daoisten ist es gelungen, die Angst vor dem Tod dadurch zu kompensieren, dass er den Zustand absoluter »Gleichgültigkeit« erreicht und sein Ich verloren hat.

Insofern man unter der »Natur« den kosmischen Gesamtzusammenhang, das Geschehen in Zeit und Raum versteht, kann man den altchinesischen Ausdruck *tian*, der wörtlich eigentlich Himmel (im Gegensatz zur Erde, *di*) bedeutet, in vielen daoistischen Texten (insbesondere im *Zhuangzi*) durchaus mit »Natur« wiedergeben. Denn *tian* bezeichnet hier oft in einem umfassenderen Gebrauch – sozusagen als *pars pro toto* – nicht allein den »Himmel«, sondern eben das ganze »natürliche« Prozessieren. Versteht man aber »Natur« nicht in erster Linie als »kosmisches Geschehen«, sondern vielmehr als das, was ohne künstliche Veränderungen oder Eingriffe eben ist, wie es ist, also als das gewissermaßen »Naturbelassene« oder »Unverfälschte«, dann muss ein anderer altchinesischer Ausdruck betrachtet werden, der im Daoismus von größter Bedeutung ist: nämlich *ziran*, was wörtlich soviel heißt wie »von selbst so sein«. *Ziran* benennt den in diesem Sinne »natürlichen« Zustand eines Dinges, eines Sachverhaltes oder auch einer Handlung.

Denkt man an die Vorstellung vom Dao als optimaler Mechanismus in Gestalt eines *perpetuum mobile* zurück, so wird deutlich, inwiefern gerade diese Form der »Natürlichkeit« mit dem Dao verknüpft wird. Ein *perpetuum mobile* ist gerade deshalb ein sich stetig und ohne Reibungsverlust bewegendes Gebilde, weil es ohne Anfang, ohne äußeren Anstoß, ohne Fremdeinwirkung funktioniert. Genauso ist der perfekte Geschehensorganismus des Dao ein in sich geschlossener Kreislauf, der »von selbst« funktioniert und gerade deshalb permanent sein kann, weil er von nichts außer ihm selbst abhängig ist. Die Speichen des idealen Rades drehen sich »von selbst«; die Nabe stößt sie nicht an, bedrängt sie nicht. So herrscht auch der daoistische Idealherrscher, ohne Zwang auf die Untertanen auszuüben. Diese sagen von sich: »Es geschieht uns von selbst.« (*Laozi* 17) Im reibungslosen Organismus, sei es der Staat, der Körper oder die Natur, geschieht das, was geschieht, »natürlich«. In diesem Sinne bezeichnet *ziran* den »eigenen Lauf« eines Prozesses. Ein Geschehen, das von selbst »läuft«, wird als »natürlich« angesehen. Besonders deutlich kommt die daoistische Konzeption dieser Art von »Natürlichkeit« im 25. Kapitel des *Daodejing* zum Ausdruck, das von der Gestalt des Dao handelt. Dort heißt es u. a.:

Ich kenne nicht seinen Namen.
Man bezeichnet es Dao.
Wäre ich gezwungen, ihm einen Namen zu geben,
sagte ich »Größe«.
»Größe« heißt »Fortgang«.
»Fortgang« heißt »Ferne«.
»Ferne« heißt »Wende«.

Das Dao ist groß.
Der Himmel ist groß.
Die Erde ist groß.
Der König ist auch groß.
Im Staat gibt es vier Größen –
und der König besetzt die Einheit darin.
Dem Menschen ist die Erde Gesetz.
Der Erde ist der Himmel Gesetz.
Dem Himmel ist das Dao Gesetz.
Dem Dao ist der eigene Lauf (ziran) *Gesetz.*

In diesem Textausschnitt wird das Dao zunächst in seiner Kreisform beschrieben: Die Bewegung des Fortgangs in die Ferne, die dann aber zur Wende wird, ist die Kreisbewegung. Die Bewegung des Dao wird dann im letzten Abschnitt als »Gesetz« (der Bewegung) des Himmels und dadurch auch als »Gesetz« (der Geschehnisse) der Erde und des Menschen dargestellt. Die Art und Weise, wie das Dao »vor sich geht«, nämlich in der Kreisgestalt, ist die Art und Weise, die auch die ihm folgenden Geschehensformen annehmen müssen. Das Dao selbst aber hat nur das *ziran*, das »Von-selbst-so sein« zum Gesetz. Die perfekte Geschehensform hat nur ihren eigenen Lauf zum Antrieb und zur Regel. Das Dao ist eine Konzeption der Immanenz, des Monismus und, wenn man so will, der »Autopoiesis«. Seine Mechanik ist ganz und gar »natürlich«, weil sie nicht »transzendent« in einer höheren Instanz verankert ist, kein irgendwie Anderes noch »dual« neben sich hat und als geschlossener Organismus sich selbst erschafft und erhält.

6. Handwerk und Kunst

Eine daoistische Ästhetik erschließt sich am besten über die daoistische Konzeption des Handwerks. Das daoistische Kunstwerk ist kaum etwas anderes als eine Variante des daoistischen Handwerks. Und dabei ist das Handwerk wiederum kaum etwas anderes als der Nachvollzug des allgemeinen »Weltwerks«, der Nachvollzug des Dao in einer kleineren Dimension. Das »große« Dao bezeichnet, grob gesagt, den perfekten Ablauf allen Geschehens überhaupt, es ist der große Weg, der sich unablässig vollzieht, im Wechsel von Tag und Nacht oder Leben und Sterben, im Lauf der Gestirne oder der Jahreszeiten. Diesem umfassenden Konzept des Dao entsprechen all die vielen »kleinen« Wege: der Weg der politischen Herrschaft, wie ihn vor allem das *Daodejing* beschreibt; der Weg der körperlichen Kultivierung, wie ihn die religiösen Daoisten beschreiten; oder auch der Weg des Heiligen, den die daoistische Philosophie im *Zhuangzi* vorzeichnet.

Vor diesem Hintergrund kann es nicht überraschen, wenn der Daoismus sich intensiv mit den verschiedenen Verfahrensweisen und ihrer perfekten Gestaltung beschäftigt. Die daoistischen Konzeptionen des Körpers, des Staates oder des »natürlichen« Kreislaufs sind der Struktur nach isomorphe Varianten des Grundmodells der universalen Methodik des Dao. So entwirft der Daoismus eine Vielzahl konkreter Verfahrensweisen, die dem Dao entsprechen. Dabei werden insbesondere im *Zhuangzi* und im *Liezi* handwerkliche Techniken im engeren und im weiteren Sinne beschrieben. Geschichten wie die vom »Koch namens Ding«[91], der es auf optimale Weise versteht, die Schlachttiere zu zerlegen (und eigentlich gar kein Koch, sondern ein Metzger ist), weil sein Messer wie »von selbst« durch die Leerstellen der Gelenke gleitet und daher auch nach neunzehn Jahren noch ohne jede Abnutzung so scharf ist wie zuvor, illustrieren auf plakative Weise die daoistische Kunst, eine Technik nach Maßgabe des großen Dao zu perfektionieren. Der Koch Ding handelt nicht mehr selbst, sein Tun hat sich verselbstständigt, es folgt den natürlichen Gegebenheiten, und so entsteht ein Prozess ohne Verschleiß: Keine Reibung stört den Lauf des Messers. Das Messer gleitet dauerhaft durch die Schnittstellen, ohne je verbraucht, ohne je stumpf zu werden. Das ist die Handwerkskunst des Koches Ding.

Die Geschichte vom Koch Ding zeigt, wie die perfekte Handwerkskunst die Technik des Weges übernimmt. So ist die daoistische Handwerkskunst, das daoistische Handwerk überhaupt, ein »*Zuwege-Bringen*« im doppelten Sinne. Das chinesische Wort *dao* kann – wenn auch selten – bisweilen in Texten des philosophischen Daoismus als Verb mit »zuwege bringen« übersetzt werden. Dann bedeutet es, etwas »fertigzubringen«, etwas Außergewöhnliches zu »leisten«, und zwar indem der Schaffensprozess selbst dem großen Dao angepasst ist und es selbst gewissermaßen »zuwege bringt«. Dem Koch Ding gelingt es, sein Handwerk auf ideale Weise zuwege zu bringen, indem er es so geschehen lässt, wie der Weg selber geschieht. Die Methode des Handwerks wird zur Methode des Weges überhaupt. Das Handwerk in seiner Vollendung besteht in der Kunst, es der Wirkungsweise des Dao gemäß auszuüben. Sobald der Prozess, der Vorgang des Handwerks, dem Prozess oder Vorgang des großen Wegs entspricht, wird etwas perfekt »zuwege gebracht«.

Im *Zhuangzi*[92] und im *Liezi*[93] wird die Geschichte eines daoistischen »Schwimmkünstlers« erzählt. Das Motiv des Wassers ist, wie bereits geschildert, im Daoismus recht häufig anzutreffen. Zu der Symbolik des Wassers gehört die Vorstellung, dass dessen Bewegung – das antriebslose Fließen nach unten hin – der »natürliche« Weg schlechthin ist, die Bewegung, die »von selbst« geschieht. Daher ist es kaum verwunderlich, dass gerade das Schwimmen, die Bewegung mit dem Fluss des Wassers, die Anpassung an dessen »Weg«, sich großer Beliebtheit als Bild für die Anpassung an den großen »Fluss« des Dao erfreut. Auch das Gleichnis von der Freude der Fische drückt dies aus, wenn dort vom Tummeln der Fische und vom Spazierengehen des Zhuangzi mit demselben Wort gesprochen wird (*you*), das auch im heutigen Chinesisch noch »schwimmen« heißen kann.[94] Das »Handwerk« oder die Kunst des Schwimmens ist deshalb gewissermaßen eine idealtypische Umschreibung für die Fähigkeit, den Weg des Dao zu gehen.

Der daoistische Schwimmkünstler, der im *Zhuangzi* und im *Liezi* auftaucht, wird von Konfuzius entdeckt, aufgesucht und – ein häufiger Kunstgriff der Texte des philosophischen Daoismus – um Belehrung gebeten. Die Rahmengeschichte (hier nach der Fassung im *Liezi* zitiert) geht folgendermaßen: Konfuzius zieht mit seinen Schülern umher und besucht einen berühmten und gefährlichen Wasserfall,

»dessen Wasser 75 Meter hinabstürzen und 15 Kilometer weit hinaus strömen, so dass weder Schildkröten noch Alligatoren oder Fische dort schwimmen können«. Dieses Gewässer ist also sogar für die »natürlichen« Schwimmwesen nicht zugänglich. Konfuzius aber sieht nun jemanden, der sich in diese Fluten hinabstürzt. Da denkt er, es müsse sich wohl um einen Selbstmörder handeln, und so schickt er, dem konfuzianischen Antrieb der Fürsorge für seine Mitmenschen folgend, seine Schüler aus, um den armen Mann vielleicht zu retten. Dieser aber taucht schon wieder auf, steigt unversehrt ans Ufer, ist bester Laune und singt auch noch ein Lied. Der beeindruckte Konfuzius eilt nun zu diesem merkwürdigen Schwimmer und begehrt zu erfahren, ob der Schwimmer über eine besondere Methode bzw. gerade einen besonderen »Weg« (*dao*) für den Umgang mit dem Wasser habe. Der merkwürdige Schwimmkünstler verneint dies zunächst, gibt dann – weiter der *Liezi*-Version folgend – aber doch die folgende, zumindest für den Nicht-Daoisten Konfuzius etwas kryptische Auskunft:

> *Nein, ich habe keinen besonderen Weg. Ich fing an mit der Grundlage, wuchs heran (in Übereinstimmung) mit der Beschaffenheit (der Dinge), und vollendete (meine Entwicklung, indem mir mein Handeln zur) Bestimmung wurde. Mit dem Strudel zusammen tauche ich ins Wasser ein und mit dem Wirbel vereint tauche ich wieder daraus auf. Ich folge dem Weg (dao) des Wassers ohne ein eigenes Zutun. Dies ist die Weise, auf die ich es zuwege bringe (dao).*

Konfuzius versteht die Antwort nicht sogleich und erkundigt sich nach deren Bedeutung. Der geduldige Schwimmkünstler erklärt seine Fertigkeit daraufhin noch etwas genauer:

> *Ich wurde geboren in diesen Hügeln und fühlte mich wohl in diesen Hügeln. Das ist die Grundlage (von der ich sprach). Ich wuchs heran mit dem Wasser und fühlte mich wohl im Wasser. Das ist die (Übereinstimmung) mit der Beschaffenheit (der Dinge, von der ich sprach). Ich bin so, ohne zu wissen, warum ich so bin. Das ist die Bestimmung (von der ich sprach).*

Typisch an dieser Geschichte ist nicht nur das Bild des Wassers und die Konzeption einer perfekten Fertigkeit durch totale Anpassung an den »natürlichen Lauf«, sondern auch der Aufbau der Geschichte in drei Stufen. Ein Handwerk und eine Kunst muss schrittweise »erlernt« werden. Dabei ist dieser Lernprozess eben der Prozess des immer perfekteren »Zuwege-Bringens«, der immer perfekteren »Natürlichkeit« des Vorganges. Häufig werden solche Steigerungen der Fertigkeit in einer dreistufigen Folge beschrieben. Hier wird ein Anfang mit einer »Grundlage« gemacht, die schließlich zur »Bestimmung« wird. Dabei wird der Schwimmer immer mehr zum Schwimmer und nur zum Schwimmer. Der Weg von der »Grundlage« zur »Bestimmung« ist der Weg der Einverleibung in ein natürliches Geschehen. Im Verlauf dieses »Lernprozesses« ist die totale »Zufriedenheit«, die »Sicherheit« oder das »Wohlfühlen« (das chinesische Wort *an* kann mit allen drei Ausdrücken übersetzt werden) in der Situation, in der man sich befindet, von zentraler Bedeutung. Dieses Wohlfühlen oder diese Zufriedenheit entspricht dem Wohlfühlen oder der Zufriedenheit des Schmetterlings im Gleichnis vom Schmetterlingstraum, der mit seinem Schmetterling-Sein ganz und gar im Einklang war. »Zufriedensein« oder »Wohlfühlen« oder »sich sicher sein« heißt, in einer Situation ganz und gar aufzugehen, sich ohne Rest und ohne Widerstand der Situation einzufügen, mit einer Situation zu verschmelzen und total in dieser gegenwärtig zu sein. Dieses Wohlfühlen in einer Situation ist das Fundament für deren Echtheit und für die Fähigkeit, in dieser Situation optimal handeln zu können. Der Schwimmer ist im Wasser ganz sicher, er fühlt sich wohl und ist zufrieden, er vollendet seine Bestimmung dazu, sich im Wasser und mit dem Wasser (mit den Strudeln und Wirbeln) zu bewegen, und auf diese Weise bringt er das Schwimmen sogar noch besser zuwege als die natürlichen Wassertiere, die nicht wagen, sich in den Wasserfall zu stürzen, in den der daoistische Schwimmkünstler hinabtaucht.

Der Kommentator des *Liezi* namens Zhang Zhan (3. Jahrhundert n. Chr.) erläutert die drei Stufen der »Fortbildung« des daoistischen Schwimmkünstlers in der Terminologie des philosophischen Daoismus.[95] Die erste Stufe der Grundlage stellt er als »Schlichtheit« (*su*) dar. Der Beginn der Bildung im Handwerk muss gerade in Unverbildetheit, in völliger »Gelassenheit« bestehen. Man muss ganz und gar unverbildet in der Situation »zu Hause sein«. Das ist die Grundlage.

Dann muss man diese Grundlage ausbilden, indem man, wie Zhang Zhan sagt, sich »fügt« (*shun*). Dieses Fügen bedeutet so viel, wie »nicht zu widerstreben« (*bu ni*). Das Schriftzeichen für »fügen« wird traditionell als Darstellung eines Blatts gedeutet, das mit dem Wasser treibt. Ebenso muss der daoistische Adept lernen, sich dem Lauf des Geschehens zu fügen, ohne einen Widerstand zu erzeugen. Schließlich besteht die Vollendung der Bestimmung laut Zhang Zhan im Erreichen völliger »Natürlichkeit« (*ziran*) und vor allem in der Erkenntnis, dass diese Natürlichkeit kein Gegenstand der Erkenntnis ist. Die Natürlichkeit des Dao ist nicht »repräsentierbar«.

Dieses »Wissen« (*zhi*), ohne zu wissen, ist als ein »Beherrschen, ohne zu beherrschen« zu verstehen. Wenn Ludwig Wittgenstein für die deutsche Sprache bemerkt hat, dass »die Grammatik« oder der Gebrauch des Wortes »wissen« der Grammatik oder dem Gebrauch der Worte »können«, »imstande sein« und »verstehen« im Sinne von »eine Technik beherrschen« eng verwandt seien,[96] so gilt dies in ähnlicher Weise für das Altchinesische, in dem – gerade im daoistischen Kontext – »wissen« häufig bedeutet, etwas perfekt zu können. Dieses daoistische Wissen im Sinne eines Beherrschens ist ein Wissen, ohne zu wissen, ein Beherrschen, ohne zu beherrschen, ein Können, ohne zu können, denn es besteht nur darin, die Sache sich sozusagen »wie von selbst« ereignen zu lassen. Das daoistische Pendant zum Lernen besteht darin, sich immer mehr zurückzunehmen und dadurch den Vorgang »natürlich« zum Zuge kommen zu lassen. Im Gegensatz zu »konventionellem« (konfuzianischem) Lernen bedeutet daoistisches Lernen nicht Hinzugewinn, sondern Minderung – es bedeutet Gewinn durch Verzicht. Kapitel 48 des *Daodejing* beginnt:

Wer das Lernen betreibt,
gewinnt täglich hinzu.
Wer vom Dao hört,
wird täglich geringer.

Der daoistische Schwimmkünstler kann daher zunächst gar nicht sagen, er habe einen besonderen »Weg des Schwimmens« gelernt. Er schwimmt ja nur mit dem Wasser, ohne selbst dabei etwas zu tun. Er kann streng genommen gar nicht schwimmen, denn das kann nur das Wasser. Er beherrscht vielmehr die Technik, sich ganz und gar der großen Schwimmtechnik des Wassers anzupassen. Er »selbst« taucht im wahrsten Sinne des Wortes unter im »natürlichen« Fluss des Geschehens. Er beherrscht das Geschehen, indem er sich von ihm beherrschen lässt.

Außer den Handwerkern oder »Künstlern«, deren Fertigkeit offensichtlich im Vollzug einer bestimmten Tätigkeit liegt – wie beim »Koch Ding« oder beim Schwimmkünstler aus dem *Liezi* und dem *Zhuangzi* – gibt es natürlich auch die Art von Handwerkern oder Künstlern, die etwas produzieren. Bei dieser Art von Meistern, die sich durch besondere Künste auszeichnen, bleibt am Ende ihres Schaffens etwas übrig, ja es entsteht etwas durch ihr Wirken, eben ein Werk. Beim Koch Ding und beim perfekten Schwimmer ist dies eigentlich nicht der Fall, denn wir werden in beiden Formen des »Handwerks« nicht mit einem wirklichen Erzeugnis konfrontiert. Aber natürlich ist es bei vielen Arten des Handwerks oder der Kunst, gerade im »westlichen« Verständnis davon, notwendig, dass am Ende auch etwas hergestellt worden ist. Dass es auch solche Formen des Handwerks gibt, war den alten Daoisten nicht fremd. Aber auch diese Form der Produktion steht für sie gewissermaßen unter dem Primat des Vorganges, der zur Herstellung führt. Das Endprodukt steht weniger im Vordergrund als die Art und Weise, wie dieses Produkt entsteht. Wenn man in Bezug auf den Daoismus von »Werk« spricht, so muss berücksichtigt werden, dass hier damit immer eher das Verfahren der Herstellung im Zentrum steht und weniger das fertige Produkt. Ein Gleichnis, das im *Zhuangzi* unmittelbar auf die Erzählung von Konfuzius und dem Schwimmkünstler folgt, macht dieses Konzept des »Werks« deutlich:[97]

Der Hofschreiner Qing schnitzte (für den Herzog von Lu) aus einem Stamm einen Glockenständer. Als der Glockenständer fertig war, waren alle, die ihn sahen, verblüfft, als sei er von Geisterhand geschaffen. Als der Herzog von Lu ihn betrachtet hatte, erkundigte er sich darüber (bei dem Hofschreiner): »Mit welcher Kunst hast Du dies vollbracht?« Der Hofschreiner antwortete: »Ich bin ein Handwerker, welche Kunst sollte ich schon besitzen? Aber doch habe ich da eines: Als ich mich daran machte, den Glockenständer zu fertigen, da erlaubte ich mir nicht mehr, meine ›Qi-Energie‹ zu verbrauchen. Ich betrieb das ›Fasten des Herzens‹, um das Herz zur Ruhe zu bringen. Nach drei Tagen Fasten erlaubte ich mir keine Gedanken mehr an meinen Lohn und meinen Rang; nach fünf Tagen Fasten erlaubte ich mir keine Gedanken mehr an Lob oder Tadel wegen Geschicklichkeit oder Ungeschicklichkeit. Nach sieben Tagen Fasten vergaß ich plötzlich, dass ich vier Gliedmaßen und einen Körper besaß. Und zu diesem Zeitpunkt gab es auch Euren Hof nicht mehr. Während sich die Geschicklichkeit konzentrierte, lösten sich die Verstrickungen der Außenwelt auf. Dann ging ich in den Wald und schaute mir (die Bäume) hinsichtlich der natürlichen Eigenschaften an, bis ich auf die perfekte Gestalt traf. Dann zeigte sich mir der Glockenständer vollkommen, so dass ich nur noch Hand anzulegen brauchte. Wäre dem nicht so gewesen, so wäre es vorbei gewesen. So aber konnte ich gemäß der Natur mit der Natur übereinkommen. Das ist der Grund, warum die Leute sich fragen, ob (der Glockenständer) von Geisterhand geschaffen ist.«

Diese Geschichte (die übrigens auch bezüglich der Bedeutung des Vergessens im Daoismus analysiert werden kann) ist parallel zu der vom Schwimmkünstler aufgebaut. An der Stelle des Konfuzius begegnet uns hier der Herzog von Lu – also der Herzog von Konfuzius' Heimatstaat. Dieser Konfuzianer fragt einen offensichtlich daoistischen Meister nach dessen Handwerkskunst und wird – genau wie Konfuzius vom Meisterschwimmer – über den Weg zur perfekten Beherrschung einer »natürlichen« Verfahrensweise belehrt. Im Verlauf der drei Stufen seines »Fastens des Herzens« (eine Art »Fachbegriff« für die daoistische Meditation), vergisst der Schnitzkünstler die störende (konfuzianische Gesellschafts-) Welt zwischen sich und seinem Werk, sich selbst und eigentlich sogar seine Kunst. Er »fastet« oder meditiert, um mit dem »Dao des Holzschnitzens« zu verschmelzen. Ist es soweit, dann vollzieht sich das Werk wie »von selbst« oder wie »von Geisterhand«, weil keine Reibung, kein Widerstand mehr zwischen Handwerker und Werk besteht. Genauso wenig wie der daoistische Schwimmer dem natürlichen Fluss des Wassers noch irgendwie entgegensteht, genauso wenig behindert noch irgend etwas am Holzschnitzer den natürlichen Vorgang der Schnitzkunst. Der Schnitzer Qing kommt schließlich »gemäß der Natur (*tian*) mit der Natur überein«, oder wie der Kommentator Guo Xiang erklärt, ihn trennt nichts mehr vom eigenen Lauf oder von der Natürlichkeit (*ziran*).[98]

Am Ende dieser Geschichte steht zwar der perfekte Glockenständer, aber die Daoisten interessiert nun weniger, wie ein solcher aussieht, sondern mehr, wie man es fertigbringt, ihn herzustellen. Es interessiert sie, wie etwas »zuwege gebracht« wird. Gerade auf diese Weise wird die Kunst im Daoismus vom Handwerk her konzipiert: Das vollkommene Werk ist ein Ausdruck des vollkommenen Handwerks, und das vollkommene Handwerk ist der »natürliche Schaffensprozess«, indem die Dinge wie »von Geisterhand« entstehen, weil sie ihrer »Natur« gemäß wachsen.

Diese Konzeption des Handwerks bestimmt das daoistische Verständnis der bildenden Kunst. Das Kunstwerk wird nicht zuerst als Abbild von etwas anderem verstanden, so wie man etwa in der europäischen traditionellen Kunst ein Ideal möglichst täuschend echter Wiedergabe einer Realität außerhalb des Bildes kennt. Am Werk interessiert vielmehr, wie es »zuwege gebracht« wird und was dieses selbst »zuwege bringt«.

Eine Legende, die von einem daoistischen Meister der Malerei erzählt, macht deutlich, wie sehr auch das Kunstwerk als »echte« Natur und nicht bloß als deren tote Nachahmung empfunden wird.[99] Sie beschreibt die besonderen, »geisterhaften« Fähigkeiten des Künstlers Wu Daozi, der im 8. Jahrhundert gelebt hat, und dessen Werke heute nur in Form weniger späterer Kopien bekannt sind. Der Sinologe Roger Goepper gibt die Legende so wieder:[100]

> *Von Wu Daozi wird die Geschichte erzählt, er habe ein großes Landschaftsbild an eine Wand des Palastes gemalt, es aber erst nach der Fertigstellung dem Kaiser enthüllt. Er deutete auf eine Grotte … und klatschte in die Hände. Daraufhin öffnete sich eine Türe, und der Maler trat in das von ihm geschaffene Bild ein und verschwand zusammen mit diesem vor den Augen des Kaisers.*

Außerdem verweist Roger Goepper noch auf eine andere Legende um denselben Wu Daozi, zu deren Verständnis man wissen muss, dass nach einer altchinesischen Vorstellung der Regen durch himmlische Drachen gespendet wird. Wiederum in Roger Goeppers Worten soll Wu Daozi »fünf Drachen an die Wände des Palastes gemalt haben, und jedes Mal, wenn Regen kam, soll Dunst von diesen Bildern aufgestiegen sein«.[101]

Wu Daozi schuf die perfekten daoistischen Kunstwerke. Seine Bilder waren keinesfalls eine bloße Imitation der Wirklichkeit, sondern selbst eine perfekte Wirklichkeit. Das Meisterwerk von Wu Daozi bringt es zuwege, dass der Maler in ihm verschwindet. So wie der daoistische Schwimmer im Fluss verschwindet und der daoistische Holzschnitzer in der Holzschnitzerei, so vermag es der daoistische Maler, in seinem Bild – und mit diesem vor den Augen des Kaisers – zu verschwinden. Das Bild ist das perfekte Werk, denn in ihm ist keine Grenze mehr zwischen Darstellung, Dargestelltem und dem, der es schuf: Es ist so echt, wie auch der Schmetterling im Schmetterlingstraum aus dem *Zhuangzi* echt ist und nicht bloße Fiktion oder Illusion.

Die bloß »täuschende« Illusion genießt im Daoismus kein Ansehen. Deswegen legte man in der daoistischen Malerei auch keinen Wert auf Realismus in der Darstellung, denn Malerei, die nur etwas anderes angeblich realistisch abbildet, ist doch nie so realistisch wie das von ihr Abgebildete. Die daoistische Kunst bildet nicht etwas anderes nach. Sie läuft der Wirklichkeit nicht hinterher, um am Ende nur einsehen zu müssen, dass sie den Gegenstand, auf den sie es abgesehen hat, doch nie erreichen kann. Das daoistische Kunstwerk will vielmehr selbst etwas »zuwege« bringen. Die Leistung des daoistischen Künstlers besteht darin, echte Natur entstehen zu lassen – sie erzeugt Drachen, die genauso wirklich sind, wie diejenigen, denen man den Regen verdankt –, und nicht darin, Natur bloß »nachzuahmen«, wie es die altgriechische ästhetische Konzeption der *mimesis* will.

Deshalb sind im daoistischen Bild, der daoistischen Konzeption der Malerei folgend, dieselben Kräfte oder Energien – dasselbe *Qi* – enthalten wie in der »normalen« Welt. Das daoistische Kunstwerk bündelt und optimiert die Kräfte, die in der Landschaft gleichermaßen wirken. Daoistische gemalte Landschaften sind »echte« Landschaften, insofern in ihnen – d. h. in ihrer Strichführung, in der Zusammenstellung von Bergen, Wasserläufen und Baumbewuchs, selbst in der spärlichen Architektur oder in den kleinen Menschen, die ab und zu darin herumstreifen – die Natur nicht bloß »ausgedrückt« ist, sondern tatsächlich »von selbst« wirkt. Der daoistische Betrachter eines daoistischen Landschaftsbildes kann deshalb in diesem Bild wandern, genauso wie in einer tatsächlichen Landschaft. Er kann sich darin verlieren, denn das Bild, das »Kunstwerk« bringt die Landschaft »zuwege«.

So gesehen wird verständlich, warum Schönheit kein Ziel der daoistischen Ästhetik sein kann. Schönheit ist etwas, das die Wirklichkeit »überhöht«, ein transzendentes, »über-wirkliches«, göttliches *Ideal*. Die daoistische Welt aber ist immanent. Über die Welt oder über die Wirklichkeit hinauszugehen hieße gerade, die Welt oder die Wirklichkeit zu verfehlen. Und es geht den Daoisten darum, in der Wirklichkeit aufzugehen. Die Kunst zu beherrschen bedeutet deshalb für sie, das Handwerk der perfekten Wirklichkeit oder »Natürlichkeit« zu beherrschen und nicht das Handwerk der perfekten Nachahmung oder der perfekten Konstruktion von Schönheit, die besser sein soll als die Wirklichkeit.

Diese Konzeption des Werks, des Handwerks und der Kunst ist nichts anderes als eine besondere Konzeption von Zeichen überhaupt, die sich bedeutsam von der, die in der europäischen Tradition einmal geherrscht hat, unterscheidet. Die »tiefere«, oder besser, die abstraktere Struktur dieser Konzeption des Zeichens als philosophisches oder semiotisches Paradigma des Daoismus wird im nächsten Kapitel dieses Buches, wenn es um die »Strukturen« geht, noch genauer analysiert werden.

7. Ethik

Genauso wenig, wie der Daoismus ein Ideal des Schönen im alteuropäischen Sinne kennt, genauso wenig kennt er ein solches des Guten.

Das *Daodejing* und auch der *Zhuangzi* sind voll von Kritik an den Konfuzianern und vor allem an deren moralischem Gehabe. Selbst die oben wiedergegebene Geschichte vom daoistischen Schwimmkünstler enthält noch eine kleine Spitze gegen den konfuzianischen »Tick« der Mitmenschlichkeit. Konfuzius macht sich in dieser Geschichte völlig grundlos Sorgen um den Daoisten, der in den Fluten versinkt. Sein Gefühl des Mitleides kann auf den ersten Blick als ein Zeichen seines guten Wesens gedeutet werden. Denn im *Menzius*, dem gerade für die konfuzianische Ethik maßgeblichen Werk des Altertums, wird als das Paradebeispiel für die einem jeden Menschen innewohnende »konfuzianische« Güte, auf das spontane Mitleid und die spontane Hilfe für ein Kind verwiesen, das in einen Brunnen zu stürzen und zu ertrinken droht.[102] In der Geschichte des daoistischen Schwimmers aber erweist sich die konfuzianische Reaktion auf den Fall eines vermeintlich Ertrinkenden als nichts anderes als schlicht unangebracht, als Zeichen eines mangelnden Verständnisses der Wirklichkeit. Sein Mitgefühl am falschen Platz gibt Konfuzius, wenn auch in moderater Form, hier der Lächerlichkeit preis.

Ethik nach konfuzianischer Art ist aus daoistischer Perspektive eine Schwäche, ein Anzeichen für fehlende Einsicht. Man braucht sie erst dann, wenn es eigentlich schon zu spät ist, wenn man bereits zugelassen hat, dass die Verhältnisse so schlecht geworden sind, dass man jetzt der Güte bedarf. Die Daoisten wollen von vornherein einen solchen Zustand verhindern. Wer sich dem »großen Weg« fügt, wer die Welt ihren »eigenen Lauf« gehen lässt, der bedarf keiner Ethik mehr, weil alles »von selbst« im Lot ist. Moral ist die Tugend der Zuspätgekommenen.

Im 18. Kapitel des *Daodejing* wird die Ablehnung der konfuzianischen Werte als immer schon zu spät, als unnütz, ja als kontraproduktiv, auf recht drastische Weise formuliert:

Also,
Wenn das große Dao verkommt,
gibt es Menschlichkeit und Rechtlichkeit.
Wenn Wissen hervortritt und Schlauheit,
gibt es großen Betrug.
Sind die Beziehungen der Familie nicht im Einklang,
gibt es Kindesliebe und Sorgepflicht.
Wenn in Staat und Familie nur Unordnung herrscht,
gibt es treue Minister.

Menschlichkeit und Rechtlichkeit, »Weisheit« und familiäre Zuneigung sind aus daoistischer Perspektive nichts als im Grunde nutzlose Notbehelfe bei »verkommenen« Zuständen, die gerade durch die konfuzianische Blindheit gegenüber dem Dao entstanden sind. Anstatt sich erst einmal darauf zu konzentrieren, dem Dao zu entsprechen, wollen die Konfuzianer mit ihrer Tugendhaftigkeit sozusagen der Natur auf die Sprünge helfen, nachdem sie diese bereits verdorben haben. Dabei mühen sie sich ab und richten doch nur Unheil an. Hätten sie erst gar nicht mit ihrer moralistischen Betriebsamkeit angefangen, so wäre die Welt schon von allein in Ordnung geblieben, und sie könnten sich jetzt ihre ohnehin nur verspäteten und sinnlosen Weltverbesserungsversuche sparen. Mit der Gegenüberstellung von Gut und Böse bringen die Konfuzianer nämlich nicht nur, so meinen die Daoisten, das Gute in die Welt ein, sondern gleichermaßen auch das Böse. Im einfachen Zustand vor der konfuzianischen Anmaßung, die Welt noch besser zu machen als sie von sich aus ist, war die Welt, aus daoistischer Sicht, gewissermaßen noch »jenseits von Gut und Böse«. Unheil kann nur durch rechtzeitige Vorsicht, durch rechtzeitige Prävention verhindert werden. Ist die Welt einmal krank, dann heilen die konfuzianischen Tugenden sie auch nicht mehr. Eine Parabel im legalistischen Werk *Hanfeizi*, die dort als Kommentar zu einem Zitat aus dem 63. Kapitel des *Daodejing* erzählt wird, erläutert diese daoistische Grundhaltung. Sie berichtet von dem legendären Arzt Bian Qiao (bzw. Bian Que):[103]

Einst hatte Bian Qiao eine Audienz bei Herzog Huan von Qi und sprach, nachdem er eine Weile vor ihm gestanden hatte: »Mein Fürst, Eure Haut zeigt Anzeichen einer Krankheit. Wenn Ihr sie nicht behandeln lasst, fürchte ich, könnte sie schlimmer werden.« Doch Herzog Huan sagte, er habe keine Krankheit, und als Bian Qiao gegangen war, sprach der Herzog: »Ärzte heilen gern gesunde Menschen, um ihr Können zu beweisen.« Nach zehn Tagen wurde Bian Qiao erneut zur Audienz empfangen und sprach: »Eure Krankheit, mein Fürst, ist schon ins Fleisch vorgedrungen. Wenn ihr sie nicht behandeln lasst, könnte sie noch schlimmer werden.« Herzog Huan gab darauf keine Antwort und war missgestimmt, als Bian Qiao gegangen war. Nach weiteren zehn Tagen kam Bian Qiao erneut zur Audienz und sprach: »Eure Krankheit, mein Fürst, ist schon bis in die Eingeweide vorgedrungen. Wenn ihr sie nicht behandeln lasst, könnte sie noch schlimmer werden.« Doch auch diesmal gab der Herzog keine Antwort und war missgestimmt, als Bian Qiao gegangen war. Und nachdem weitere zehn Tage vergangen waren und Bian Qiao den Herzog erblickte, rannte er davon. Der Herzog schickte jemand zu ihm, um nach dem Grund dafür zu fragen. Daraufhin sprach Bian Qiao: »Krankheiten auf der Haut kann man mit heißem Wasser und einem heißen Eisen beikommen. Krankheiten des Fleisches kann man mit Steinnadeln behandeln. Krankheiten der Eingeweide kann man mit speziell gekochter Arznei heilen. Doch Krankheiten der Knochen und des Marks sind Sache der Gottheit, die über Tod und Leben befindet. Da ist nichts mehr zu machen. Und weil die Krankheit des Herzogs jetzt Mark und Knochen befallen hat, weiß ich auch keinen Rat mehr.« Kaum waren fünf Tage vergangen, da verspürte der Herzog Huan Schmerzen im Körper und ließ nach Bian Qiao suchen. Dieser war jedoch bereits nach Qin geflüchtet, und so starb Herzog Huan schließlich. Ein guter Arzt heilt Krankheiten, solange sie nur die Haut befallen haben. Er geht das Übel an, solange es noch klein ist. Jede Sache hat einen Punkt, wo Glück und Unglück ihren Anfang nehmen. Deshalb befasst sich der Weise rechtzeitig mit den Dingen.

Die konfuzianische Ethik setzt sozusagen erst dann ein, wenn »die Krankheit bereits Knochen und Mark« befallen hat – und dafür, dass es so weit gekommen ist, sind die Konfuzianer und ihre Moral selbst verantwortlich. Die Daoisten aber »befassen sich rechtzeitig mit den Dingen«. Sie werden gesund, noch bevor man Ärzte oder Tugendapostel braucht.[104] Die daoistische Kunst der Ordnung, sei sie auf Körper oder Staat bezogen, setzt ein, bevor es kritisch wird. Der Krise muss von vornherein vorgebeugt werden. Aus dieser Haltung heraus lehnt die daoistische Philosophie die konfuzianische Ethik ab. Als Nebenprodukt dieser Haltung mag man im übrigen das in der chinesischen Kulturgeschichte (und vielleicht auch der »Mentalitätsgeschichte«, wenn es so etwas gibt) stark ausgeprägte Phänomen der Furcht – nicht allein vor Krankheiten – verstehen.[105]

Die Ablehnung der konfuzianischen Ethik durch die Daoisten ist aber auch noch vor einem anderen Hintergrund zu verstehen. Erinnert man sich an die Geschichte des Trauerkünstlers Mengsun Cai, so wird deutlich, was die Daoisten von Gefühlen hielten. Mengsun Cai weinte zwar mit, wenn die anderen (die Konfuzianer im Staate Lu) um seine Mutter weinten, aber im Herzen blieb er unberührt. Dem daoistischen Heiligen sind Leben und Tod, wie bereits ausgeführt, gleich-gültig. Von Gefühlen angesichts des Wechsels dieser Phasen eines Wandlungsprozesses ist sein Herz frei. Indem die daoistischen Heiligen ihr Ich aufgeben, verfügen sie über keinen Ort mehr, an dem bestimmte bzw. einseitige Gefühlsregungen festgemacht werden könnten. Der daoistische Heilige annulliert sein Ich und sein Herz und lässt so die Gefühle ihren »natürlichen« Lauf nehmen, aber er ist unbewegt von diesem Lauf ein ruhender Pol in dessen Mitte. Der daoistische Heilige lässt die Gefühle zu, ohne sie selbst zu haben.

Dasselbe gilt für die Tugenden, die von den Konfuzianern an menschliche Regungen (wie es das erwähnte Brunnen-Beispiel aus dem *Menzius* zeigt) geknüpft werden. Während die Konfuzianer sehr viel Mühe darauf verwendeten, die Gefühle durch Riten und Musik und gleichzeitig damit durch soziale Tugenden (die Riten sind nichts anderes als die Festschreibung, die Manifestation tugendhaften Verhaltens) zu kanalisieren und auf die richtige Weise einzusetzen, so ging es den Daoisten darum, die Gefühle, jedenfalls was das Herz des Heiligen angeht, ganz auszulöschen oder zu »vergessen«. So gibt der Heilige zwar immer noch der Gesellschaft um ihn herum den Raum für Gefühle und Tugenden, so wie Mengsun Cai, aber er selbst lässt sich davon nicht mitreißen. Weder Gefühle noch Tugenden bewegen ihn.

Die Konzeption der Tugenden wie der Gefühle – beide sind in Konfuzianismus und Daoismus eng aneinander gekoppelt – korrespondiert mit der Vorstellung des »Handelns, ohne zu handeln«. Indem der Regent nicht handelt, werden alle Handlungen im Staat ihren natürlichen Lauf von selbst nehmen können. Indem der Heilige in seinem Herzen nichts fühlt, werden alle Gefühle ihren Lauf nehmen, wird der Organismus sie auf natürliche Weise durchlaufen, ohne dass ihm dadurch irgendein Schaden entstände. Und indem der Heilige nicht unmoralisch, sondern amoralisch ist, werden die Tugenden sich natürlich um ihn herum entfalten. Diese »natürlichen« Tugenden aber sind nicht die »gezwungenen« und verspäteten der Konfuzianer. Die daoistische Tugend ist schlicht und unprätentiös, sie ist nicht »gut« in einem idealen Sinne, ebensowenig wie die daoistische Kunst »schön« in einem idealen Sinne ist. Daoistische Kunst ist »echt«, ohne auch noch schön sein zu wollen. Und ebenso ist die daoistische Tugend »echt«, ohne auch noch gut sein zu wollen.

8. Sprache und Denken

Stereotypen sind oft mehr eine überzogene als eine gänzlich falsche Form des Urteils, mehr Halbwahrheit als Fehlurteil. Gerade dies macht sie so schwer widerlegbar. Indem sie nämlich einerseits leicht fasslich sind und andererseits sogar noch halb wahr, werden sie gerne geglaubt, und man trennt sich nur ungern von ihnen. Eine recht stereotype Ansicht über die daoistische Philosophie behauptet, diese lehne das Sprachliche geradezu kategorisch ab. Diese Ansicht findet sich beispielsweise auch in dem sehr lehrreichen Buch über die Geschichte des (religiösen) Daoismus der bedeutenden französischen Sinologin Isabelle Robinet. Robinet stellt dort fest, der Daoismus mache »seit Anbeginn die Idee von der Vergeblichkeit der Sprache und des Denkens zur Grundlage seines Diskurses«.[106]

Dies trifft für den philosophischen Daoismus nicht uneingeschränkt zu. Während die philosophischen Daoisten zwar einerseits forderten, dass der Heilige, der fortgeschrittene Daoist, sein Herz aller Gedanken entleeren muss und sich dementsprechend auch von der Sprache »befreien« soll, so ist damit trotzdem die Sprache nicht aus der Welt geschafft.[107] Genau wie in Bezug auf das Handeln die Tatenlosigkeit des Herrschers – das Nicht-Handeln (*wu wei*) – mit den Tätigkeiten der Untertanen korrespondiert, so korrespondiert in Bezug auf die Sprache die Sprachlosigkeit des Heiligen mit der Sprachlichkeit der Welt. Die Sprachlosigkeit stellt somit zwar den – durchaus im wörtlichen Sinne – »herrschenden« Aspekt in der daoistischen Einstellung zur Sprache dar, aber sie ist doch zugleich keinesfalls schon alles, was die Daoisten zur Sprache zu sagen haben. Ebenso wie die Tatenlosigkeit des Herrschers die Grundlage für die Tätigkeit der Untertanen ist, so ist die Sprachlosigkeit des Heiligen geradezu die Grundlage für die Sprachlichkeit aller anderen. Und analog ist die völlige Gedankenfreiheit des Heiligen die Grundlage für die »natürliche« Existenz der Gedanken in der sich wandelnden Außenwelt. Dies nachzuvollziehen, sei im Folgenden versucht. Dabei soll zunächst nur vom Sprachlichen die Rede sein, wobei aber für das Denken (und das Handeln) der Struktur nach jeweils dasselbe gilt.

Bereits im *Daodejing* sind die Namenlosigkeit des Dao und die Wortlosigkeit des Herrschers wichtige Topoi. Die Lehre vom Dao wird als die »Lehre vom Nicht-Reden« (*Laozi* 2, 43) deklariert, der »eigene Lauf« der Natur (*ziran*) ist »stiller Rede« gleich (*Laozi* 23), und es heißt: »Wer weiß, redet nicht« (*Laozi* 56). Was das Dao angeht, so ist dessen Name unbekannt (*Laozi* 25), ja eigentlich bleibt es »stets namenlos« (*Laozi* 32, 37) und »ohne Namen« (*Laozi* 41). Und die Macht des Dao und des gemäß seiner Ordnung waltenden Herrschers wird umschrieben als das »namenlose, unbehauene Holz« (*Laozi* 37). Im *Zhuangzi* wird betont, dass »der Heilige namenlos ist«.[108]

Aber im *Zhuangzi* erfährt man noch etwas mehr über die Namenlosigkeit des Dao, und vor allem auch über die Parallelität der Namenlosigkeit zum Nicht-Handeln. Im 25. Kapitel liest man:[109]

> *Weil das Dao nichts für sich beansprucht, deshalb hat es keinen Namen. Weil es keinen Namen hat, deshalb handelt es nicht. Indem es nicht handelt, bleibt nichts ungetan* (wu wei er wu bu wei).

Das Dao hat kein Ich, und deshalb hat es auch keinen Namen. Die leere Mitte ist ohne spezifische Eigenschaft. Ein Name, ein Titel, ein Ruf – all dies kann das hier mit »Name« übersetzte chinesische Wort *ming* bedeuten – würde das Dao vereinnahmen, es auf eine bestimmte Qualität eingrenzen. Das Dao aber – genau wie der Herrscher, der es walten lässt, und wie der Heilige, der sich mit ihm »identifiziert« – hat keine einseitige, »selbstische« und bestimmte Identität. Ohne Namen, und das heißt ohne »Ruf« und ohne »Berufung«, kommt ihm im Geschehenszusammenhang, im Kreislauf des natürlichen Wandels, keine konkrete Aufgabe zu. Das Dao besetzt als Nabe im Rad der Welt die Leerstelle im Ganzen. Ohne Selbst zu sein ist gleichbedeutend damit, keinen Namen zu haben, und keinen Namen zu haben ist gleichbedeutend damit, nicht zu handeln. Würde dem Dao ein Name zukommen, so wäre ihm damit eine veränderbare, eine relative Position zugewiesen, es wäre dann ein Ding neben anderen und seiner Sonderstellung beraubt.

Die zuletzt zitierte Textstelle erscheint im Zusammenhang einer Antwort auf die Frage, wie die menschliche Gemeinschaft eigentlich zusammenhält. Diese Frage wird zum Anlass genommen, den Zusammenhalt eines jeden »Organismus«, des politischen wie des natürlichen, in Gestalt des Dao zu beschreiben. Über den »Zusammenhalt« des Jahres als zeitlicher »Organismus« erfährt man:[110]

> *Die vier Jahreszeiten haben ihr unterschiedliches Klima. Weil der Himmel nichts dazutut, deshalb bilden sie den Jahreslauf. Die fünf Ämter haben ihre unterschiedlichen Aufgaben. Weil der Herrscher nichts für sich selbst beansprucht, deshalb bleibt der Staat in Ordnung. Was die zivilen und militärischen Angelegenheiten angeht, so tut der große Mann nichts dazu, deshalb bleibt die Tugendkraft* (de) *vollständig. Die zehntausend Dinge sind von unterschiedlicher Art. Weil das Dao nichts für sich beansprucht, deshalb hat es keinen Namen.*

Offensichtlich beruht ein Ganzes, eine »Gemeinschaft« (*gong*) auf dem Zusammenhalt eines positiven Geschehenskörpers und eines negativen Zentrums darin. Der Zusammenhalt des Jahres besteht aus den vier Jahreszeiten mit ihren spezifischen Eigenschaften und dem Himmel, der ihnen sozusagen ihre Zeit lässt. Ebenso besteht der Staatsapparat aus den Tätigkeiten der Beamten und dem Herrscher, der sie ihres Amtes walten lässt. So sind alle »zehntausend« bestimmten Dinge im Weltgeschehen durch das namenlose Dao in ihrer Mitte zur Einheit verbunden. All diese »Körper« sind, wie man leicht sieht, dem Zusammenhalt des Rades nachgebildet. An dieser Stelle wird aber auch deutlich, dass das Jahr aus mehr besteht, als aus dem Himmel, unter dem es sich abspielt, dass der Staat mehr ist als bloß der tatenlose Herrscher, dass das Ganze der Welt mehr ist als die Mitte aller Dinge, dass das Rad mehr ist als die Nabe, und – worauf es hier ankommt – dass das Ganze der Welt auch mehr ist als das »namenlose« Dao. Wenn das Dao in der Mitte von allen »zehntausend Dingen« keinen Namen hat, dann heißt dies gerade nicht, dass die »zehntausend Dinge« selber auch keinen Namen haben sollen, sondern genau das Gegenteil: Die Namenlosigkeit des Dao ist gewissermaßen nur die logische Konsequenz aus der Namhaftigkeit der Dinge. Genauso wie die Tatenlosigkeit des Herrschers gewissermaßen nur die Konsequenz daraus ist, dass die Beamten alle Aufgaben erledigen. Dao und Herrscher in der Mitte des Ganzen bleibt nichts mehr zu tun und keine Bezeichnung mehr übrig, weil alles schon getan ist und alle Namen schon vergeben sind. Dadurch dass die Welt

»voll« ist, kann der Herrscher oder das Dao als Mitte leer bleiben. Und indem es leer bleibt, lässt es der »natürlichen« Fülle den Raum. Die ganze Welt besteht aus der Fülle *und* der Leere in der Mitte, so wie das ganze Rad aus den Speichen *und* der leeren Nabe besteht. Und ebenso besteht der »Sprachraum« aus den Namen, bzw. aus all dem, was Namen hat, *und* dem Namenlosen in dessen Mitte.

Die Welt der »zehntausend Dinge« (*wan wu*) ist zusammengesetzt aus lauter verschiedenen Einzelteilen, gleich den Speichen des Rades. Jedes Ding besteht dabei aus seinem »Namen« und seiner »Form«, vergleichbar der Position und der Gestalt jeder Speiche im Rad. Jedes Ding (genauer müsste man, dem Sinologen Christoph Harbsmeier folgend, eigentlich sagen: *jede Art von Dingen*) ist anders, und hat einen entsprechend eigenen Namen. Im *Zhuangzi* heißt es deshalb:[111]

> *Es hat einen Namen, und es hat eine »Sache«* (shi), *darin hat ein Ding seinen Bestand.*

Alle (Arten der) zehntausend Dinge haben ihren Namen und ihre dazugehörige »Sache«, d.h. ihre Form, ihr Aussehen, ihre »Fülle«. Der Name ist also keinesfalls etwas Nachträgliches, den Dingen vom Menschen beliebig Zugeteiltes, eine bloße »Konvention«, sondern gehört zu den Dingen ebenso hinzu wie ihre Gestalt. So wie die Menschen die Gestalt der Dinge erfassen können, so können sie auch deren Namen erfahren. Man mag sagen, die Dinge bestehen aus Name und »Sache«, so wie ein Gemälde aus Farbe und Form besteht. Die ganze Welt, der Kreislauf aller Geschehnisse, besteht aus Elementen, die eine bestimmte »Sache« sind und dementsprechend einen bestimmten, zu dieser »Sache« gehörenden Namen haben. Alles, was in der Welt ist und nicht in deren leerem Zentrum, gehört auch zum Sprachlichen:[112]

> *Yin und Yang respondieren einander, verdecken einander und bringen einander hervor. Die vier Jahreszeiten lösen einander ab, erzeugen einander und löschen einander aus [...] Sicherheit und Gefahr wechseln einander ab, Unglück und Glück gehen auseinander hervor, Langsamkeit und Schnelligkeit tauschen miteinander, durch Auseinanderdriften und Zusammenziehen entstehen*

(verschiedene Formen). All dies ist durch Namen und Sachen zu erfassen und durch Feinheiten und Subtilitäten zu erdenken.

Die Wechselspiele in der Natur, im Leben, im Geschehenskreislauf vollziehen sich im Bereich der Dingwelt. Und weil die Dinge alle ihre Namen haben und bestimmte Sachen sind, deshalb ist dieses Wechselspiel durch Sprache erfassbar und kann durch feine Gedanken, durch subtiles Nachdenken verstanden werden. All dies gibt es, all dies ist echt, aber all dies ist gerade nicht das, womit sich der daoistische Philosoph im Detail beschäftigt. Er akzeptiert das Wechselgeschehen, das durch bestimmte Benennungen und dazugehörige Gedanken gekennzeichnet ist, er lässt es geschehen, aber er nimmt an diesem »Sprachspiel« nicht aktiv teil. Würde er daran teilnehmen, so gäbe er seine Nullperspektive auf. Er hört auf, sich um die Benennungen zu kümmern, ihm sind sie alle gleich. Er denkt nicht mehr:[113]

Derjenige, der das Dao gesehen hat, der verfolgt nicht mehr, wohin all jenes schwindet, der ergründet nicht mehr, woher all jenes kommt. Hier endet die Diskussion.

Denn für das Dao und den Daoisten, der sich ihm fügt, gilt:[114]

Es hat keinen Namen, und es hat keine »Sache«. Es existiert im Ding-Leeren.

Im leeren Angelpunkt des Geschehens angekommen, ruht man inmitten des Wandels. Die unterschiedlichen, gegensätzlichen Dinge und ihre Standorte werden von hier aus gesehen zu einem endlosen Auf und Ab, zu einem ursprungslosen Kreislauf. Aus der namenlosen Mitte heraus gesehen, dreht sich das Rad der Sprache, die Debattiererei um Ursachen und Folgen wie ein *perpetuum mobile*. Aus der Nullperspektive betrachtet, gibt es keinen Grund dafür, das eine als primär und das andere demgegenüber als sekundär, das eine als »wahr« und das andere demgegenüber als »falsch« anzusehen, oder das eine als »zuerst« und das andere demgegenüber als »zuletzt« aufzufassen. Alles ist gleichermaßen echt, so wie Tod und Leben.

Gerade im *Zhuangzi* wird den anderen Philosophenschulen vorgeworfen, sich bei ihrer Debattiererei nicht in die Nullperspektive zu begeben, sondern bloß von jeweiligen bestimmten Positionen aus andere bestimmte Positionen zu verwerfen. Die konkurrierenden Philosophen, so glauben die Daoisten, haben sich noch nicht von dem Kreislauf der Dinge und deren Namen gelöst, haben sich noch nicht in die Position des »Angelpunktes« (*dao shu*) begeben. Ihr Gerede ist deshalb ein endloses Streiten, so wie im Lauf des Rades die oben liegenden Speichen stets auf die unteren herab schauen, bis sich die Situation »im Handumdrehen« wieder verkehrt hat, so wie die, die gerade wach sind, fälschlich meinen, der Traum wäre unecht, und sich gegenüber den Träumern in der »wirklicheren« Position glauben. Die Verfänglichkeit der Sprache liegt darin begründet, dass sie, genau wie die sich stets wandelnde Welt der Dinge, aus gegensätzlichen Positionen besteht, so wie Tag und Nacht, Leben und Tod, Traum und Wach-Sein. Wer sich nun in die Sprache begibt, der identifiziert sich mit einer der bestimmten Positionen und erklärt als Philosoph mit einer bestimmten Meinung die anderen Positionen für falsch. Dies gleicht der Haltung derjenigen, die meinen, nur weil sie gerade lebendig sind, wäre der Tod ein Seinszustand minderen Werts. Diese Verstrickungen der Sprache muss der Daoist lösen. Gerade das berühmte zweite Kapitel im *Zhuangzi* (das mit dem Schmetterlingstraum als im Grunde alles zusammenfassendes Schlusswort endet) behandelt parallel zur Problematik von Leben und Tod und von Traum und Wach-Sein die unlösbaren Wechselfälle, denen man ausgesetzt ist, wenn man sich in die dem Wandel der Dinge »eingeschriebene« Sprache begibt. Jede Position in der Dingwelt hat ihr Gegenüber, und doch haben alle an ihrem Platz »recht«. Keine der Einzelperspektiven kann eine andere »widerlegen«.

Ein Beispiel für sehr viele Textstellen im zweiten Kapitel, die diese grundlegende daoistische Haltung bekunden, lautet so:[115]

> *Wenn sich ein Mensch an einem feuchten Ort bettet, dann wird seine Hüfte schmerzen, oder er wird halbseitig lahm. Ist dies aber etwa bei einem kleinen Fisch im Flussschlamm ebenso? Wenn ein Mensch auf einem hohen Baum sitzt, dann ist er voller Angst. Ist dies aber etwa bei einem Affen ebenso? Wer von den dreien weiß, welcher der richtige Aufenthaltsort ist? Die Menschen essen Fleisch, das Wild isst Gräser, manche großen Insekten mögen Würmer, und manche großen Vögel fressen gerne Mäuse. Wer von*

den vieren weiß, was wirklich schmeckt? Die Affen suchen sich untereinander ihre Partnerinnen, Wild paart sich mit Wild, und die kleinen Fische schwimmen mit anderen Fischen. (Die beiden Frauen) Mao Qiang und Lu Ji werden von den Menschen für schön gehalten, aber wenn die Fische sie sehen, tauchen sie ab, wenn die Vögel sie sehen, fliegen sie davon, und wenn das Wild sie sieht, ergreift es die Flucht. Wer von den vieren weiß, was auf der Welt wirklich schön ist?

Jedes Dafürhalten und jede Abneigung, jedes Bejahen (*shi*) und jedes Verneinen (*fei*) ist einer bestimmten Position verpflichtet, die Vorlieben hängen davon ab, wer man ist. Menschen und Tiere haben unterschiedliche Geschmäcker. Aller Streit der Worte ergibt sich aus dieser Struktur des prozessualen Geschehens und der Unterscheidungen (*fen*) darin. Die Namen sind nichts anderes als die Manifestation der Unterschiedenheit in der Welt der Dinge, und die Sprache, die mit den Namen operiert, ist nichts anderes als das Wechselspiel derselben Unterscheidungen. Bejahen und Verneinen sind die Grundoperationen der Sprache und verdanken sich, daoistisch gesehen, allein den unterschiedlichen Positionen, den unterschiedlichen Namen im Ganzen. Genauso verhält es sich mit dem Denken. Denn zu jeder spezifischen Position mit dem ihr entsprechenden Namen gehört nicht nur die spezifische Bejahung ihrer selbst und Verneinung ihres Gegenteils, sondern auch die gedankliche »Identifikation« mit sich und die gedankliche »Differenz« vom Gegenteil.

Der Schmetterling im Traum bejaht sich und hat seinen Namen und seine Position, ebenso wie der aufgewachte Zhuang Zhou. Fragte man ihn, so würde sich Zhuang Zhou als Zhuang Zhou bezeichnen, sich für echt halten, und seine Seinsweise als »Wach-Sein« bejahen und die des Schmetterlings im Traum verneinen. Aber gerade dies wäre dann die Täuschung, die jeder Position droht. Wenn die Positionen sozusagen ihren Platz verlassen und über andere Positionen reden und nachdenken, dann entsteht das Chaos der Diskussionen, dann entsteht Streit, den keiner schlichten kann, denn jeder potentielle Schlichter, so macht eine andere Textstelle des zweiten Kapitels deutlich, brächte ja wiederum seine eigene Position und seine eigenen Gedanken und seine eigene Sprache mit. Die Daoisten leugnen also nicht die einzelnen Positionen, sondern akzeptieren sie voll und ganz.

Aus der Nullperspektive betrachtet, haben alle, so sehr sie sich auch widersprechen, gleich Recht oder Unrecht.

Deshalb reden die Daoisten nicht gern. In gewisser Weise schweigen sie noch nicht einmal, insofern man das Schweigen ebenfalls mit einer bestimmten Position gleichsetzt, die eine andere Position des Redens negiert:[116]

> *Nicht reden und auch nicht schweigen: dies ist der Endpunkt aller Diskussion.*

Dieser »Endpunkt« ist noch nicht einmal Schweigen. Er ist die völlige Leere, nicht bloß stille Verneinung. Überhaupt ist dieser leere »Endpunkt« keine Verneinung. Er lässt ja die Positionen in ihrem Lauf bestehen. Er lässt deren Bejahen und Verneinen, deren Reden und Schweigen den natürlichen Lauf nehmen, ohne einzugreifen. Der Daoist widerlegt nicht die anderen Philosophenschulen durch gegensätzliche Argumente (jedenfalls wird dies im *Zhuangzi* beansprucht), sondern akzeptiert deren jeweilige Bedingtheit. Aus ihrer Sicht müssen diese ja so urteilen, wie sie urteilen, genau wie die Menschen eben andere Wohnstätten haben, andere Nahrung zu sich nehmen und andere Sexualvorlieben haben müssen als Aale oder Hirsche. Und natürlich verlangen die Daoisten nicht von den Menschen, ihre spezifischen Vorlieben aufzugeben. Aber sie selbst beteiligen sich an keiner dieser Vorlieben. Sie vergessen ihr »Ich«. Denn jede Vorliebe ist an ein »Ich« gebunden, und indem kein »Ich« mehr da ist, gibt es auch keine Vorliebe mehr.

Aber nicht jeder kann und soll ein daoistischer Heiliger sein, nicht jeder soll die ich-lose Nullperspektive einnehmen, nicht jeder soll das Reden und Denken aufgeben – und nicht jeder soll heiliger Herrscher im Staat sein. Der Daoismus tritt nicht an, allen Menschen ihr Ich zu nehmen, alle Menschen aus der Sprache und aus dem Denken herauszuführen. Die Vorstellung, dass jeder Mensch als Buddha der Erleuchtung teilhaftig zu werden hat – eine Idee, die bezeichnenderweise mit Mitleid begründet wird –, ist eine des späteren religiösen Buddhismus in China und ist dem frühen philosophischen Daoismus fremd. Der Erlösungs-, Missions- und Bekehrungsgedanke beherrscht den philosophischen Daoismus nicht. Dem Daoisten reicht es, wenn er allein sein Ich vergisst. Gleichzeitig gibt er damit aber auch ohne jede falsche Bescheidenheit den Anspruch kund, ohne jedes spezifische Wissen der Weiseste von allen zu sein.

Im namenlosen Angelpunkt kommen Worte und Gedanken zur Ruhe. Zur Textstelle im zweiten Kapitel des *Zhuangzi*, die das ständige Hin-und-Her der Verneinung und Bejahung mit der Folgerung abschließt, der Heilige müsse eben den »Angelpunkt des Dao« oder die »Mitte des Kreises« besetzen,[117] merkt Guo Xiang das Folgende an:[118]

> *Nun, Bejahen und Verneinen widersprechen und verkehren einander, sie verfolgen einander, ohne an ein Ende zu kommen. Deswegen ist von einem »Kreis« die Rede. Die Mitte des Kreises ist leer. Wer nun Bejahen und Verneinen als einen Kreislauf ansieht und es erreicht, in dessen Mitte zu gelangen, für den gibt es weder Bejahung noch Verneinung. Und weil es für ihn weder Bejahung noch Verneinung gibt, deshalb vermag er allen Bejahungen und Verneinungen zu entsprechen (*ying*). Und indem die Bejahungen und Verneinungen nicht an ein Ende kommen, kommt deshalb auch sein Entsprechen nicht an ein Ende.*
>
> *Nichts in der Welt bejaht sich nicht selbst. Und nichts verneint einander nicht. So bejaht eines und verneint eines, und zwei gehen fort, ohne an ein Ende zu kommen. Allein der, der übersetzt in die Leere und die Mitte erreicht, der hat – verlassen und ohne etwas in sich zu tragen – (das Dao) zum Gefährt seiner Reise.*

Die »Mitte des Kreises« zu erreichen bedeutet, das ganze Geschehen vom Zentrum her zu durchdringen und, unbewegt und inhaltslos, jede Bewegung zu begleiten. Wenn der daoistische Heilige sich der Sprache und auch aller Gedanken entledigt hat, wenn er, wie es das Reusengleichnis zeigte, hat, was er wollte, und das heißt eben, wenn er gar nichts mehr hat, dann können alle Worte und alle Gedanken ihren rechten, natürlichen Lauf nehmen.

III. Strukturen

1. Präsenz und Nicht-Präsenz – oder: Das Flötenspiel des Himmels

Das Bild des Rades und seine Variationen, die Gleichnisse vom Schmetterlingstraum und von der Fischreuse, sind recht einprägsame Bilder. Diesen Bildern und den Themen der daoistischen Philosophie liegt ein Konstruktionsmuster zugrunde.

Die Grundstruktur, die der philosophische Daoismus immer wieder ins Spiel bringt, ist im Bild des Rades durch die beiden Komponenten Nabe und Speichen und deren Beziehung zueinander dargestellt. Oder anders gesagt, die Nabe und die Speichen im Bild des Rades stellen im wesentlichen als konkrete Illustration die zwei »abstrakten« Komponenten daoistischen Denkens und deren Relation zueinander dar. Diese beiden »abstrakten« Komponenten der Struktur daoistischen Denkens, auf denen die daoistische Bild- und Vorstellungswelt aufgebaut ist, werden durch zwei Worte benannt, die nicht nur in der daoistischen Philosophie, sondern in der chinesischen Philosophie insgesamt zu den am häufigsten verwendeten zählen und die auch in der chinesischen Alltagssprache – im alten wie im neuen China – sehr geläufig sind. Diese beiden Worte heißen *you* und *wu*.

You bedeutet als Verb soviel wie »da sein« oder »vorhanden sein« bzw. »haben« oder »besitzen«, es kann sowohl die Existenz als auch den Besitz von etwas anzeigen. Als Substantiv hat *you* die Bedeutung von »Dasein«, »Existieren« oder »Sein«.

Wu ist die Verneinung von *you*, kann also »nicht da sein« oder »nicht haben« ausdrücken. Dementsprechend bedeutet es als Substantiv Nicht-Dasein, Nicht-Existenz, oder – als Verneinung des »Seins« – auch einfach »das Nichts«.

Häufig kann man dieses gegensätzliche Begriffspaar im Wortfeld von »Sein und Nicht-Sein«, aber auch viel konkreter als »Fülle« und »Leere« verstehen. Dort, wo etwas ist, oder dort, wo es etwas gibt, ist Fülle, während dort, wo nichts ist, oder dort, wo es nichts gibt, Leere herrscht. In diesem Sinne bezeichnet *you* einen Ort oder einen Platz, wo etwas ist, während *wu* einen Ort oder einen Platz bezeichnet, an dem sich nichts befindet, also gewissermaßen eine Leerstelle. So besetzen eben im Bild des Rades die Speichen den Ort des *you*, d.h. den Ort der Fülle, des Daseins oder des Seins, während die Nabe den Ort des *wu*, d.h. den Ort des Nichts oder eben die Leerstelle »besetzt«. Dieser spezifische Zusammenhang von *you* und *wu*, von Leere und Fülle, von »Sein« und »Nichts« ist die Struktur daoistischer philosophischer Entwürfe.

In einem abstrakteren oder formaleren Sinne kann man die Konzeption des Gegensatzes von *wu* und *you* als die Konzeption des Gegensatzes von Gegenwärtigkeit und Nicht-Gegenwärtigkeit, bzw. als den Gegensatz von *Präsenz* und *Nicht-Präsenz* bezeichnen.

Der Zusammenhang zwischen Präsenz und Nicht-Präsenz in der daoistischen Ordnungsstruktur ist zugleich der Zusammenhang von *Zentrum* und *Peripherie*, von *Ruhe* und *Wechsel*, aber vor allem auch der Zusammenhang von *Einheit* und *Vielheit* (bzw. *Zweiheit*) – und insofern auch im Kontext der altchinesischen Zahlenspekulation angesiedelt. Die Nicht-Präsenz steht ruhend im Zentrum und ist einfach, während sich um die Nicht-Präsenz herum die Präsenz in Vielheit bzw. in Zweiheit bewegt. Diesen Mechanismus von Präsenz und Nicht-Präsenz hat Marcel Granet in Anlehnung an das Vokabular der altchinesischen Zahlensymbolik so beschrieben:[119]

> *Die Eins bedeutet nie etwas anderes als das Ganze, und die Zwei weist im Grunde nur auf das Paar hin. Die Zwei steht für das Paar, für welches der* Wechsel *(und die* Vereinigung, *nicht aber die* Summe*) von Yin und Yang charakteristisch ist. Und eins, das Ganze, ist der Angelpunkt, der weder* yin *noch* yang *ist, auf den aber der Wechsel von Yin und Yang bezogen ist. Die Eins steht für das* nicht zählende *Mittelquadrat,* das jedoch *(wie die Nabe, von der die taoistischen Autoren behaupten, dass sie die Funktion des Rades erst ermögliche, weil sie* leer *ist), die Drehung des von den 4 Rechtecken, in welches das große Quadrat, der gesamte Raum, aufgeteilt wird, dargestellten Hakenkreuzes* bedingt.

Im Zentrum der Ordnungsstruktur steht der eine Angelpunkt, »der weder yin noch yang ist«, der keine positive Eigenschaft besitzt, der also »leer« ist. Er wird in der altchinesischen Zahlensymbolik mit der Ziffer »Eins« identifiziert (und nicht etwa mit der Null!), da der Angelpunkt immer nur einer sein kann, aber mit einer Eins, die »nicht zählt«, denn der Angelpunkt ist eben leer und nicht-präsent. Diese nicht-präsente, zentrale Einheit bedeutet zugleich, wie Marcel Granet sagt, »nie etwas anderes als das Ganze«. Die eine, leere Nabe wird mit dem ganzen Rad identifiziert, und ebenso der eine, nicht-präsente Angelpunkt mit der Ganzheit. Auf diesen einen, nicht-präsenten Angelpunkt ist der Wechsel von Yin und Yang, den »Rubriken« aller präsenten Gegenstände und Zustände bezogen.[120] Die Struktur des Geschehens besteht aus der nicht-präsenten, einen Mitte und der (der Zweiheit entspringenden) Vielheit als Peripherie. So erklärt sich auch die von Marcel Granet im obigen Zitat beschriebene Idealstruktur des Raumes: Der Raum wird als großes Quadrat entworfen, das aus einem Zentralquadrat und vier »hakenkreuzförmig« um es herum angeordneten Rechtecken besteht. Auch diesbezüglich ist die strukturelle Parallele zum Bild des Rades mehr als deutlich, bis hin zur Drehung der gesamten Struktur, die durch die Kreisform ebenso wie durch die Hakenkreuz-Form visuell nahegelegt wird:

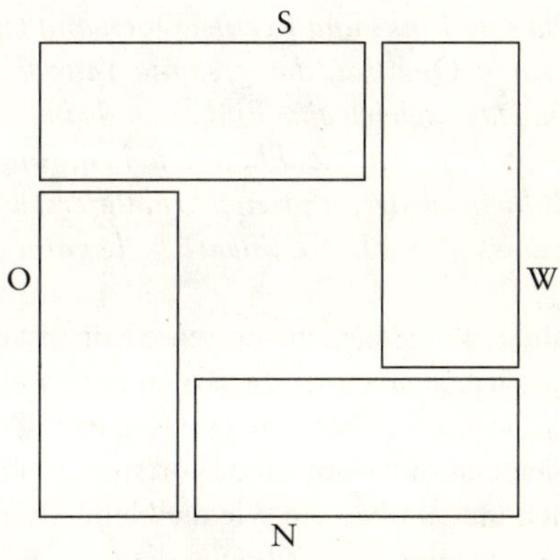

Abbildung 2[121]

Die Struktur des In- oder Miteinanders von (Orten der) Präsenz und Nicht-Präsenz wird, wie Marcel Granet zeigte, u.a. von Vorstellungen des Raumes und der Zahlensymbolik begleitet. Der »abstrakte« Entwurf der Ordnung von Präsenz und Nicht-Präsenz setzt sich in »abstrakten« Zahlenspekulationen fort. Dabei entspricht der Nicht-

Präsenz die Einheit oder die Eins (und mit ihr die aus der Einheit resultierende Ganzheit), während der Präsenz die Zweiheit (und mit ihr die aus der Zweiheit resultierende Vielheit) entspricht. Auf diese Weise sind Nicht-Präsenz und Präsenz, Einheit und Zweiheit, Ganzheit und Vielheit zu einer geschlossenen Struktur integriert, sie bilden das Muster eines idealen Wirkungszusammenhangs. Im unmittelbaren Anschluss an die oben wiedergegebene Aussage fährt Marcel Granet mit der Beschreibung dieser strukturellen Verflechtung fort. In diesem Abschnitt wird, ohne dass Granet selbst darauf verweist, eine zentrale und bekannte Stelle aus dem daoistischen Schrifttum erklärt:[122]

> *Die Eins ist das Unteilbare, das nicht addiert werden kann, weil es keine Synthese aus Geradzahligem und Ungeradzahligem darstellt; sie stellt die Einheit dar, der kein anderer Wert als 1 zukommen kann, weil sie die allesumfassende Ganzheit ist. Sie kann im übrigen von der Zwei nicht verschieden sein, weil sich in ihr alle gegensätzlichen und gegenläufigen, zugleich aber vereinenden Aspekte, als da sind Links und Rechts, Oben und Unten, Vorn und Hinten, Kreis und Quadrat, das gesamte Yang und das gesamte Yin, aufheben. Das zugleich eine Einheit und ein Paar darstellende Ganze, will man es in einer Zahl ausdrücken, findet sich in allen ungeraden Zahlen wieder, und zwar zuallererst in der Drei (die Eins plus Zwei ist). [...] Die Zahlenreihe beginnt also mit der 3.*

Die zentrale Einheit, die leere, nicht-präsente Mitte ist allein, sie ist die Eins, die Allein-heit. Zugleich ist sie als »allumfassende Ganzheit«, als All-einheit die Totalität. Die nicht-präsente leere Ziffer 1 ist damit Symbol der »Alleinheit« im doppelten Wortsinn. In ihr ist alle gegensätzliche Zweiheit aufgehoben. So wie die Nabe »Links und Rechts, Oben und Unten« vereint, so wird auch die Eins als »Angelpunkt« der Zwei verstanden, als die Zweiheit integrierende und umfassende Einheit. Einheit und Zweiheit, Nicht-Präsenz und Präsenz, Zentrum und Peripherie bilden dementsprechend zusammen die »Welt«. Die Zahl, die diesen Zusammenhang von Einheit und Zweiheit symbolisiert, ist, wie man auch ohne große mathematische Vorkenntnisse errechnen kann, die Drei. Mit 3 »beginnt« deshalb die Zahlenreihe, mit ihr beginnt sich die Mannigfaltigkeit der Welt vor dem Hintergrund der Struktur von Einheit und Zweiheit, von Nicht-Präsenz und Präsenz, zu entfalten.

Nichts anderes als eine in Worte gefasste, formelhafte Darstellung dieser Struktur begegnet uns in den berühmten Anfangsversen des 42. Kapitels aus dem *Daodejing*:

Das Dao bringt die Einheit hervor.
Die Einheit bringt die Zweiheit hervor.
Die Zweiheit bringt die Dreiheit hervor.
Die Dreiheit bringt die zehntausend Dinge hervor.

Bringt man die oben zitierte Aussage Marcel Granets mit diesen Versen in einen Zusammenhang, dann ergibt sich die folgende Lesart (die etwas von meiner eigenen, früheren Interpretation der Passage in meiner Übersetzung der Mawangdui-Seidentexte des *Daodejing* abweicht): Das Dao, die Ordnungsstruktur schlechthin, wird zunächst durch die Einheit, die Alleinheit der Nicht-Präsenz, durch die leere Mitte, die zugleich die Ganzheit bedingt, manifestiert. In dieser Einheit aber ist auch die Zweiheit des Präsenten mitgegeben: die Zweiheit von »Links und Rechts, Oben und Unten«, von all dem, was sich in den »Rubriken« von Yin und Yang, um das Zentrum herum bewegt. Es ist also dieses »Zusammen« von Einheit und Zweiheit, das alles hervorbringt, es ist die Dreiheit (die Einheit plus Zweiheit ist), auf die sich die Mannigfaltigkeit der »zehntausend Dinge« gründet.

Die dargestellte Zahlensymbolik ist nicht allein in China, sondern auch im Westen vielfach ausgedeutet und »konkretisiert« worden. Dabei wird etwa in einer der wichtigsten Auslegungstraditionen die Einheit als das Dao selbst, die Zweiheit als diejenige von Yin und Yang, bzw. von Himmel und Erde, und die Dreiheit als diejenige von Himmel, Mensch und Erde gedeutet. Unabhängig davon, wie verschieden solche Konkretionen im Laufe der Zeiten ausformuliert worden sind, stellen die ersten Verse des 42. Kapitels des *Daodejing* eine auf Ziffern reduzierte »Tiefenstruktur« des daoistischen Ordnungsdenkens dar. Diese »Tiefenstruktur« konnte als »abstraktes« Modell zum Bauplan einer Reihe von mehr oder weniger philosophischen Konstruktionen werden.

In den Seidenmanuskripten von Mawangdui folgt der gerade wiedergegebene Anfang des 42. Kapitels unmittelbar auf den Schluss des

40. Kapitels (in den Bambusmanuskripten findet sich nur das 40. Kapitel, das 42. ist dort nicht enthalten), der folgendermaßen lautet:

Die Dinge der Welt gehen hervor aus der Fülle.
Die Fülle geht hervor aus der Leere.

Bringt man diese beiden Abschnitte, den Schluss des 40. Kapitels und den Beginn des 42., in einen direkten Zusammenhang, wie es die Kapitelreihenfolge in den Seidentexten, das Vokabular und die stilistischen Parallelen nahelegen, dann wird deutlich, wie die von Marcel Granet angedeutete Verbindung von Zahlensymbolik und den Ausdrücken *you* (Fülle, Dasein, Präsenz) und *wu* (Leere, Nicht-Dasein, Nicht-Präsenz) innerhalb des daoistischen Denkens verstanden werden kann.

Das Dao kann mit der Eins bzw. der Einheit identifiziert werden, die zugleich auch die Leere (*wu*) symbolisiert. Auch der bereits mehrfach erwähnte daoistische Philosoph Wang Bi stellte in seinem Kommentar zum 42. Kapitel des *Laozi* klar: »Die Einheit ist als die Leere zu bezeichnen.« Dao, Einheit und Leere sind in dieser Hinsicht sozusagen synonym. Die Aussage »Das Dao bringt die *Einheit* hervor« (Kapitel 42) ist deswegen gleichbedeutend mit der Aussage, dass das Dao die *Leere* »hervorbringt«. Und dementsprechend bedeutet auch die Aussage »Die Einheit bringt die Zweiheit hervor« aus Kapitel 42 genau dasselbe wie die Aussage »Die Fülle geht hervor aus der Leere« aus Kapitel 40, denn ebenso wie die *Einheit* die *»Leere«* (*wu*) symbolisiert, so symbolisiert die *Zweiheit* die *»Fülle«* (*you*). Wenn also Einheit Zweiheit zur Folge hat, dann folgt vor dem Hintergrund der genannten Analogien, dass ebenso Leere Fülle zur Folge hat.

Schließlich ist im selben Sinne auch die Aussage »Die Zweiheit bringt die Dreiheit hervor. Die Dreiheit bringt die zehntausend Dinge hervor« aus Kapitel 42 wiederum ganz analog zur Aussage »Die Dinge der Welt gehen hervor aus der Fülle« aus Kapitel 40. Denn die Dreiheit, von der in Kapitel 42 gesprochen wird, ist der Beginn der Reihe aller Zahlen (Marcel Granet) und damit nichts anderes als das Symbol der Vielzahl der »Dinge der Welt«, von denen Kapitel 40 spricht. So wie die Zweiheit die Dreiheit und damit die »zehntausend Dinge« zur Folge hat, so folgen aus der Fülle wiederum die »Dinge der Welt«.

Der Beginn des 42. und das Ende des 40. Kapitels des *Daodejing* sind semantisch parallel konstruiert. Die beiden Textpassagen basieren auf derselben Struktur. Diese Struktur, die wiederum aus dem Bild des Rades aus Kapitel 11 ableitbar ist, wird im 42. Kapitel durch die »abstrakte« Zahlensymbolik ausgedrückt, während das 40. Kapitel dieselbe Struktur mit den Konzepten von »Fülle« und »Leere«, bzw. eben von »Präsenz« und »Nicht-Präsenz« zum Ausdruck bringt. Die Nicht-Präsenz ist strukturell analog zur Einheit, und die Präsenz ist strukturell analog zur Zweiheit. In ihrem spezifischen Zusammenhang sind sowohl Nicht-Präsenz und Präsenz als auch Einheit und Zweiheit die Basis der »zehntausend Dinge«, also die Basis all dessen, was es in der Welt gibt.

Wie ist es aber nun zu verstehen, dass Einheit und Zweiheit, Nicht-Präsenz und Präsenz in ihrem spezifischen In- oder Miteinander die Basis der Dinge in der Welt sind? Sind sie, wie es der Text des *Daodejing* auf den ersten Blick nahe legt, indem von »hervorbringen« die Rede ist, tatsächlich der »Ursprung« allen Seins in einem schöpferischen Sinne, wie es Wang Bis Gebrauch des Bildes der Wurzel nahe legt?

Wahrscheinlich gehört in der antiken daoistischen Philosophie solch ein Schöpfungs- oder Ursprungsgedanke nicht von vornherein mit zur Struktur des daoistischen Weltbildes.[123] Dafür, dass die Struktur von Nicht-Präsenz und Präsenz, von Einheit und Zweiheit nicht als eine Schöpfungsstruktur verstanden werden muss, bzw. sogar ausdrücklich nicht als eine solche verstanden werden soll, geben andere daoistische Texte jedenfalls einige klare Hinweise. Besonders der *Zhuangzi* und der Kommentar des Guo Xiang dazu legen, in gewissem Widerspruch zu Wang Bi, nahe, das Verhältnis zwischen Nicht-Präsenz, Präsenz und den Dingen der Welt (analog zum Verhältnis zwischen Einheit, Zweiheit und Dreiheit als dem Beginn der Zahlenreihe) *nicht* als »Schöpfungsverhältnis« aufzufassen.

Eine sehr schöne Textstelle aus dem *Zhuangzi* verdeutlicht auf poetische Weise, dass das Zusammenspiel von Leere und Fülle, das alle Dinge trägt, nicht im Sinne einer Verursachungs- oder Erzeugungskette zu begreifen ist, sondern vielmehr als ein In- oder Miteinanderwirken. Entweder alle Elemente der Struktur stehen in der rechten Ordnung zueinander und lassen somit die Welt in Ordnung sein, oder aber sie tun dies nicht, und dann ist auch die Welt nicht in Ordnung.

Die folgende Passage ist wiederum in einer deutschen Übersetzung, ganz »undaoistisch« übertragen worden. Richard Wilhelm, der Missionar und Übersetzer, hat sie, offenbar seiner christlichen Vorstellungswelt folgend, als »Schöpfungsgeschichte« gedeutet, während sie doch »daoistisch« genau umgekehrt als Illustration der Nicht-Schöpfung dient.

In diesem Gleichnis, das den Anfang des berühmten 2. Kapitels aus dem *Zhuangzi* bildet, wird von dem daoistischen Meister Ziqi erzählt, der »sein Ich verloren« hat, und damit, um im oft verwendeten Bilde zu bleiben, in den Angelpunkt des Kreises übergegangen ist. Ein Schüler fragt nun den Meister, wie es mit ihm zugegangen sei. Daraufhin bemüht der Meister ein Bild, er spricht von drei verschiedenen Weisen des Flötenspiels. (Richard Wilhelm übersetzt diesen Ausdruck bezeichnenderweise wiederum mit »Orgelspiel«, von christlichen Motiven beeinflusst.) Da gibt es zunächst das Flötenspiel der Menschen, die durch Bambusrohre blasen, und dann das Flötenspiel der Erde, wobei der Wind durch allerlei Höhlungen und Öffnungen bläst und so auch eine Art Musik erzeugt. Die Beschreibung dieses »Flötenspiels der Erde« durch den Meister Ziqi gehört zu den literarisch schönsten Stellen im *Zhuangzi*:[124]

> *»Nun, der große Erdball stößt einen Atem aus, und dessen Name ist ›Wind‹. Der ist nun nicht tätig, ist er aber tätig, dann erklingt sein Blasen aus allen Löchern. Hast Du ihn denn nicht rauschen gehört? Die Klüfte der Berge und die Hohlräume der großen Bäume, sie gleichen Nasen, Mündern und Ohren, sie gleichen den Aushöhlungen der Dachbalken, den Bechern, den Mörsern, den Kuhlen von Tümpeln und Pfützen. Ein Zischen und Pfeifen, ein Heulen, ein Ächzen, ein Schreien, ein Jammern, ein Brausen, ein Brummen. Die erste Brise singt ›huh‹, die nächste Brise singt ›oih‹. Ein sanfter Wind lässt ein leises Konzert ertönen, und ein Wirbelsturm lässt ein lautes Konzert erklingen. Sobald der Sturm vorüber ist, sind alle Löcher wieder stumm. Hast Du denn nicht gesehen, wie dann alles zittert oder bebt?«*

Dieses Flötenspiel der Erde versteht der Schüler noch, kommt es doch auch dadurch zustande, dass durch Aushöhlungen geblasen wird. Aber was das Flötenspiel des Himmels sein soll, versteht er nicht mehr. Richard Wilhelm übersetzt nun die Auskunft, die Meister Ziqi über das Flötenspiel des Himmels erteilt, sicherlich falsch. Er schreibt nämlich: »Das bläst auf tausenderlei verschiedene Arten. Aber hinter all dem steht noch eine treibende Kraft, die macht, dass jene Klänge sich enden, und dass sie alle sich erheben. Diese treibende Kraft: wer ist es?«[125] Wilhelm legt dem Meister Ziqi damit eine pseudo-christliche Aussage in den Mund. Anscheinend soll beim Leser der Eindruck entstehen, Meister Ziqi hielte das Dao für die »treibende Kraft« aller Geschehnisse auf der Erde – ähnlich dem christlichen Gott. So wie der Mensch, indem er durch die Flöte bläst, die Musik erzeugt, so erzeugt auch der Wind, wenn er durch die Öffnungen auf der Erde bläst, die Töne, und so soll eben auch das Dao – bzw. Gott –, indem es oder er als »Himmel« allem seinen Odem einhaucht, alles »machen«.

Das Dao erscheint bei Richard Wilhelm als Schöpfungsmacht, die »hinter« allem steckt. Gerade eine solche »Hinterwelt« (wie Nietzsche spöttisch die christliche Vorstellung einer göttlichen Transzendenz bezeichnete) aber wird im wirklichen Text vom Meister Ziqi verneint. Anders als Richard Wilhelm interpretiert, will Meister Ziqi mit seiner Antwort wohl sagen, dass, in genauem Gegensatz zum Flötenspiel des Menschen oder der Erde, beim »Flötenspiel des Himmels« überhaupt niemand bläst. Denn das Flötenspiel des Himmels zeichnet sich eben dadurch aus, dass es nicht so wie die beiden vorgenannten Weisen des Flötenspiels funktioniert: Hier spielt nämlich die Musik »von selbst«. (Ähnlich wie bei dem Gleichnis der Fischreusen verfehlen manche Kommentatoren und Übersetzer hier die Pointe der Geschichte, indem sie nicht erkennen, dass der Witz des Gleichnisses darin besteht, dass im dritten scheinbar analogen Beispiel eine paradoxe Wendung eintritt.)

In Wirklichkeit gibt Meister Ziqi folgende Antwort auf die Frage seines Schülers nach dem Flötenspiel des Himmels:[126]

Nun, (das Flötenspiel des Himmels) bläst in zehntausendfacher Verschiedenheit, aber es lässt (die zehntausend Dinge) eben von selbst (erklingen). Wenn alle (ihr Tönen) aus sich heraus nehmen, wer sollte sie dann noch anstimmen?

Anders als beim Pfeifen des Menschen oder des Windes gibt es beim großen Konzert aller »zehntausend Dinge«, also beim Konzert all dessen, was es gibt, keinen Pfeifenden. Hier pfeift alles von selbst (*ziran*), gerade weil die Mitte, oder der scheinbare »Ursprung« des Geschehens *leer* ist. Das Flötenspiel des Himmels – also alles das, was in der Welt geschieht – funktioniert wie eine Flöte ohne Bläser: Eine leere Mitte lässt die Peripherie von selbst ertönen.

Dass die daoistische Kernaussage über das Verhältnis von Leere und Fülle, von Mitte und Peripherie, von Einheit und Vielheit, Nicht-Präsenz und Präsenz, von Dao und den zehntausend Dingen, von dem, was »nicht-da« ist, und von dem, was da ist, von *wu* und *you* gerade *nicht* ein Verhältnis der Erzeugung ist, erklärt Guo Xiang in seinem Kommentar zum Flötenspiel-Gleichnis:[127]

> *Dies ist das Flötenspiel des Himmels. Nun, gibt es etwa bei diesem Flötenspiel des Himmels noch ein anderes Ding (außerhalb der ›Flöte‹)? Gerade dadurch, dass derartige Dinge wie all jene Höhlungen (der Erde) und Löcher im Bambusrohr (der Flöten des Menschen) mit allem, was existiert, zusammenkommen, bilden sie gemeinsam die Einheit des ›Himmels‹. Die Nicht-Präsenz (wu) ist dabei nichts als nicht-präsent, und deshalb kann sie das Präsente nicht zur Existenz bringen. Wenn das Präsente noch nicht existiert, kann es ebensowenig (anderes) Existieren erzeugen. Wer sollte demnach das, was existiert, zur Existenz bringen? (Das, was existiert) existiert wie aus einem Guss heraus von selbst. […]*

Der Himmel, so führt Guo Xiang weiter aus, ist nicht die Bezeichnung für jene blaue Wölbung über uns, sondern der Name, der alle »zehntausend Dinge« zusammen bezeichnet. Außerhalb dieser geschlossenen Totalität gibt es keinen Erzeuger mehr. Alles, was es gibt, gibt es »von selbst«, und in der Mitte dieser All-Gegenwart des Präsenten ist eben »Nichts« (*wu*, Nicht-Präsenz). Dies ist das »Dao des Himmels« (*tian dao*). Die Struktur des Ganzen, des In- und Miteinanders von Nicht-Präsenz und Präsenz existiert *wie aus einem Guss*. Will man die »leere Mitte«, die Position der Nicht-Präsenz (die Nabe im Rad, die Höhlung der Flöte) als »Ursprung« verstehen, so muss man sie als einen *stets anwesenden Ursprung* verstehen. Dieser Ursprung ist nicht schon da, bevor es gibt, was es gibt, sondern indem er (nicht-) da ist, ist alles da, und indem er nicht da ist, ist nichts da. Anders als etwa in der christlichen Vorstellung, in der Gott schon vor der Welt existiert und diese »schafft«, geht der Daoismus nicht davon aus, dass das Dao »vor« der Welt als deren Ursprung existiert und diese dann sozusagen allein lassen könnte. Das Dao existiert nur in und mit der Welt der zehntausend Dinge. Das »Dao des Himmels« ist der Struktur nach nicht als Schöpfungszusammenhang konstruiert.

Das Dao selbst ist in seiner Vollendung die vollendete Nicht-Präsenz, so sagt Guo Xiang in seinem Kommentar zu einer inhaltlich mit dem Flötenspiel-Gleichnis parallelen Textstelle (die übrigens wiederum in der deutschen Übersetzung von Richard Wilhelm fälschlicherweise als »Schöpfungsgeschichte« erscheint).[128] Und gerade weil es die höchste Nicht-Präsenz ist, kann es nicht »vor« anderen Dingen sein. Wäre es etwas, was »vor« anderem ist, so argumentiert Guo Xiang, dann wäre es eben selbst nur eine Art Ding in Raum und Zeit und gehörte statt in die Einheit in die Zweiheit und Vielheit hinein.

Innerhalb der durch das In- und Miteinander von Nicht-Präsenz und Präsenz gebildeten Gesamtstruktur bildet die Präsenz gewissermaßen eine Teilstruktur. Um die leere Mitte herum ordnet sich die Präsenz, die Welt der Zweiheit und Vielheit, an. Diese Welt der Präsenz ist vom Wechsel der »messerscharf« getrennten Rubriken geprägt, vom Wechsel zwischen Yin und Yang, Leben und Tod, Oben und Unten u. s. w. Von besonderer struktureller Bedeutung innerhalb des Bereichs der Präsenz ist nun wiederum die spezifische Art und Weise der Zweiteilung.

Bereits bei der Übersetzung des Schmetterlingstraums ist deutlich geworden, wie wichtig die »Gleichgültigkeit« (im doppelten Sinne) für all das ist, was es gibt. Diese »Gleich-gültigkeit« innerhalb des Bereichs der Präsenz, die gleiche Wertigkeit beider die Zweiheit ausmachenden Teile, die Ausgewogenheit von Yin und Yang, wenn man so sagen will, mag an das bekannte *Taiji*-Emblem erinnern, das inzwischen zu einer Art Standardsymbol für östliches Denken geworden ist und sich auch in den westlichen Kulturen großer Beliebtheit und Bekanntheit erfreut. Dieses Emblem wird heute meist in der folgenden Weise dargestellt:

Abbildung 3: Die heute übliche Darstellungsform des Taiji-Emblems (»Yin und Yang«)

Der Bezug des Emblems, das eben das »gleich-gültige« Verhältnis von Yin und Yang versinnbildlichen soll, zum altdaoistischen Denken ist allerdings aus zwei Gründen problematisch. Erstens entstammt es gar nicht der altdaoistischen Philosophie, sondern stellt eine vereinfachende Abwandlung von wesentlich später zunächst im religiösen Daoismus auftauchenden und dann im Neo-Konfuzianismus der Song-Zeit (10.-13. Jahrhundert) weiterentwickelten Diagrammen dar.[129] Zweitens räumt es der doch tatsächlich zentralen Nicht-Präsenz, der leeren Mitte, keinen grafischen Platz ein. Insofern trägt es zum Verständnis des *alt*daoistischen Denkens weder historisch noch strukturell sehr viel bei. Es bildet lediglich einen Aspekt der Struktur der Präsenz ab, die wiederum nur einen Teil des Zusammenhangs von Nicht-Präsenz und Präsenz ausmacht, und unterschlägt so ein wesentliches Strukturelement.

Die Welt der Präsenz, die sich um die leere Nicht-Präsenz dreht, besteht, den Rubriken von Yin und Yang entsprechend, aus zwei komplementären Elementen. Dieser Struktur entsprechend, wird die Welt all dessen, was es gibt (*you*), die Welt der Präsenz, zunächst einmal als gleich-gültig-zweigeteilte vorgestellt. Alle Mannigfaltigkeit der zehntausend Dinge ist auf eine gleich-gültige Zweiteilung zu reduzieren. Im altchinesischen Denken allgemein und speziell im Daoismus wurde dieses Zweiteilungs-Denken auf viele Dinge angewandt, die man in der westlichen Tradition nicht oder kaum in ein solches Schema presste. Immerhin galt ja tatsächlich *alles*, was es irgendwie präsent gab, als der hier beschriebenen Struktur zugehörig. Sie diente zur Erklärung von nichts Geringerem als der *ganzen* Welt.

2. Eine Semiotik der Präsenz – oder: Der Unterschied zwischen Dao und Gott

Wie radikal die Präsenz-Vorstellung im altchinesischen Daoismus gewesen ist, von wie durchschlagender und weitreichender Wirkung sie war, zeigt sich vielleicht am deutlichsten im Bereich der Zeichentheorie bzw. der Semiotik. Denn die altchinesische *Semiotik der Präsenz* lässt sich deutlich von einer *Semiotik der Repräsentation* unterscheiden, die in der alteuropäischen Tradition so bedeutsam gewesen ist. Auf dem Feld der Zeichentheorie lässt sich durch diesen starken Gegensatz zu einer »für uns« gewissermaßen »normalen« Vorstellung somit recht gut erkennen, welche Folgen für das Weltbild die Entscheidung für ein Denken in der beschriebenen Struktur haben konnte. Auf dem Gebiet der Semiotik kann die Eigenart der Präsenz-Struktur gerade durch den Unterschied zu »gewohnten« Zeichenkonzepten gut veranschaulicht werden.

Weil alles, was es gibt, vor dem Hintergrund der beschriebenen im altdaoistischen Denken wirksamen Struktur gleich-gültig-zweigeteilt konzipiert werden kann, werden auch die Zeichen, und insbesondere ein wesentlicher Teil derselben, namentlich die Sprachzeichen, gleichgültig-zweigeteilt konzipiert. Diese Konzeption hatte weitreichende Folgen.

Zeichen wurden auch im »Westen« zweiteilig verstanden, allerdings auf eine andere Weise. Spätestens seit Ferdinand de Saussure haben sich duale Zeichenmodelle gegenüber drei- oder mehrteiligen durchsetzen können. Man kann dementsprechend die Struktur eines Zeichens als die Bezugnahme eines Bezeichnenden auf ein Bezeichnetes bzw. eines Signifikanten auf ein Signifikat verstehen. Dieser dualen Konzeption entsprechend besteht ein Zeichen eben aus einem Teil, der »bedeutet«, und aus einem anderen Teil, der dadurch »bedeutet wird«. Einfache Beispiele dafür sind ein gemaltes Bild oder ein Wort. Ein Bild bildet (jedenfalls in der traditionellen Vorstellung eines Bildes vor dem Aufkommen der modernen Kunst) etwas ab. Somit ist es als Signifikant auf das von ihm Abgebildete – das Signifikat – bezogen. Ein Wort, in Schrift oder Ton, bezieht sich gleichfalls als Bezeichnendes auf etwas durch es Bezeichnetes. Der Signifikant »dieser Hund« kann sich (jedenfalls nach der beschriebenen »traditionellen« Konzeption) in entsprechender Weise eben auf diesen dort wirklich sitzenden Hund als Signifikat beziehen. Ein solches Verhältnis zwischen Signifikant und Signifikat kann als ein Verhältnis der *Repräsentation* verstanden werden. Das Bild repräsentiert das von ihm Abgebildete, so wie das Wort das von ihm Gemeinte repräsentiert.

Diese Vorstellung eines Repräsentationsverhältnisses zwischen einem Bezeichnenden und einem Bezeichneten wird häufig auf eine viel zitierte Textstelle aus Aristoteles *De Interpretatione* zurückgeführt:[130]

> *Es sind also die Laute, zu denen die Stimme gebildet wird, Zeichen der in der Seele hervorgerufenen Vorstellungen, und die Schrift ist wieder ein Zeichen der Laute. Und wie nicht alle dieselbe Schrift haben, so sind auch die Laute nicht bei allen dieselben. Was aber durch beide an erster Stelle angezeigt wird, die einfachen seelischen Vorstellungen, sind bei allen Menschen dieselben, und ebenso sind es die Dinge, deren Abbilder die Vorstellungen sind.«*

Nach dieser Konstruktion gibt es zunächst die Dinge in der Welt. Diese Dinge werden in den Menschen durch »seelische Vorstellungen« alle gleich »abgebildet«. Dann werden diese Vorstellungen – in unterschiedlicher Weise – durch die gesprochene Sprache »bezeichnet«, und schließlich werden diese gesprochenen Wort-Zeichen wiederum mit unterschiedlichen Schriftformen »bezeichnet«. Das eigentliche »Zeichen« tritt also mit dem gesprochenen Wort hervor. Es ist ein relativ beliebiges und in der Tat in verschiedenen Sprachen auch verschiedenes Lautbild, das – so Aristoteles – die bei allen Menschen gleichen Vorstellungen der Dinge, die wiederum jeweils dieselben sind, anzeigt. Die »seelischen Vorstellungen« sind noch nicht eigentlich repräsentative Zeichen der Dinge, denn sie sind ja gewissermaßen unmittelbare Abbilder der Dinge, etwa so, wie ein Spiegel einen Gegenstand unmittelbar abbildet. Erst mit dem »erfundenen« Wort tritt man in den Bereich der Zeichen ein: Jetzt steht ein beliebiges Ding, eben ein von Menschen entworfenes Zeichen, für etwas, das es auch ohne die Benennung im Wort gibt, nämlich für das Ding und die »seelische Vorstellung« desselben.

Die Beziehung des Wortes zum Ding ist eine Beziehung der Repräsentation. Etwas, das es gibt, wie es ist – ein Ding –, wird durch ein

Konstrukt bezeichnet. Etwas, das präsent ist, wird durch ein künstliches Produkt wieder gegenwärtig gemacht, wird re-präsentiert. Die Wirklichkeitsebene von Signifikat und Signifikant ist nicht dieselbe. Erst dieser Bruch zwischen Präsenz und Repräsentation macht das eigentliche Zeichen aus. Ding und Vorstellung befinden sich auf derselben Wirklichkeitsebene, sie sind, indem sie »bei allen Menschen dieselben« sind, eine Art natürliche Entitäten. Erst mit der Sprache, mit den Sprachzeichen, wird dieser Ebene der präsenten Wirklichkeiten eine Zeichenebene hinzugefügt. Das Zeichen in der Sprache bedeutet eben nur etwas, das es in der Wirklichkeit immer schon so gibt, es bezieht sich auf etwas in der Wirklichkeit, ist dabei aber selber nur eine Art Kunstprodukt. Mit dem Zeichen wird die Wirklichkeit gespalten. Auf der einen Seite gibt es die tatsächlich präsenten Dinge, auf der anderen die beliebigen und austauschbaren Repräsentationen davon.

Die Vorstellung, dass das Bezeichnende zwar aus einem wirklich präsenten Ding abgeleitet wird und diesem in zeichenhafter Weise ähnlich ist, aber dennoch weniger präsent und wirklich als das Bezeichnete, durchdringt auch die alteuropäische Konzeption des künstlerischen Abbilds. Eine Legende aus dem alten Griechenland verdeutlicht, wie das gemalte Bild als »bloße« Repräsentation wirklich präsenter Dinge verstanden wurde.

In ihrem Buch *Malerei als Thema der Malerei* erzählen Hermann Ulrich Asemissen und Gunter Schweikhart die Geschichte eines Malerwettstreits zwischen den beiden Künstlern Zeuxis und Parrhasios, die sich bei Plinius findet. Dabei ging es folgendermaßen zu: »Zu diesem Wettstreit brachte Zeuxis ein Bild mit so gut gemalten Trauben, dass die Vögel herbeiflogen. Parrhasios aber zeigte ein Bild mit einem leinenen Vorhang. Als Zeuxis, stolz auf das Urteil der Vögel, verlangte, man solle endlich den Vorhang beiseite ziehen und das Bild zeigen, musste er erkennen, dass der Vorhang nur gemalt war. Darauf erkannte er Parrhasios den Sieg zu, da er selbst zwar die Vögel, Parrhasios aber ihn habe täuschen können.«[131] Asemissen und Schweikhart stellen in ihren Ausführungen zu der Legende dar, dass diese im Zusammenhang mit einem in der Antike allgemein verbreiteten und u.a. schon von Plato (in kritischer Absicht) hervorgehobenen Ideal der Malerei zu verstehen ist, wobei es vor allem darauf angekommen sei, die dargestellten Objekte möglichst »ähnlich« oder naturgetreu abzubilden. Das Prinzip dieser Malerei sei diesem Ideal zufolge stets das Gleiche gewesen, nämlich »Nachahmung der Natur«.

Asemissen und Schweikhart erwähnen noch eine zweite, ebenfalls durch Plinius aufgezeichnete Geschichte, die gewissermaßen als Fortsetzung des Malerwettstreits dieses Ideal der Repräsentation nochmals illustriert. Dieser Erzählung zufolge »hat Zeuxis später einen Knaben gemalt, der Trauben trug. Als auch diesmal die Vögel heran flogen, ärgerte er sich und sagte: ›Die Trauben habe ich besser gemalt als den Knaben, denn wäre auch er mir vollkommen gelungen, hätten die Vögel sich fürchten müssen.‹«[132]

Auf beredte Weise geben beide Erzählungen ein Schema des bildnerischen Zeichens kund, in dem das Signifikat vom Signifikanten einerseits möglichst »ähnlich« wiedergegeben werden soll, und dabei andererseits doch auf eine andere Ebene transponiert wird. Im Malerwettstreit müssen nämlich beide Bilder »nur« als Bilder oder »nur« als Zeichen erkannt werden. Die Signifikanten müssen einerseits den Signifikaten entsprechen, dürfen aber andererseits natürlich letztlich *nicht* ununterscheidbar von ihnen sein. Sie müssen als Zeichen das Dargestellte wiederholen oder repräsentieren und bleiben gerade durch diese Wiederholung oder Repräsentation auf fundamentale Weise von dem Dargestellten geschieden. So »naturgetreu« sie auch sein mögen, sie bleiben immer gegenüber dem »Original« die bloße »Kopie«, und müssen, wie die Bilder des Zeuxis und des Parrhasios, auch letztlich als solche entdeckt werden, um überhaupt »Bilder« nach dem Schema der Repräsentation sein zu können. Denn der Witz des Malerwettstreits liegt ja gerade darin, dass ein Bild möglichst perfekt *täuscht*. Das Bild ist nur dann ein Kunstwerk, wenn es nachgeahmte, täuschende, re-präsentierende Wirklichkeit aufweist. Das Wechselspiel zwischen scheinbarer Echtheit und tatsächlicher Täuschung macht den Reiz der repräsentierenden Malerei aus.

Das Schema der Repräsentation, des repräsentierenden Zeichens operiert mit einem Sprung zwischen der Wirklichkeit des Dinges (des Signifikats, des bezeichneten Präsenten) und derjenigen des Bildes oder Wortes (des Signifikanten, der bezeichnenden Repräsentation). Deswegen beruht diese Konzeption zwar auch auf einer zweigeteilten Struktur, aber gerade nicht auf einer solchen, bei der beide Teile gleichgültig wären. Das Signifikat, das vom Wort gemeinte Ding oder die tatsächlichen Trauben, ist wirklicher, echter oder eben »gültiger« als der Signifikant, das Wort selbst bzw. das Gemälde.

Vor dem Hintergrund des gerade im Daoismus wirksamen Präsenzdenkens gilt diese Differenz zwischen Bezeichnendem und Bezeichnetem so nicht. Insbesondere die Daoisten neigten nicht dazu, Signifikant und Signifikat auf unterschiedlichen Wirklichkeits- oder Echtheits- oder Gültigkeitsebenen anzusiedeln. Für sie galt in Bezug auf die sprachliche Komponente der Dinge:[133]

> *Es hat einen Namen, und es hat eine »Sache«* (shi), *darin hat ein Ding seinen Bestand.*

Ein präsentes Ding lässt sich, aus dieser »zeichentheoretischen« Perspektive betrachtet, gleich-gültig zweiteilen. Jedes Ding hat seinen Namen und seine »Sache«. Der Name ist nicht eine zur Sache nachträglich hinzukommende menschliche Erfindung, sondern er gehört genauso zum Ding wie die »Sache« selbst. Die Sache »Pferd« und der Name »Pferd« machen beide gleichermaßen das Ding Pferd aus. Signifikat und Signifikant, Bezeichnendes und Bezeichnetes, Name und Sache sind auf dieselbe Weise präsent und begründen die Präsenz des Dinges, das durch sie gebildet wird. Der Name ist nicht nur eine beliebige Repräsentation des Dings, sondern gehört gleichberechtigt mit der Sache oder der Form des Dinges zur Präsenz des Dinges hinzu.

Und genau dieses Schema der Präsenz, das zwischen Signifikat und Signifikant kein Gültigkeitsgefälle zulässt, lag den erwähnten Legenden über die Meisterwerke des daoistischen Malers Wu Daozi zugrunde.[134] Dessen Bilder zeichneten sich ja gerade dadurch aus, dass sie genauso echt waren, wie das, was sie darstellten. Die gemalte Höhle war genauso echt wie die wirkliche, und die gemalten Drachen spendeten genauso Regen wie die wirklichen. Die Bilder des Wu Daozi repräsentierten eben nicht nur »täuschend echt« präsente Gegenstände, sondern waren um nichts weniger präsent oder »natürlich« als die Natur selbst.

Den Unterschied zwischen einer Semiotik der Präsenz, die das Zeichen als eine gleich-gültige Zweiheit von Signifikant und Signifikat auffasst, und einer solchen der Repräsentation, die von einer nicht gleich-gültigen Zweiheit ausgeht, lässt sich schematisch wie folgt darstellen:

	präsent	repräsentiert
Schema der Präsenz	Signifikat – Signifikant	
Schema der Repräsentation	Signifikat	Signifikant

Aus alteuropäischer Perspektive ungewöhnlich an einer Semiotik der Präsenz ist die Stellung des Signifikanten. Dass der Signifikant genauso präsent sein soll wie das Signifikat, muss vor dem Hintergrund einer Semiotik der Repräsentation merkwürdig erscheinen, denn diese geht ja, wie das Zitat des Aristoteles zeigte, erst dann überhaupt von einem *Zeichen* aus, wenn der Bereich der Präsenz verlassen wird – erst mit dem Wort, mit der Überschreitung der Grenze von Präsenz zu Repräsentation, wird hier von »Zeichen« gesprochen. Die Semiotik der Präsenz aber verhindert gerade einen solchen Sprung. Denn einer solchen Semiotik kommt es vor allem darauf an, die Echtheit oder die Gültigkeit auch des Bezeichnenden zu gewährleisten.[135]

Man mag sagen: Genauso wenig, wie die Daoisten den Traum gegenüber dem Wachen und das Tod-Sein gegenüber dem Leben als weniger echt oder weniger gültig herabwürdigen wollten, genauso wenig wollten sie den Namen oder das Bild gegenüber der »Sache« oder der »Wirklichkeit« als weniger echt oder weniger gültig herabwürdigen. In einem Schema der Präsenz geht es darum, alles, was ist, als gleichermaßen gültig anzuerkennen.

Der Unterschied zwischen einer Semiotik der Präsenz und einer solchen der Repräsentation kann als Basis einer Vielzahl von konzeptionellen Unterschieden zwischen der altchinesischen und der alteuropäischen Philosophie verstanden werden. Sprache und Ästhetik sind naheliegende Beispiele für solche Unterschiede. Aber auch ein solch spezifisches Konzept wie das der Erinnerung konnte, wie oben im Zusammenhang mit dem Gleichnis vom Schmetterlingstraum angedeutet wurde, aufgrund unterschiedlicher Paradigmen von Präsenz und Repräsentation in China und in Europa andere Ausprägungen erhalten.[136] Selbst so wichtige Entwürfe wie solche eines »höchsten Wesens« oder einer »höchsten Einheit« können semiotisch nach den

Paradigmen von Präsenz und Repräsentation unterschieden werden. Die Gottesvorstellungen in der christlichen Tradition lassen sich als »repräsentativistische« Modelle beschreiben, während gerade das daoistische Dao präsentisch »verstanden« werden kann.

Dass das Dao namenlos ist, wurde im Abschnitt über »Sprache und Denken« schon ausführlich beschrieben. Als das Namenlose ist das Dao unsagbar, es ist das Unnennbare schlechthin. Genauso ist in der christlichen Theologie – insbesondere in der so genannten »negativen Theologie« des Mittelalters – Gott häufig als unsagbar oder unnennbar bezeichnet worden. Aber vor dem Hintergrund einer unterschiedlichen Struktur des Zeichens und damit auch des Nennbaren lässt sich nachweisen, dass die Konstruktion des Unnennbaren, gerade auch im Hinblick auf den »Gottes-« oder »Dao-Begriff«, ebenso unterschiedlich ist. Wird das Benannte nach dem Schema der Repräsentation konstruiert, so wird nämlich auch das Unnennbare (d. h. Gott) nach demselben Schema konstruiert; und wird das Namenhabende in einem Schema der Präsenz entworfen, dann fügt sich auch der Entwurf des Keinen-Namen-Habenden (d. h. der Entwurf des Dao) dieser Vorgabe.

Ein gutes Beispiel für den Entwurf Gottes als das Unnennbare schlechthin im Schema der Repräsentation ist der mittelalterliche Denker Dionysios Areopagita. Dionysios Areopagita bemüht immer wieder dieses Schema: Gott als der einen vollkommenen Präsenz steht die Welt »nur« als dessen Repräsentation gegenüber. Einerseits gibt es in der Welt nichts, »welches nicht an dem durchweg einartigen Einen Anteil hätte«[137], alles »Sichtbare« ist ein fragmentarischer Abglanz des Eigentlichen. Aber andererseits ist das Eine, d. h. Gott, doch niemals in den sichtbaren Zeichen der Repräsentation ganz gegenwärtig. Gott ist die absolute Wirklichkeit, die Präsenz und Gegenwart schlechthin, und die Welt mit den Menschen und allem, was sie tun und sagen, sind ein Zeichen dieser Wirklichkeit Gottes, ein Abbild Gottes. Als Repräsentation kann die Welt, genau wie das Bild des Zeuxis, jedoch letztlich eben nie so wirklich sein, wie das eigentlich Präsente. Die Welt bildet zwar Gott ab – so wie auch die gemalten Trauben die wirklichen abbilden –, aber andererseits kann die Welt niemals Gott an Wirklichkeit gleichkommen – genauso wenig wie die gemalten Trauben je die Wirklichkeit der echten erreichen können. Auch wenn alles in der Welt als Zeichen Gottes Gott ununterbrochen bezeugt, so gilt doch:[138]

> *Aber keine Monas oder Trias oder Zahl oder Einheit oder Zeugungsmacht oder irgend etwas von dem, was ist, oder was irgend jemand von existierenden Dingen erkannt hat, enthüllt die über jeden Begriff und jeden Verstand hinausliegende Heimlichkeit der Übergottheit, die über alles überwesentlich hinaus entrückt ist. Es gibt keinen Namen und keinen Begriff von ihr [...]*

Das heißt, die Welt legt zwar als Zeichen Zeugnis ab von Gott, und zwar von Gott allein, aber sie ist doch immer »nur« die Welt und, als Zeichen, doch nicht ganz Gott selbst. Gott ist, in einem Bild, das auch Dionysios gebraucht, wie die *»prägende Originalform des Siegels«*, die sich doch in keinem Abdruck befindet.[139] Dieses Gefälle zwischen *Siegel und Abdruck*, zwischen Präsenz und Repräsentation, zwischen Gott und Welt, zwischen dem Unnennbaren und dessen Namen, zwischen dem Hervorbringenden und dem Hervorgebrachten, zwischen dem originalen Urbild und dem ähnlich-unähnlichen Abdruck fasst Dionysios so zusammen:[140]

> *Aber wozu ereifern wir uns? Die göttliche Offenbarung selbst verkündet es ja, dass Gott das schlichthin unvergleichlich Unähnliche sei, dem im ganzen Universum nicht das Entsprechende gefunden werden kann. Und dass er von allem verschieden ist, was da ist und werden mag. Und was noch auffälliger ist: Er selbst hat es uns ja verkündet, dass es nichts ihm Ähnliches geben könnte.*
>
> *Und doch widerspricht auch dieses Wort nicht dem Namen des Ähnlichen und der Ähnlichkeit mit Ihm.*
>
> *Denn ein und dasselbe Ding kann ebenso Gott ähnlich wie unähnlich sein: ähnlich gemäß der möglichen Nachahmung des ewig Unnachahmbaren, unähnlich gemäß des Abstandes verursachter Dinge von ihrem Urheber, hinter welchem sie in unendlichen und nie zu vergleichenden Maßen zurückbleiben.*

Die Defizienz der Repräsentation gegenüber der durch sie repräsentierten Präsenz wird in der negativen Theologie des Dionysios auf besonders krasse Weise deutlich, denn dort geht es nicht nur um irgendeine Repräsentation von irgend etwas, sondern gleich um die Repräsentation der ultimativen Wirklichkeit Gottes durch die Welt – also um alles. Diese Repräsentation ist total.

So gesehen stellt die Konzeption des Dionysios eine Extremposition einer Repräsentationsphilosophie dar, und eine solche Extremposition lässt die Eigenarten einer solchen Philosophie besonders deutlich hervortreten. Die Repräsentation ist gegenüber dem Repräsentierten, der Präsenz, mit dem Makel des »Abdrucks« gegenüber dem »Siegel« behaftet. Die Repräsentation ist nie original, sondern immer ähnlich und zugleich unähnlich. Im Modus der Repräsentation ist die Bezeichnung dem Bezeichneten untergeordnet, weil jene dieses »ähnlich« nachbildet, und doch dabei immer auch irgendwie »unähnlich« bleibt. »Was da ist und werden mag« bleibt doch immer verschieden von dem, was eigentlich dahinter steht. Die negative Theologie des Dionysios Areopagita offenbart auf diese Weise einen Grundzug der Semiotik der Repräsentation: Präsenz und Repräsentation stellen zwei unterscheidbare Bereiche dar, wobei der erste »gültiger« als der zweite ist.

Die Defizienz der Repräsentation gegenüber der Präsenz (bei Dionysios die Defizienz der Welt gegenüber Gott) mündet in eine Paradoxie: Das, was zu benennen das wichtigste wäre, erweist sich als das Unnennbare. Wenn die Repräsentation mit dem Makel der Defizienz behaftet ist, dann kann sie so lange repräsentieren wie sie will, sie erreicht das zu Repräsentierende nie. Der Makel der Repräsentation wird umgekehrt zum Prädikat der Präsenz: Wenn alles Repräsentierte mit einem Makel behaftet ist, dann muss das Makellose das im Grunde Unrepräsentierbare sein. Das Schema der Repräsentation führt aus einer solchen Perspektive betrachtet zwangsläufig zur Mystik der negativen Theologie. Wenn Gott das Makellose schlechthin ist, dann muss er das Unrepräsentierbare schlechthin sein – gewissermaßen die absolute Präsenz –, denn alles, was echt repräsentiert werden kann, wäre dadurch ja schon wieder mit Makeln der Unvollständigkeit behaftet.

Die Semiotik der Repräsentation »vergöttlicht« die Präsenz, jedenfalls bei Dionysios Areopagita, und entrückt sie in ein höheres Dunkel. Es ist das Schicksal der Repräsentation gegenüber dem Urbild, in »unendlichen und nie zu vergleichenden Maßen« zurückzubleiben. Das Unnennbare bei Dionysios ist das »absolute« Signifikat, von allen Signifikanten repräsentiert, aber von keinem präsentiert.

Die negative Theologie und Dionysios Areopagita bemühten das Bild von Siegel und Abdruck, um das Verhältnis zwischen Gott und der Welt, zwischen dem Unnennbaren und der Benennung, zu symbolisieren. Dieses Bild ist zugleich das Bild einer Semiotik der Repräsentation. Als das Bild einer Semiotik der Präsenz möchte ich demgegenüber nochmals auf das Bild des Rades verweisen.

Mit dem Bild des Rades kann das Verhältnis zwischen dem Unnennbaren und dem Bereich der Benennung so illustriert werden: Das Unnennbare, oder besser das Namenlose, ist die Nabe, während der Bereich der Benennung, der Bereich des Namenhabenden, derjenige der Speichen ist. Anders als zwischen Siegel und Abdruck ist das Verhältnis zwischen Nabe und Speichen nicht eines von Präsenz und Repräsentation, sondern von Nicht-Präsenz und Präsenz. Die leere Nabe, die gewissermaßen »nicht-da ist«, hält aus der Mitte heraus die Speichen zusammen, die »da sind« und den Lauf des Rades ausmachen.

Zwischen Abdruck und Siegel besteht erstens ein Abbildungsverhältnis und zweitens ein »Realitätsgefälle«, indem das Siegel primär und der Abdruck sekundär ist. Zwischen Nabe und Speichen aber (als Illustration des Verhältnisses von Nicht-Präsenz und Präsenz) besteht weder ein Abbildungsverhältnis noch ein Realitätsgefälle. Die Speichen stellen die Nabe nicht dar und sind auch nicht weniger wirklich als die Nabe. Im altchinesischen Denken wird dementsprechend, wie oben im grafischen Schema gezeigt, der Bereich der Benennung oder der des Benannten (der Bereich des *you*), der Bereich der Sachen und Namen »für sich« gehalten und *nicht* in ein irgendwie defizitäres Abbildungsverhältnis zum Bereich des Unnennbaren (der Bereich des *wu*) gesetzt. Im Gegensatz zum Modell der negativen Theologie, die das Unnennbare mit einer absoluten Präsenz gleichsetzt und so Gott als eine Art »absolute Präsenz« oder »absolutes Signifikat« entwirft, schließen die Daoisten aufgrund ihres semiotischen Paradigmas das Dao einfach aus der Zweiheit von Bezeichnendem und Bezeichnetem aus. Das Dao ist hier nicht das stets »nur« repräsentierte, aber dabei nie erreichte eigentlich Wirkliche, sondern in der gleich-gültig zweigeteilten Welt der Benennung wird gar nicht versucht, das Dao abzubilden, ist es doch, wie die leere Nabe im Rad, nichts anderes als der nicht-präsente Angelpunkt, um den sich alle Präsenz mitsamt den Sachen und Namen dreht. Dies kann schematisch so dargestellt werden:

Nicht-Präsenz	Präsenz
	Signifikat – Signifikant

Um diese Form der Konstruktion des Unnennbaren – gerade im Unterschied zur Konstruktion Gottes als des Unnennbaren in der negativen Theologie – etwas genauer zu erläutern, sei den Gedanken des Dionysios ein Text aus dem Bereich des so genannten Neo-Daoismus gegenübergestellt, der dem Philosophen He Yan zugeschrieben wird und »Über das Namenlose« (*Wu ming lun*) betitelt ist. Dieser Text bündelt ältere daoistische, aber auch konfuzianische Vorstellungen. Zudem ist er, im Gegensatz zu vielen früheren Quellen, nicht bloß von fragmentarischer Gestalt, sondern vielmehr eine, wenn auch kurze, argumentativ abgerundete und selbstständige Abhandlung.

He Yan behandelt das bekannte philosophische Problem, dass das Namenlose, insofern es als das »Namenlose« bezeichnet wird, als nicht mehr wirklich namenlos erscheint – denn es hat ja dann offenbar doch wenigstens den Namen »Namenloses«. Er versucht dann, die Namenlosigkeit des Namenlosen mit einem Rückgriff auf die »Rubriken« Yin und Yang zu retten. Vorauszuschicken ist außerdem, dass für He Yan, genau wie für die früheren Denker, das Namenlose einerseits das Dao ist, das andererseits durch »Heilige« (*sheng ren*), etwa in Gestalt legendärer Urkaiser, verkörpert wird. He Yan schreibt:[141]

Was von den Menschen hervorgehoben wird, ist das Namenhabende. Das Nicht-Hervorgehobene ist das Namenlose. Wenn nun der Heilige den Namen »Namenlos« erhält und als »Nicht-Hervorgehobener« hervorgehoben wird, und wenn man weiter das »Namenlose« für das Dao hält und das »Nicht-Hervorgehobene« für »Größe«,[142] *heißt das dann nicht, dass man das Namenlose auch als etwas Namhaftes bezeichnen könnte und den Nicht-Hervorgehobenen auch als einen Hervorgehobenen? Ist der Heilige deshalb etwa von gleicher Funktion wie das Hervorhebbare und das Nennbare?*

Die Sachlage ist im Zusammenhang damit zu sehen, dass es die Nicht-Präsenz von etwas gibt, und gerade aufgrund dessen auch die Präsenz von etwas. Inmitten der Präsenz von etwas gilt es nun, der Nicht-Präsenz von etwas zu folgen und sich nicht der Präsenz von etwas anzugleichen.

Für das, was gleichartig ist, zählt keine Entfernung, wenn es darum geht, einander zu entsprechen. Für das, was verschiedenartig ist, gibt es keine Nähe, bei der es nicht einander widerstreben würde – gleich wie das Yang im Yin und das Yin im Yang, wobei nämlich die diesen Arten jeweils zugehörigen Dinge von selbst einander zu folgen streben. Der Sommer ist Yang, und dessen Nächte, entfernt vom Winter, sind doch gleich diesem Yin. Der Winter ist Yin, und dessen Tage, entfernt vom Sommer, sind doch gleich diesem Yang. So sind sie jeweils verschieden von dem Nahen und dem Fernen gleich.

Erst wenn diese Feinheiten von Verschiedenheit und Gleichheit erschlossen werden, ist die Diskussion des Namenlosen zu verstehen. Wie nun gelangt man soweit?

Nun, das Dao allein ist die Nicht-Präsenz von etwas. Mit dem Beginn von Himmel und Erde gibt es die Präsenz von etwas.[143] *Was aber geschieht nun mit dem, was Dao genannt wird? Weil es weiterhin die Nicht-Präsenz von etwas zur Geltung bringen kann, befindet es sich zwar im Bereich des Namenhabenden, und es ist doch nicht da. Es hat die Gestalt des Namenlosen. Es befindet sich quasi im entfernten Körper des Yang und vergisst, dass es selbst von der Art des fernen Yin ist.*

Xiahou Xuan[144] *sagte: »Himmel und Erde bewegen sich gemäß dem ›eigenen Lauf‹ (*ziran*). Der Heilige fungiert gemäß dem ›eigenen Lauf‹.« Der »eigene Lauf« bedeutet Dao. Das Dao ist ursprünglich namenlos. Laozi sagte dazu: »Wäre ich gezwungen, ihm einen Namen zu geben …«*[145] *Konfuzius pries den Urkaiser Yao als so »großartig, dass er nicht benannt werden konnte«, und fügte hinzu, dass dieser »wunderbare Leistungen vollbrachte«.*[146] *Das gezwungene Benennen leitet sich vom Rückgriff auf das Allgemeinverständliche her. Wie könnte von dem heiligen Yao, wäre er ein Namenhabender, gesagt werden, »dass er nicht benannt werden konnte«? Allein weil er namenlos ist, kann er mit allen Namen der Welt benannt werden – sind dies aber etwa seine Namen?*

Nach dieser Erklärung immer noch nicht zu begreifen, dass es sich so verhält, hieße im Angesicht der Gewaltigkeit des Berges Tai die Ausdehnung der Materie zu leugnen.

He Yan identifiziert strukturell das Namenlose, den Heiligen, das Dao und die Nicht-Präsenz miteinander. Die namenlose Nicht-Präsenz ist vor dem Beginn von Himmel und Erde, geht aber mit deren Beginn nicht verloren. Sie ist der anwesende Ursprung der Präsenz – ein Ursprung, der auch inmitten der Präsenz noch erhalten ist. He Yan gebraucht hier einen Vergleich: die Sommernächte und die Wintertage. Die Nächte gehören zur Rubrik des Dunklen, des Yin, und sind doch im Sommer inmitten der Rubrik des Hellen enthalten. Umgekehrt gehören die Tage zur Rubrik des Hellen, und sind doch im Winter inmitten der Rubrik des Dunklen enthalten. Die Nicht-Präsenz gleicht der Sommernacht: selbst dunkel, liegt sie doch inmitten des Wechsels der hellen Tage.

Auch wenn das Namenlose vom Namenhabenden her gesehen irgendwie bezeichnet wird, so wird es dadurch doch keinesfalls seiner grundsätzlichen Namenlosigkeit beraubt. Man kann das Namenlose ruhig aus der Perspektive des »Allgemeinverständlichen« mit irgendwelchen Namen bezeichnen, es bleibt doch immer das sozusagen *per definitionem* Namenlose. Der Name »Namenloses« oder »Größe« oder Dao ist nichts als ein »Pseudonym«. (Im *Zhuangzi* heißt es: »Das Dao kann nicht präsent sein, und was präsent ist, kann nicht nicht-präsent sein. Wird es mit ›dao‹ als Name bedacht, so ist dies ein ›pseudonymes‹ Vorgehen.«[147])

Die Namenlosigkeit des Namenlosen ist so gesehen nicht geheimnisvoll, nicht »mystisch« im umgangssprachlichen Sinn. Sie ist gerade nicht die »negative« Namenlosigkeit des ewig mit dem Auftauchen seiner Abdrücke *verschwindenden* Siegels: Damit der Abdruck zu sehen ist, muss das Siegel schon weg sein. Das Namenlose aber *bleibt* als Nicht-Präsenz inmitten der Präsenz anwesend, so wie die dunkle Nacht inmitten der Sommertage, so wie die leere Nabe im Rad, so wie die unsichtbare Wurzel der blühenden und welkenden Pflanze. Im Schema der Repräsentation muss die Präsenz »mystisch« verschwinden, damit die Repräsentation überhaupt anwesend sein kann. Im Schema der Präsenz aber ist die Anwesenheit der Nicht-Präsenz Grundlage der Anwesenheit der Präsenz.

Die Repräsentation ist, im Schema von Siegel und Abdruck, die Negation der Präsenz; aber die Präsenz, im Schema von Nabe und Rad, ist nicht die Negation der Nicht-Präsenz, sondern deren »Funktion«. Die Nicht-Präsenz transzendiert die Präsenz nicht, sie hebt sie nicht auf, so wie das Siegel den Abdruck, und wie dementsprechend Gott die Welt aufhebt.

Das Namenlose der Daoisten ist also nicht deshalb namenlos, weil es »über alles überwesentlich entrückt« wäre, weil es über jedwede Repräsentation erhaben wäre, sondern weil es seinen strukturalen Ort »inmitten der Präsenz« hat und dort die Nicht-Präsenz »zur Geltung bringen kann«. Das Namenlose des Dionysios ist in der anwesenden Repräsentation abwesende Präsenz, das Namenlose der Daoisten ist demgegenüber inmitten der Präsenz anwesende Nicht-Präsenz.

Bleiben die beiden unterschiedlichen semiotischen Voraussetzungen – einmal das Schema »Präsenz – Repräsentation«, einmal das Schema »Präsenz – Nicht-Präsenz« – unberücksichtigt, dann verschließt sich die Unterschiedlichkeit der beiden entsprechenden Konzeptionen des Namenlosen. Drückt man nämlich das Problem der Namenlosigkeit innerhalb des Daoismus oder innerhalb der chinesischen Philosophie wiederum in gewohnten Redeweisen der Repräsentation aus, sagt man also etwa, das Dao entziehe sich der Benennung, es sei nicht in der Sprache zu greifen u. s. w., dann sagt man zwar vielleicht nichts völlig Falsches, aber auch nichts Signifikantes. Spricht man nämlich so, dann sagt man noch überhaupt nichts darüber, unter welchen Voraussetzungen das Dao namenlos ist. Man legt dann vielmehr nahe, ohne es auszusprechen, das Dao wäre das »Unrepräsentierbare«, aber genau das ist es nicht. Es ist das Nicht-Präsente, und das ist eine ganz andere Spezies des Unsagbaren als das Nicht-Repräsentierbare.

Das Abbildungsverhältnis im Schema der Repräsentation bringt die immerwährende Defizienz des Abbildes gegenüber dem Urbild, des Abdrucks gegenüber dem Siegel, mit sich. Zwischen Präsenz und Nicht-Präsenz aber besteht überhaupt kein Abbildungsverhältnis, und deshalb kann hier auch nicht von einer Defizienz (jedenfalls nicht im »repräsentativistischen« Sinn) der Präsenz gesprochen werden. Weil die Speichen die Nabe genauso wenig abbilden oder repräsentieren wie die Pflanze die Wurzel oder der Sommer die Nacht, sind sie auch nicht diesen gegenüber defizient. Die Nabe ist nicht das Urbild der Speichen, das Dao ist nicht das Urbild der Welt.

Im Schema der Repräsentation liegen, semiotisch gesprochen, die Signifikanten im Bereich der Repräsentation und die Signifikate im Bereich der Präsenz. Das Schema der Repräsentation ist gleichzeitig ein Schema, dessen entscheidende Unterscheidung die zwischen Abbild und Urbild ist, die zwischen Abdruck und Siegel, oder, um auf die Theologie zurückzukommen, die zwischen Gott und der Menschenwelt. Der Gott, von dem der Mensch sich kein Bild machen soll, hat doch den Menschen nach seinem Bilde geschaffen. Die semiotische Grundunterscheidung zwischen Präsenz und Repräsentation entspricht der Trennlinie zwischen Signifikat und Signifikant. Im Schema der Präsenz aber ist eine andere Grundunterscheidung maßgeblich: Hier verläuft die entscheidende Trennlinie zwischen Präsenz und Nicht-Präsenz, wobei der Signifikant-Signifikat-Zusammenhang ganz im Bereich der Präsenz liegt. Während im Schema der Repräsentation das Unnennbare das absolute Signifikat ist, das von keinem Signifikanten jemals erreicht wird, ist im Schema der Präsenz die Nicht-Präsenz vom Bereich der Präsenz, der Sachen und Namen oder »Formen und Namen« (*xing ming*), der Signifikanten und Signifikate, unterschieden.

Für Dionysios verweist die Welt, wie ein ähnlich-unähnlicher Abdruck, ständig auf den abwesend-anwesenden Gott als das Siegel. Für die Daoisten aber »verweisen« die Namen aber eigentlich gar nicht, sie gehören zu den »Sachen« in der Präsenz, ohne jemals auf die Nicht-Präsenz verweisen zu *wollen*. Genauso wenig wie die Namen für die Daoisten an einer Defizienz gegenüber dem Namenlosen leiden, leidet die Welt zwischen »Himmel und Erde«, die zehntausend Dinge, an einer Defizienz gegenüber dem Dao. Der Grammatik der Repräsentation entsprechend wird hingegen die »Welt des Abdrucks« als »vergänglich«, »eitel« oder »zufällig« abgewertet. Und in diesem Sinne – weil sie irrtümlicherweise denken, die Daoisten würden ebenso wie sie die Sprache als ein bloßes Medium der defizienten und mit Makeln behafteten Repräsentation verstehen – sprechen westliche Interpreten auch häufig davon, der Daoismus setze den Bereich des Sprachlichen herab.[148] In der Tat aber werden auch und gerade im Daoismus die »zehntausend Dinge«, die Welt zwischen »Himmel und Erde«, das Namenhabende oder die Präsenz (*you*) keinesfalls durch die Nicht-Präsenz (*wu*) oder das Namenlose in irgendeiner Form in Frage gestellt, sondern vielmehr gerade in ihrer Wirklichkeit und Verbindlichkeit bestätigt. Nach dieser Erklärung immer noch nicht zu begreifen, dass es sich so verhält, hieße im Angesicht der Gewaltigkeit des Berges Tai die Ausdehnung der Materie zu leugnen.

3. Ein Ausblick: Daoismus, Chan(Zen)-Buddhismus und Postmoderne

a. Daoismus und Chan-Buddhismus

Von den chinesischen Denkrichtungen ist der Chan-Buddhismus – oft besser bekannt in seiner japanischen Variante, dem aus dem Chan hevorgegangenen Zen-Buddhismus – gegenwärtig im Westen am erfolgreichsten. Er erlebt eine neue Renaissance in Amerika und Europa, und im Zuge dieser Rennaisance gewinnt auch der alte Daoismus wieder mehr Aufmerksamkeit. Wie steht es nun um das Verhältnis dieser beiden »östlichen Weisheitslehren«?

Die »Geistesverwandschaft« zwischen Chan-Buddhismus und Daoismus ist häufig erkannt und benannt worden. Der moderne chinesische Philosoph Feng Youlan (1895-1990) hat diese Affinität prägnant so ausgedrückt: »Die Kombination von Daoismus und Buddhismus hatte den Chan-Buddhismus zum Resultat, den ich als Philosophie des Schweigens bezeichnen möchte.«[149] Die Chan-Buddhisten waren oft ähnlich gut mit den Texten des Daoismus vertraut wie mit denen des Buddhismus, und ihre Lehren können tatsächlich als Verbindung der beiden Traditionen angesehen werden. Als »Philosophie des Schweigens« wird der Chan-Buddhismus von Feng Youlan bezeichnet, weil er, so Feng, im Grunde eine »negative« Philosophie propagiert, eine Philosophie, die nicht von dem spricht, worüber gesprochen werden kann, sondern über das, worüber nicht gesprochen werden kann, oder vielleicht besser, worüber weder gesagt werden kann, es könne darüber gesprochen werden, noch, es könne nicht darüber gesprochen werden.

Die vielen Parallelen zwischen Daoismus und Chan-Buddhismus, die sich durch eine direkte Bezugnahme mancher Chan-Buddhisten auf daoistische Begriffe oder Texte historisch untermauern lassen, verführen allerdings leicht dazu, den Daoismus rückwirkend als eine Art frühen Chan-Buddhismus zu verstehen. Die Kenntnis des Chan-Buddhismus lässt manchen altdaoistischen Gedanken in einem buddhistischen Licht erscheinen. Dies kann, wie ich meine, zu einer zu weit gehenden Identifikation von Daoismus und Chan-Buddhismus führen. Wenn auch, wie Feng Youlan sagte, der Chan-Buddhismus eine Kombination von Daoismus und Buddhismus ist und sich somit ganz wesentliche Elemente des daoistischen Denkens zu eigen machte, so gilt doch zugleich, dass im älteren Daoismus noch viele buddhistische Elemente nicht vorhanden gewesen sind. Erst der Chan-Buddhismus reicherte den Daoismus mit diesen Elementen an. Es ist daher – gerade wenn man die Kombinations-These bejaht – nur folgerichtig zu sagen, dass der Altdaoismus sich vom Chan-Buddhismus trotz aller Ähnlichkeiten auch in vieler Hinsicht unterscheidet. Da die Unterschiede zwischen Chan-Buddhismus und Daoismus oft weniger in den Vordergrund gestellt werden als die Gemeinsamkeiten, soll hier kurz auf zwei solche Differenzen verwiesen werden.

Die Leiblichkeit ist für das daoistische Denken von großer Bedeutung.[150] Zwar weist auch der Buddhismus, insbesondere in manchen älteren indischen Formen, eine gewisse Sorge um den Körper auf und strebt, etwa durch yogische Übungen, bisweilen auch das Ideal der Unversehrtheit an, andererseits aber sind gerade im Buddhismus Konzeptionen des Bewusstseins von großer Bedeutung. So entwickelte sich aus dem indischen Yogācāra-Buddhismus in China die so genannte »Nur-Bewusstseins-Schule«, eine etwas ältere Sekte als der Chan-Buddhismus. Diese Schule operierte mit einem sehr komplexen achtstufigen Modell des Bewusstseins und stellt eine Art buddhistischen Idealismus dar, bei dem die ganze Welt als Produkt des Bewusstseins erscheint. Zwar widersetzte sich der Chan-Buddhismus solchen »Verabsolutierungen« des Geistes und schlug vielmehr, getreu seiner »negativen Methode«, eine Überwindung auch der Bewusstseins-Vorstellung (ja sogar der Buddha-Vorstellung) vor, um die Erleuchtung erreichen zu können. Aber natürlich musste er sich im Zuge dieser Kritik erst einmal intensiv auf die buddhistischen Bewusstseinskonzeptionen beziehen. Auch und gerade die Negation des Bewusstseins setzt ja voraus, sich mit dem Bewusstsein zu beschäftigen.

Der alte Daoismus hatte dieses Problem nicht, da er nicht auf dieselbe Geschichte zurückblickte wie der Chan-Buddhismus. Die wichtigste altdaoistische Konzeption des Geistes ist mit dem Ausdruck *xin* verbunden, der wörtlich eben »Herz« bedeutet. Im Herzen sah man, zunächst wohl tatsächlich und erst später metaphorisch, auch den Sitz des »Geistes«. Deshalb hat sich im Englischen inzwischen die Doppelübersetzung *heart-mind* für jenen Terminus durchgesetzt. An dieser Doppelbedeutung lässt sich schon ablesen, dass der frühe Daoismus die Bewusstseinsproblematik noch nicht zu einem eigenständigen Thema hatte machen können. Das Bewusstsein erscheint vielmehr als Funktion der Leiblichkeit, die wiederum im Rahmen der Ordnungsstruktur des Dao (das Herz inmitten der Organe) abgehandelt wird. Insofern ist der Daoismus, wenn bei ihm die Sprache auf den »Geist« kam, von ganz anderen Voraussetzungen ausgegangen, als es dann später bei den Chan-Buddhisten der Fall war.

Ein anderer wichtiger philosophischer Unterschied zwischen Chan-Buddhismus und Daoismus betrifft die Einstellung zur »Wirklichkeit des Wirklichen«. Gerade dieser Unterschied wird bisweilen nicht genügend beachtet, so dass es zu Fehleinschätzungen des Daoismus, zu einer Art chan-buddhistischen Umdeutung, kommt. Im alten Daoismus wird die Welt all dessen, was es gibt, die Welt der zehntausend Dinge, die Welt von Sachen und Namen, die Welt der Präsenz (*you*), nicht durch die Nicht-Präsenz in ihrer Mitte in ihrer Wirklichkeit oder in ihrer Präsenz »relativiert«, sondern vielmehr erst bestätigt. Die Nicht-Präsenz erweist die Echtheit der Präsenz.

Der Buddhismus im allgemeinen und der Chan-Buddhismus im Besonderen ist demgegenüber durch ein »gespaltenes« Verhältnis zur »Wirklichkeit des Wirklichen« gekennzeichnet. Zwar geht es auch im Chan-Buddhismus darum, die Authentizität des »Hier und Jetzt« zu bejahen, aber unter gleichzeitiger Anerkennung der Nicht-Authentizität. Diese »dialektische« Einstellung zur Wirklichkeit des Wirklichen kann vielleicht ansatzweise mit dem berühmten chan-buddhistischen Dreisatz »Ein Berg ist ein Berg. Ein Berg ist kein Berg. Ein Berg ist ein Berg« veranschaulicht werden. Der erste Satz »Ein Berg ist ein Berg« stellt den ungebrochenen Realitätsbezug des »vorphilosophischen« Bewusstseins dar. Im Verlauf der chan-buddhistischen Praxis wird die Wirklichkeit des Wirklichen paradox herausgefordert, und dafür steht der Satz »Ein Berg ist kein Berg«. Schließlich, auf der Stufe der Erleuchtung, wird auch die Einsicht in die Paradoxie und Nicht-Authentizität der Erscheinungen als authentisch begriffen und mit in die ursprünglich einfache Authentizität einbezogen. Am Schluss wird also auch die Nicht-Authenzität als authentisch erkannt, und dafür steht dann wieder der Satz »Ein Berg ist ein Berg«. Der Wirklichkeitsbezug, den dieser Satz versinnbildlicht, ist allerdings mit dem »primitiven« ersten Wirklichkeitsbezug nicht identisch, denn er hat sozusagen seine eigene Negation durchlaufen und ist (im dreifachen Wortsinne Hegels) »aufgehoben«.

Während für die Daoisten die Wirklichkeit des Wirklichen durch die Leere, durch die Nicht-Präsenz, *nicht* gebrochen oder methodisch negiert wird, während es bei den Daoisten auf die ungebrochene Anerkennung der Echtheit all dessen, was ist, ankommt, herrscht bei den Chan-Buddhisten ein tatsächlich »relativiertes« Wirklichkeitsverständnis vor, in dem die Wirklichkeit von der Nicht-Wirklichkeit durchtränkt ist und mit dieser in ein »dialektisches« Spannungsverhältnis gesetzt ist. Ein recht gutes Beispiel für diesen veränderten Wirklichkeitsbezug, den der Chan-Budhismus als »Kombination von Buddhismus und Daoismus« hervorbringt, stellt ein kurzer spätdaoistischer Text dar, der nach der ersten Blüte des Chan-Buddhismus entstanden ist. Der Daoist Tan Qiao, der im 10. Jahrhundert lebte, beschreibt in seinem »Buch der Verwandlungen« (*Huashu*) eine buddhistisch-daoistische »Installation« eines Spiegelkabinetts, in dem die Spiegelbilder selbst wiederum unendlich gespiegelt werden:[151]

> *Mit einem Spiegel wird die Gestalt reflektiert, mit einem weiteren Spiegel wird das Abbild reflektiert. Spiegel und Spiegel reflektieren einander. Abbild und Abbild übertragen einander, ohne die Form des (gespiegelten) Zeremonialschwerts zu verändern und ohne dem (gespiegelten) Zeremonialgewand die Farbe zu nehmen. Es ist die gleiche Gestalt, die sich vom Abbild nicht unterscheidet, und es ist das gleiche Abbild, das von der Gestalt nicht verschieden ist. So erkennt man die Gestalt als nicht wirkliche und das Abbild als nicht unwirkliches. Nicht wirklich und nicht unwirklich: Das ist mit dem Dao vereinbar.*

Dieses Bild der unendlichen Spiegelung geht offenbar auf ein buddhistisches Vorbild zurück, denn dem Meister des Huayan-Buddhismus Fazang (643-712) wird nachgesagt, mit einer ähnlichen Installation – einem illuminierten Buddha inmitten eines mit lauter Spiegeln ausgekleideten Raums – die Kaiserin Wu in die Geheimnisse des buddhistischen Denkens eingeweiht zu haben.[152] Ob nun illuminierter Buddha oder Zeremonialschwert und Zeremonialgewand, die unverfälschte, unendliche Spiegelung des »Wirklichen« im »Unwirklichen« soll die

Relativität beider Seinsweisen klar machen: Das Scheinbare ist nicht weniger echt als das Echte, und das Echte nicht weniger scheinbar als das Scheinbare. Eine solche »Dialektik« von Echtheit und Schein bringt erst das buddhistische Denken, insbesondere das chan-buddhistische, in den Daoismus ein. Im alten Daoismus herrschte demgegenüber noch ein Primat der Echtheit vor. Im Gleichnis von der »Verwandlung des Herzogs Niuai«[153] jedenfalls waren sowohl der Mensch wie später der Tiger von ungebrochener Echtheit – wie es der ältere Bruder des Herzogs zu seinem Leidwesen hatte erfahren müssen.

Ein weiterer, bereits angedeuteter Unterschied zwischen Chan-Buddhismus und Daoismus betrifft den religiösen Charakter des Chan. Weder Laozi noch Zhuangzi erscheinen im älteren Daoismus als Meister in einem Kloster, die sich darum bemühen, Mönche zur Erleuchtung zu bringen. Zwar beantworten Laozi und Zhuangzi, so wie sie in den Texten erscheinen, auch Fragen von offensichtlich weniger erleuchteten Menschen, aber dennoch sind sie nicht eingebunden in eine religiöse Gemeinschaft. So »ketzerisch« der Chan-Buddhismus sich auch gibt, so sehr setzt er doch letztlich auf eine religiöse Erleuchtungsbeziehung zwischen Meister und Schüler, die eher noch an heutige »Sekten«-Praxis erinnert als an das Ideal des »einzelgängerischen« daoistischen Philosophen, wie es die antiken Beschreibungen des *Laozi* und *Zhuangzi* noch vor der Entwicklung der daoistischen Religion bezeugen.

Diesen Unterschied belegen nicht zuletzt auch die verschiedenen Textgattungen, deren sich Daoismus und Chan-Buddhismus bedienten. Das *Daodejing* ist eine Art Spruchsammlung poetischer Verse, der *Zhuangzi* ein Konvolut aus Gleichnissen, Dialogen und philosophischen Kurzabhandlungen; die wichtigsten chan-buddhistischen Texte aber sind predigt-artige Belehrungen (wie das berühmte *Plattform-Sutra* des sechsten Patriarchen) und die in der Regel von Schülern aufgezeichneten Worte und Taten der verschiedenen Meister (die so genannten *yulu*).

b. Daoismus und Postmoderne

Der Begriff der Postmoderne fasst viele verschiedene philosophische (und andere) Strömungen der Gegenwart zusammen. Ich will mich hier denjenigen dieser Philosophien zuwenden, die sich kritisch mit dem »alteuropäischen« Konzept des Ichs oder des Subjekts auseinandergesetzt haben und es zu »überwinden« versuchten. Denn gerade diese philosophischen Richtungen geben bisweilen zu Vergleichen mit dem Daoismus Anlass.

Zu den Vätern der subjekt-kritischen Postmoderne gehört Friedrich Nietzsche. Im Nachwort zu seiner Ausgabe einer Auswahl der nachgelassenen Fragmente Nietzsches führt der Philosoph Günter Wohlfart die folgende Textstelle mit dem Hinweis an, sie könne Anlass zu vergleichenden Studien zwischen Nietzsche und ostasiatischem Denken geben:[154]

> *Hauptgedanke! Nicht die Natur täuscht uns, die Individuen und fördert ihre Zwecke durch unsere Hintergehung: sondern die Individuen legen sich alles Dasein nach individuellen, d.h. falschen Maaßen zurecht [...]. In Wahrheit giebt es keine individuellen Wahrheiten, sondern lauter individuelle Irrthümer – das Individuum selbst ist ein Irrthum. [...] Ich unterscheide aber: die eingebildeten Individuen und die wahren ›Lebens-systeme‹, deren jeder von uns eins ist. [...] Wir sind Knospen an einem Baum – was wissen wir von dem, was im Interesse des Baumes aus uns werden kann! [...] Schrittweise lernen, das vermeintliche Individuum abzuwerfen! Die Irrthümer des ego entdecken! [...]*

Diese Sätze lassen sich nun durchaus »postmodern« lesen als Zeugnis einer anti-individualistischen Philosophie Nietzsches. Für einen dem Daoismus zugeneigten Philosophen wie Günter Wohlfart stellen sie gleichzeitig eine Brücke zur Philosophie Zhuangzis dar. In ähnlicher Weise begreift auch der Komparatist Graham Parkes den die Einheit des Individuums transzendierenden multiplen Perspektivismus als ein Nietzsche mit Zhuangzi vereinendes Merkmal.[155] Aus der Sicht dieser beiden West-Ost-Komparatisten sind weder Nietzsche noch Zhuangzi Advokaten eines philosophischen Individualismus, aber dafür beide eine Art »Vorboten« der Postmoderne. Der Tod des Individuums als Subjekt oder als *ego*, der Perspektiven-Pluralismus, aber auch die Aufwertung des Leibes können als Merkmale daoistischen und nietzscheanischen Denkens gelten, die jeweils Anschlussmöglichkeiten an die Postmoderne bieten.

Zhuangzi lässt seine Protagonisten, wie im Gleichnis vom Flötenspiel des Himmels, ihr »Ich« verlieren. Die Vernichtung des *ego* ist die Vorbedingung, um das daoistische Ziel zu verwirklichen: die Verkörperung der Leere, die zugleich die Mitte des Geschehens und die Totalität des Geschehens darstellt, aber gerade nicht einen individuierten, spezifischen, »präsenten« und vergänglichen Teil des Geschehens. In den Worten Nietzsches gesprochen, halten auch die Daoisten die Individualität in einem gewissen Sinne für einen »Irrthum«, der »abgeworfen« werden muß. Auch sie opfern ihr *ego* den Interessen des großen »Baumes«, dem Wandel von Leben und Tod. Bei Nietzsche ersetzt der Baum den »Menschen«, und Graham Parkes hat zutreffend bemerkt, dass, im Gegensatz zu anderen Philosophen ihres jeweiligen Kulturkreises, bei Nietzsche und bei Zhuangzi oft Pflanzen und Tiere in der Bildersprache an die Stelle von Menschen treten.[156] Dies zeigt sehr deutlich, dass beide Denker weder das individuelle *ego* noch den Menschen überhaupt ins Zentrum ihrer Überlegungen stellen. Zhuangzi und Nietzsche sind beide auf ihre Weise »Anti-Humanisten« und können deswegen mit dem Anti-Humanismus mancher postmodernen Philosophen verglichen werden.

Aber nicht nur postmoderne Denker im engeren Sinne gehören in diese Kategorie. Die folgenden Auszüge stammen aus einem amerikanischen Buch von 1971:

> *Man erklärt uns, dass das, was bedroht ist, der »Mensch qua Mensch« sei, der Mensch in seiner Menschlichkeit, der Mensch als »Du« und nicht als »Es« [...]. Das sind nicht sonderlich hilfreiche Formulierungen, doch liefern sie uns einen Schlüssel. Was im Begriff ist, abgeschafft zu werden, ist der »autonome Mensch« – der innere Mensch, der Homunkulus, der besitzergreifende Dämon [...].*
>
> *Seine Abschaffung ist seit langem überfällig. Der »autonome Mensch« ist ein Mittel, dessen wir uns bei der Erklärung jener Dinge bedienen, die wir nicht anders erklären können. Er ist ein Produkt unserer Unwissenheit, und während unser Wissen wächst,*

löst sich die Substanz, aus der er gemacht ist, immer mehr in Nichts auf. Wir können froh sein, wenn wir uns von diesem Menschen im Menschen befreit haben. Nur wenn wir ihn seiner Rechte entsetzen, können wir [...] vom Wunderbaren zum Natürlichen gelangen [...].

Es wird oft behauptet, dass wir, wenn wir das tun, den Menschen, der überlebt, als bloßes Tier behandeln müßten. »Tier« ist hier ein abwertender Begriff, aber nur, weil der »Mensch« fälschlicherweise aufgewertet worden ist. Krutch argumentiert, dass, während die traditionelle Anschauung Hamlets Ausruf »Wie ein Gott!« unterstütze, Pawlow, der Verhaltenswissenschaftler, dieses Zitat in den Ausspruch »Wie ein Hund!« umformuliert habe. Doch das war ein Schritt voran. Ein Gott ist das archetypische Muster einer Fiktion, mit der etwas erklärt werden soll, eines wunderwirkenden Geistes, des Metaphysischen. [...]

Eine wichtige Funktion des »autonomen Menschen« bestand darin, dem menschlichen Verhalten eine Richtung zu weisen. Oft heißt es, dass der Mensch ohne Ziel und Zweck zurückbleibe, wenn wir ihn jeder inneren Kraft berauben würden. [...] [Aber] ein Pianist erwirbt oder praktiziert das Verhalten, das darin besteht, dass er eine Tonleiter flüssig spielt, nicht aufgrund einer vorangegangenen Absicht, die in diese Richtung zielte. [...] Weder der Evolution der menschlichen Hand noch der erworbenen Verwendung dieser Hand liegen irgendeine vorausgegangene Intention oder irgendein Zweck zugrunde.

Diese Sätze hat B.F. Skinner geschrieben,[157] der Hauptvertreter des Behaviorismus. Sie weisen ebenso viele Parallelen zu Zhuangzi und zum Daoismus auf wie zu Nietzsche, zu manchen postmodernen Denkern – oder sogar zu einem anderen bekennenden »Anti-Humanisten«, zu Niklas Luhmann. Auch der Behaviorismus hält die humanistische Konzeption des Menschen, den »autonomen Menschen«, für einen zu überwindenden Irrtum. (Das erinnert an alle gerade Genannten.) Auch er sieht es als Fortschritt an, den Menschen als Tier anzuerkennen und damit vom »Wunderbaren zum Natürlichen« fortzuschreiten. (Das erinnert an Nietzsche und Zhuangzi.) Auch er bekämpft eine metaphysische Gottesvorstellung und lobt die Absichtslosigkeit und das zweckfreie »Von-selbst« des Verhaltens, wie bei einem perfekten Pianisten. (Und auch das erinnert an Nietzsche und Zhuangzi.)

Die relative Beliebigkeit, mit der man Parallelen zwischen altdaoistischem Denken und sehr verschiedenen Formen mehr oder weniger aktueller westlicher Philosophie finden kann, verdeutlicht allerdings auch die beschränkte Gültigkeit solcher Vergleiche. Indem man die verschiedenen Anti-Humanismen gleichsetzt, besteht die Gefahr, statt eines scharfen Blicks auf die jeweiligen Theorien oder Modelle eine diffuse Mischung zu erhalten.

Ich denke, dass Parallelen zwischen heutigen Philosophien und dem Daoismus – trotz der »Unschärfe-Gefahr« – zumindest insofern gezogen werden können, als sowohl die Postmoderne (einschließlich ihres Ahnherren Friedrich Nietzsche) als auch die daoistische Philosophie nicht-moderne Denkmodelle darstellen. Deshalb kann der postmoderne Kritiker der Moderne im prä-modernen (oder a-modernen) Daoismus einiges finden, was ihm gefällt und keineswegs zu unrecht an die eigene Position erinnert. Da aber der prä-moderne (oder a-moderne) altchinesische Daoismus und die westliche Postmoderne wiederum ein ganz unterschiedliches Verhältnis zur Moderne haben, ergeben sich auch entscheidende Differenzen. Während die Postmoderne das subjektive Individuum nicht mehr anerkennt und aus diesem Grund den »autonomen Menschen« zu überwinden trachtet, so hat der altchinesische Daoismus das subjektive Individuum *noch* nicht anerkennen müssen und fand von einem »vor-individualistischen« (oder a-individualistischen) Ausgangspunkt aus zu seiner Version eines »Anti-Humanismus«.[158]

IV. Texte

1. Aus dem *Zhuangzi*[159]

(Die Kommentare des Guo Xiang sind *kursiv* gedruckt.)

Das Gleichnis vom Schmetterlingstraum

(Z:7/2/94-96, G: 53-54, W: 52)

Einst träumte Zhuang Zhou – und wurde ein Schmetterling, ein flatternder Schmetterling, heiter daselbst und seinem Ansinnen eingepasst!

Selbstzufrieden und nach Wünschen frohgemut in seinem Tun.

Er wusste nichts von einem Zhou.

Mit diesem »im Traum zu einem Schmetterling werden und dabei nichts von einem Zhou wissen« ist es nicht anders als mit dem Tod. Denn indem im jeweiligen Seinszustand alles dem Ansinnen eingepasst ist, gehört der Lebendige ebenso ins Leben wie der Gestorbene in den Tod. So betrachtet, erkennt man, wie falsch es ist, im Leben wegen des Todes besorgt zu sein.

Mit einem plötzlichen Erwachen war ein Zhou voll und ganz da.

Weil von Zhou aus gesprochen wird, ist von »Erwachen« die Rede. Dies bedeutet nicht unbedingt, dass damit die Echtheit des Traums widerlegt ist.

Man weiß nicht, ob ein Zhou im Traum zu einem Schmetterling wird, oder ein Schmetterling im Traum zu einem Zhou.

Das jetzige Nichts-Wissen vom Schmetterling unterscheidet sich nicht vom Nichts-Wissen von Zhou zur Zeit des Traumes. Denn zu seiner Zeit ist alles dem jeweiligen Ansinnen eingepasst. Dementsprechend kann durch nichts klargestellt werden, dass nicht vorhin ein Schmetterling träumte und so jetzt ein Zhou da ist. Insofern im Traum eines Mittagsschlafs ein Jahrhundert durchlebt werden kann, kann durch nichts klargestellt werden, dass unser jetziges Jahrhundert nicht der Traum eines Mittagsschlafes ist.

Wo es einen Zhou gibt und einen Schmetterling, da muss es eine Unterscheidung dazwischen geben.

Die Unterscheidung zwischen Wach-sein und Träumen ist nichts anderes als die Trennung von Leben und Tod. Der Grund dafür, dass man heiter daselbst dem Ansinnen eingepasst zu sein vermag, besteht darin, dass diese Unterscheidung fest eingerichtet ist, und nicht darin, dass es diese Unterscheidung nicht gibt.

Diesbezüglich spricht man von der Wandlung der Dinge.

Nun, der Lauf der Zeiten hält nicht einen Moment ein, und das Heute bleibt im Fortgang nicht bestehen. So wandelt sich der Traum von gestern in ein Heute. Wie könnte es sich mit dem Wechsel von Leben und Tod anders verhalten!? Warum also sich zwischen beidem schwankend das Herz schwer machen lassen?! Denn ist man das eine, weiß man nichts vom anderen. Das Schmetterling-sein im Traum ist echt. Bezieht man dies auf die Menschenwelt, so weiß man zeit seines Lebens nicht, ob man nicht später einmal schöne Konkubinen in Wirklichkeit haben wird. Nur die Dummen glauben für sich selbst fest daran, zu wissen, dass das Leben etwas Erfreuliches und der Tod etwas Bedauernswertes sei. Das eben heißt, noch nichts von der Wandlung der Dinge gehört zu haben.

Das Reusengleichnis

(Z: 75/26/48-49, G: 407, W: 283)

Reusen sind das, wodurch man an Fische kommt.

Erst wenn man die Fische bekommen hat, kann man die Reusen vergessen.

Hasenfallen sind das, wodurch man an Hasen kommt.

Erst wenn man die Hasen bekommen hat, kann man die Hasenfallen vergessen.

Worte sind das, wodurch man an das kommt, was man im Sinn hat.

Erst wenn man bekommen hat, was man im Sinn hatte (bzw.: erst wenn man wunschlos glücklich ist und nichts mehr im Sinn hat); kann man die Worte vergessen.

Wie sollte ich mit jemandem reden können, der die Worte vergessen hat?

Wenn zwei Weise erst einmal nichts mehr im Sinn haben, dann haben sie auch nichts mehr, worüber sie reden.

Die Freude der Fische

(Z:45/17/87-92, G: 267-268, W: 192)
Zhuangzi und Huizi spazierten (*you*) auf der Brücke über den Hao-Fluss. Zhuangzi sagte: »Die Elritzen kommen heraus und tummeln (*you*) sich sorglos! Das ist die Fröhlichkeit der Fische.« Huizi entgegnete: »Du bist kein Fisch. Wie kannst du die Fröhlichkeit der Fische erkennen?« Da antwortete Zhuangzi: »Du bist nicht ich. Wie kannst du erkennen, dass ich die Fröhlichkeit der Fische nicht erkenne?« Und Huizi erwiderte: »Ich bin nicht du, also erkenne ich dich gewiss nicht. Und du bist gewiss kein Fisch, und damit ist völlig klar, dass du die Fröhlichkeit der Fische nicht erkennst.« Zhuangzi sagte darauf: »Bitte gehe noch mal zu deinem Ausgangspunkt zurück. Als du mich fragtest, wie ich die Fröhlichkeit der Fische erkennen könne, da hast du doch schon erkannt, dass ich sie erkenne, indem du fragtest. Ich erkenne sie hier von der Brücke herab!«

[...] Nun, wo hinein die Dinge geboren sind und wo sie zufrieden sind: diesen Ort können Himmel und Erde nicht ändern, und diesen Stand können Yin und Yang nicht rückgängig machen. Deshalb kann es kaum wunderlich genannt werden, wenn man ausgehend von dem, worin das auf das Land Geborene zufrieden ist, dasjenige erkennt, worin das ins Wasser Geborene fröhlich ist!

Über Gedanken

(Z: 43/17/24, G: 253, W: 182)
Das, was mit Worten besprochen wird, das ist das Grobe an den Dingen. Und das, was mit Gedanken erreicht werden kann, das ist das Feine an den Dingen. Das aber, was von Worten nicht besprochen und von Gedanken nicht untersucht und erfasst werden kann, ist das, was weder zum Groben noch zum Feinen gehört.

*Allein die Leere (*wu*)! Wie kommt es zur Fülle (*you*) von Worten und Gedanken? Nun, Worte und Gedanken gehören zur Fülle. Und das, worauf Worte und Gedanken beruhen, ist die Leere. Also strebt man (zur Heiligkeit) im sichtbaren Bereich der Worte und Gedanken und tritt dann ein in den Bereich der Wort- und Gedankenleere, und dann hat man schließlich das Ziel erreicht.*

Das Gleichnis vom Vogel Yuanchu und der Eule

(Z: 45/17/87-92, G: 267, W: 191)
Als Huizi Minister im Staat Liang wurde, da wollte Zhuangzi dort hingehen, um ihm einen Besuch abzustatten. Jemand wandte sich an Huizi und sagte: »Wenn Zhuangzi kommt, so wird er beabsichtigen, Euch von eurem Ministerposten zu verdrängen.« Dies versetzte Huizi in Schrecken, und so ließ er drei Tage und drei Nächte lang im Lande nach Zhuangzi suchen. Zhuangzi aber kam zu Besuch und sprach: »Im Süden wohnt ein Vogel, sein Name ist Yuanchu. Kennst Du ihn nicht? Nun, Yuanchu erhebt sich aus dem Südmeer und fliegt bis zum Nordmeer. Er lässt sich nur nieder auf den edelsten Bäumen, er speist nur die besten Früchte, und er trinkt nur aus den reinsten Quellen. Als einmal eine Eule gerade eine verdorrte Maus gefunden hatte, da flog er an ihr vorüber. Sie hob den Kopf, erblickte ihn und machte ›Huu!‹. Willst Du nun etwa wegen Deines Staates Liang auch ›Huu!‹ zu mir machen!?«

Über Handeln und Nicht-Handeln

(Z: 34/13/18-21, G: 207-208, W: 146)
Also schätzten die Menschen des Altertums das Nicht-Handeln. Würden die Hochgestellten nicht handeln, und die Untertanen ebensowenig handeln, so hieße dies, dass die Hochgestellten und die Untertanen die gleiche »Tugend« (*de*) ausübten. Üben aber Hochgestellte und Untertanen die gleiche Tugend aus, so wird nicht gedient. Würden die Untertanen handeln, und handelten die Hochgestellten ebenso, so hieße dies, dass die Hochgestellten und die Untertanen den gleichen Weg (*dao*) verfolgten. Verfolgen aber Hochgestellte und Untertanen den gleichen Weg, so wird nicht geherrscht. Die Hochgestellten müssen nicht-handeln. Die Untertanen müssen handeln, sie werden für die Welt in Dienst genommen. Das ist der unabänderliche Weg (*dao*).

Über den Körper

(Z: 63/23/42, G: 343, W: 244)
Kannst Du ein Kind sein? Ein Kind bewegt sich, aber es weiß nicht, was dabei (von ihm) getan wird. Es geht, aber es weiß nicht wohin. Der Körper sei wie der Zweig eines morschen Baums, das Herz sei wie tote Asche.

Über Leben und Tod

(Z: 60/22/74, G: 332, W: 233)
Nicht durch das Leben wird Totes lebendig. *Nun, Totes ist, allein indem die Wandlung eingetreten ist, nichts als tot. Es ist nicht der Fall, dass etwas Lebendiges Totes zum Leben erwecken würde.* Nicht wegen des Todes wird Lebendiges tot. *Lebendiges ist ebenso, allein indem die Wandlung eingetreten ist, nichts als lebendig.*

(Z: 6/2/78-82, G: 49-50, W: 50)
Wie weiß ich denn, dass die Vorliebe für das Leben (berechtigt ist und) nicht eine Verwirrung ist?

Leben und Tod bilden eine Einheit. Dennoch allein für das Leben eine Vorliebe zu haben bedeutet, dass Wünschen und Wandel in einem Widerspruch zueinander stehen. Also weiß man (im Leben) noch nicht, ob die Vorliebe für das Leben nicht (vielmehr) eine Verwirrung ist.

Wie weiß ich denn, dass das Verabscheuen des Todes (berechtigt ist und der Tod) nicht vielmehr (dem Zustand) des jung heimatlos Gewordenen (gleicht), der gar nicht weiß, dass er zurückgekehrt ist (wenn er nach Hause kommt)?

›Jung heimatlos Gewordener‹ wird jemand genannt, der in der frühen Kindheit seinen alten Wohnsitz verloren hat. Der junge Heimatlose ist folglich jemand, der immer da völlig zufrieden ist, wo er sich befindet, und es gar nicht weiß, wenn er in seine Heimat zurückgekehrt ist. Wie sollte man wissen können, dass das Leben nicht eine solche ›Heimatlosigkeit‹ ist und der Tod nicht eine solche ›Rückkehr‹ und deshalb den Tod verabscheuen?

Eine schöne junge Dame namens Li war die Tochter des Grenzwartes von Ai. Als sie gerade vom Staate Jin gefangen genommen wurde, da weinte sie so sehr, dass ihre Kleider getränkt waren von Tränen. Als sie aber im Königspalast angekommen war, das Lager mit dem König teilte und feines Fleisch speiste, da bereute sie ihre Tränen.

Genauso ändern sich die Gefühle innerhalb eines Lebens. An einem Tag weiß man nichts vom nächsten – und wie ist da erst mit dem Wechsel vom Leben zum Tod!? Wie sollte da ein wechselseitiges Wissen möglich sein?

Wie soll ich wissen, ob der Tote nicht bereut, dass es ihn vordem zu leben verlangte?

Das Schriftzeichen qi *heißt »nach etwas verlangen«.*

Einer, der vom Schnapstrinken träumt, vergießt Tränen am nächsten Morgen. Einer, der im Traum Tränen vergießt, geht am nächsten Morgen auf Jagd.

So ist der Wechsel der Sache nach zwischen Wach-Sein und Schlaf. Indem sich die Sache wandelt, wird auch das Gefühl ein anderes. Dementsprechend können die jeweiligen Annehmlichkeiten im Tod und im Leben nicht in Übereinstimmung gebracht werden. Wenn man sich im Leben am Leben erfreut, so erfreut man sich daher im Tod am Tod. Auch wenn Leben und Tod verschieden sind, so sind sie doch darin eins, dass sie jeweils ihre Annehmlichkeiten haben. Warum also an (einem von beiden) hängen?

Während man träumt, weiß man nicht, dass man träumt.

So gesehen, weiß man auch im Tod nicht, dass man tot ist, und lebt im Einklang mit seinen Wünschen.

In Träumen kommen wiederum (manchmal) Traumdeutungen vor.

Wenn jemand träumt und wiederum im Traum eine Traumdeutung macht, so gibt es nichts, wodurch (der Träumer) vom Wachen unterschieden werden kann.

Erst wenn man aufwacht, weiß man, dass man geträumt hat.

Im jeweiligen Zustand ist alles perfekt. Warum sollte man sich während des Lebens wegen des Todes grämen?

Außerdem gibt es ein großes Erwachen. Danach weiß man, dass all jenes ein großer Traum war.

Der groß Erwachte ist der Heilige. Der groß Erwachte weiß, dass alle die, die Besorgnis und Grübelei in sich tragen, nicht wach sind.

(Z: 18/6/75-82, G: 124-126, W: 92-93)
Yan Hui fragte Konfuzius: »Als Mengsun Cais Mutter starb, da weinte er, ohne Tränen zu vergießen, das Herz in seiner Mitte trauerte nicht, und er verrichtete die Begräbnisfeierlichkeit ohne zu wehklagen. Diese drei Dinge fehlten, und doch gilt er im Staate Lu als derjenige, der sich am besten darauf versteht, Begräbnisfeierlichkeiten zu vollziehen. Offenbar ist das nun ein Fall, wo jemandem ein Ruf zukommt, ohne dass der Sachverhalt dafür gegeben ist, oder? Ich jedenfalls finde dies sehr seltsam.« *Im Staate Lu beachtete man Mengsun Cais ritenkonformes Verhalten, Yan Hui aber prüfte dessen Herz.*

Konfuzius sagte: »Nun, Mengsun hat die Angelegenheit erschöpfend durchdrungen. Er ist über die Sachkenntnis hinaus fortgeschritten. *Er hatte die Struktur von Leben und Tod erschöpfend durchdrungen. Jemand, der dem innen und außen Angemessenen entspricht, der bewegt sich mit dem Himmel wandelnd und ist kein Kamerad der Sachkenntnis.* Allein, er hatte einen (der beiden Zustände Tod und Leben als den ›Echten‹ gegenüber dem anderen) herausgreifen wollen, aber es war ihm nicht gelungen. *Er griff jeweils Tod oder Leben heraus, ohne dass es ihm gelang, dabei eine Verschiedenheit (an Echtheit) festzustellen. (Deren Wandel) war (für ihn) bloß wie der Wandel der vier Jahreszeiten Frühling und Herbst, Winter und Sommer.* Denn sobald er einmal einen (Zustand) herausgegriffen hatte, da wusste er entweder nicht, (sofern er gerade das Leben herausgegriffen hatte) woher dieses zum Leben gekommen war, oder er wusste nicht (sofern er gerade den Tod herausgegriffen hatte), woher dieser zum Tod gekommen war. *Indem einmal (ein Zustand) herausgegriffen war, da gelang es nicht (eine Verschiedenheit an Echtheit festzustellen), deshalb gab es keine Unzufriedenheit (in einem der Zustände). Weil es (in keinem der Zustände) Unzufriedenheit gab, deswegen gab Mengsun Cai sich (dem Wechsel von) Leben und Tod hin, ohne dass sein Sinn dadurch aus der Ruhe gebracht worden wäre. (Es war) eine Wandlung, die von selbst geschah.* Er wusste da jeweils weder, von woher (der Zustand) hergekommen war, noch, wo (dieser) später hingehen würde. *Wie es sich traf, so traf es sich zur Zufriedenheit.* Wenn er gerade in ein Ding verwandelt worden war – *er widerstrebte der Wandlung nicht* – worauf sollte er da Erwartungen gründen über Verwandlungszustände, von denen er nichts wusste? *Leben und Tod lassen einander wechselseitig den Vortritt und bilden im Wandel eine Einheit. Auf diese Weise vergißt man in der aktuellen Gegenwart (eines Zustandes), was man (im anderen Zustand) wusste. Wieso sollte man, gegründet auf etwas, das man noch nicht weiß, sich vorausschauend sorgen?* Wie sollte im Zustand der Verwandlung etwas über den Zustand der Nicht-Verwandlung gewusst werden? Und wie sollte im Zustand der Nicht-Verwandlung etwas vom Zustand der Verwandlung gewusst werden? *Weiß man etwa im Zustand der Verwandlung, in dem man lebt, etwas von der Zeit, da man noch nicht lebte? Wusste man etwa im Zustand, da man noch nicht verwandelt und tot war, etwas über den Zustand nach diesem Tot-Sein? Also geht man, indem es nichts zu meiden gibt und nichts, wonach zu streben ist, ganz und gar mit dem Wandel.* Können nicht gerade Du und ich in einem Traum sein, aus dem wir noch nicht erwacht sind? *Nun, Leben und Tod sind bloß wie Wach-Sein und Träumen. Wenn man gerade träumt, so hält man sich selbst für wach. Also gibt es nichts, wodurch man klären kann, ob das Wach-Sein nicht tatsächlich ein Traum ist. Wenn es nichts gibt, wodurch zu klären ist, ob das Wach-Sein nicht tatsächlich ein Traum ist, so gibt es auch nichts, um zu klären, ob das Leben nicht tatsächlich ein Tod ist. Weder im Leben noch im Tod, weder im Wach-Sein noch im Traum, weiß man, (in welchem der beiden Zustände) man ist. Und so gibt es, wie es sich auch in der jeweiligen Gegenwart trifft, nichts, was sich nicht selbst genügt. Wie kommt man nur dazu, sich im Hier wegen des Dort zu sorgen?* Für jenen (Mengsun Cai) nun gibt es zwar äußere Formen, die sich überraschend verändern, aber er hat kein Herz, das daran Schaden nähme. *Er nimmt die Verwandlung bloß als überraschende Veränderung der äußeren Form. Deshalb nimmt sein Herz keinen Schaden (am Wechsel von) Leben und Tod.* Und es gibt für ihn den morgendlichen (Neuaufbau einer) Hütte, aber keine Gefühlsregung angesichts des Todes. *Er nimmt die Veränderung des Körpers bloß als den Aufbau einer Hütte an einem neuen Tag. Seine Gefühlsregungen fassen dies nicht als Sterben auf.* Mengsun ist besonders erwacht. Wenn die anderen Leute weinen, so weint er auch. Dies (Verhalten) ist in seiner Wesensart begründet. *Nun, einer, der stets wach ist, ist frei von Widersetzlichkeit, wenn der Gang (der Zeiten) seinen Lauf nimmt. Deswegen ist es korrekt, wenn er auch weint, wenn die anderen Menschen weinen. Dies ist es, wodurch sein Verhalten (auch in diesem*

Fall) angemessen ist. Außerdem, wenn wir beide jetzt so beisammen sind, so halten wir uns dabei jeweils bloß für (ganz) uns (selbst). *Nun, (im Verlauf) des Wandels von Leben und Tod halten wir uns immer für (ganz) uns (selbst). Wenn wir uns (selbst) immer für echt halten, warum sollte dieses »(ganz) uns (selbst)« dann (in diesem Zustand) verloren gehen? Und wenn das »(ganz) uns (selbst)« noch nicht verloren ist, warum sollten wir uns dann sorgen? Weil er ohne Widersetzlichkeit ist, weint (Mengsun Cai) auch, wenn die anderen Menschen weinen. Weil er aber ohne Sorge ist, weint er, ohne zu trauern.* Wie soll man aber auf Dauer wissen, worauf wir uns beziehen, wenn wir von ›für uns selbst halten‹ sprechen? *Es gibt keinen Zustand, in dem wir uns nicht (ganz) für uns (selbst) halten. So sind Außen und Innen auf verborgene Weise vereint und Früher und Heute in vollständiger Kontinuität. Mit dem Wandel gibt es täglich Neues. Wie sollte man da wissen, wo ›wir (selbst)‹ uns befinden?* Im Traum wirst du beispielsweise ein Vogel und fliegst hinauf in den Himmel. Oder Du wirst im Traum ein Fisch und tauchst hinab in die Tiefe. *Dies sagt aus, dass man nirgends, wo man hingeht, sich nicht selbst genügt.* So weißt Du nicht, ob der, der jetzt hier im Gespräch ist, ein Wachender oder ein Träumender ist. *Zur Zeit des Traumes hält man sich selbst für wach. Wie soll man also wissen, ob nicht die Gegenwart ein Traum ist oder – genauso – ob sie nicht Wach-Sein ist. (Die Wandlungen) von Wach-Sein und Träumen können jedweden Gang nehmen. Deshalb gibt es im Wechsel von Tod und Leben keinen Zeitpunkt, der dazu hinreichte, Leidgefühle zu erwecken.* Ist man dem, was sich ereignet, angepasst, so kommt es nicht dazu, dass man (vor Freude) lacht. Lacht man hingegen (vor Freude), so kommt es nicht dazu, dass man die Veränderung (auf reibungslose Weise) vollzieht. *Indem man allem, was sich ereignet, angepasst ist, vergisst man, dass man angepasst ist. Deswegen kommt es nicht dazu, dass man (vor Freude) lacht. Mit dem Wort ›Veränderung‹ ist die Veränderung als Verschiebung gemeint. Nun, um den Riten entsprechend zu weinen, muss man Trauer empfinden, und um (vor Freude) zu lachen, muss man glücklich sein. Wenn aber Trauer und Glücksgefühl in der Brust verankert sind, dann können Veränderungen und Verschiebungen nicht mit (völligem) Angepasstsein vollzogen werden. Mengsun ist nun stets angepasst. Deswegen weint er, ohne zu trauern, und geht ganz und gar mit dem Wandel.* (Mengsun Cai) war zufrieden im Laufe der

Veränderungen gewesen und mit dem Wandel gegangen. Dann trat er ein in den verlassenen Ort und bildete mit dem Himmel die Einheit. *(Mengsun Cai) war zufrieden im Laufe der Veränderungen und Verschiebungen gewesen und ganz und gar mit dem Wandel fortgegangen. Er trat deshalb dann ein in den einsamen, verlassenen Ort und bildete mit dem Himmel die Einheit. Weiter oben treffen wir auf Zisi. Beider (Verhalten) läuft auf eines hinaus, aber die Begräbnisse, die sie begingen, waren verschieden. Deshalb gibt es den Unterschied, dass dabei der eine (Zisi) sang, während der andere (Mengsun Cai) weinte.*

(Z: 17/6/46, G: 116, W: 89)
Wer vermag, das Nichts zum Kopf zu haben, das Leben zum Rückgrat und den Tod zum Gesäß? Wer weiß, dass Leben und Tod, Bestehen und Verfallen ein Körper sind? Mit dem werden wir Freundschaft schließen!

(Z: 60/22/77, G: 333, W: 234)
Die Menschen im Altertum waren im äußerlichen Wandel innerlich ohne Wandel.

Über die Zeit

(Z: 70/25/15, G: 382, W: nicht übersetzt)
Ranxiang gelang es, die Mitte des Kreises zu besetzen. Durch Fügung schaffte er Vollendung.

Ranxiang war ein heiliger König der Frühzeit. Er siedelte sich in der Leerstelle an, um den (Lauf der Dinge) sich fügen zu lassen, und (der Lauf der) Dinge kam zur Vollendung.

Mit (dem Lauf der) Dinge war er ohne Anfang und ohne Ende, ohne Zeitpunkt und Zeitphase.

Im Nu war er mit ihnen (den Dingen) im vollständigen Wandel.

Der, der täglich mit den Dingen wandelt, ist der, der einzig ohne Wandel ist.

Täglich wandelt er mit den Dingen. Deshalb bleibt er stets ohne Ich. Er bleibt stets ohne Ich. Deshalb wandelt er nicht.

(Z: 42/17/15-19, G: 251-252, W: 181)
Nun, was die Dinge angeht, so gilt in ihrem Bereich, dass
die Maßstäbe keine letzte Geltung besitzen,
der Zeitenlauf kein Ende nimmt,
das Unterschiedene nicht dauerhaft ist,
das dem Anfang und dem Ende keine Endgültigkeit zukommen.

Deshalb
– wird man, wenn man das Nahe und Ferne weise betrachtet,
weder das Kleine für gering noch das Große für viel halten.
Denn man erkennt, dass (für die Dinge) die Maßstäbe keine letzte Geltung besitzen.
– wird man, wenn man das Heutige wie das Frühere klar durchschaut,
weder wegen des lang Anhaltenden betrübt noch wegen des Kurzfristigen besorgt sein.
Denn man erkennt, dass (für die Dinge) der Zeitenlauf kein Ende nimmt.
– wird man, wenn man das Volle und das Leere prüft,
weder wegen des Gewinns sich freuen noch wegen des Verlusts sich grämen.
Denn man erkennt, dass (für die Dinge) das Unterschiedene nicht dauerhaft ist.
– wird man, wenn man Einsicht nimmt in den ebenen Weg,
weder das Leben als Glück noch den Tod als Unglück empfinden.
Denn man erkennt, dass dem Anfang und dem Ende keine Endgültigkeit zukommen.

(Z: 5/2/49, G: 38, W: 46)
Es gibt solche, für die es einen Anfang gibt.
Gibt es einen Anfang (für sie), so gibt es auch ein Ende (für sie).
Es gibt solche, für die es noch nicht angefangen hat, einen Anfang zu geben.
Es ist die Rede davon, dass, indem weder Anfang noch Ende da sind, Tod und Leben als eine Einheit aufgefasst werden.
Es gibt solche, für die es noch nicht einmal angefangen hat, nicht damit angefangen zu haben, einen Anfang zu geben.

Nun, Tod und Leben als Einheit aufzufassen, kommt dem nicht gleich, dass ohne die Annahme einer solchen Einheit von selbst Gleichgültigkeit besteht. Dieser Zustand bedeutet, dass sogar noch die Einheit vergessen ist.

Der Schnitzkünstler

(Z: 50/19/54-58, G: 289-290, W: 203-204)
Der Hofschreiner Qing schnitzte (für den Herzog von Lu) aus einem Stamm einen Glockenständer. Als der Glockenständer fertig war, waren alle, die ihn sahen, verblüfft, als sei er von Geisterhand geschaffen. *Er sah nicht aus, als sei er von einem Menschen gemacht.*

Als der Herzog von Lu ihn betrachtet hatte, erkundigte er sich darüber (bei dem Hofschreiner): »Mit welcher Kunst hast Du dies vollbracht?« Der Hofschreiner antwortete: »Ich bin ein Handwerker, welche Kunst sollte ich schon besitzen? Aber doch habe ich da eines: Als ich mich daran machte, den Glockenständer zu fertigen, da erlaubte ich mir nicht mehr, meine ›Qi-Energie‹ zu verbrauchen. Ich betrieb das ›Fasten des Herzens‹, um das Herz zur Ruhe zu bringen. Nach drei Tagen Fasten erlaubte ich mir keinen Gedanken mehr an meinen Lohn und meinen Rang; nach fünf Tagen Fasten erlaubte ich mir keine Gedanken mehr an Lob oder Tadel wegen Geschicklichkeit oder Ungeschicklichkeit. Nach sieben Tagen Fasten vergaß ich plötzlich, dass ich vier Gliedmaßen und einen Körper besaß. Und zu diesem Zeitpunkt gab es auch Euren Hof nicht mehr. *Wenn der Hof des Herzogs als ein Nichts erscheint, dann heißt das soviel, dass alle Gefühle des bangen Hoffens und Begehrens ausgeschaltet sind.* Während sich die Geschicklichkeit konzentrierte, lösten sich die Verstrickungen der Außenwelt auf. *Alle der natürliche Beschaffenheit äußerlichen Angelegenheiten werden abgetan.* Dann ging ich in den Wald und schaute mir (die Bäume) hinsichtlich der natürlichen Eigenschaften an, bis ich auf die perfekte Gestalt traf. Dann zeigte sich mir der Glockenständer vollkommen, so dass ich nur noch Hand anzulegen brauchte. Wäre dem nicht so gewesen, so wäre es vorbei gewesen. *Es muss aus dem Material selbst heraus gekommen sein.* So aber konnte ich gemäß der Natur mit der Natur übereinkommen. *Es bestand keine Trennung mehr von der Natürlichkeit (*ziran*).* Das ist der

Grund, warum die Leute sich fragen, ob (der Glockenständer) von Geisterhand geschaffen ist.« *Weil (der Glockenständer) ganz und gar den Feinheiten des Dings entsprach, fragte man sich, ob er nicht von Geistern gefertigt worden sei.*

Über Sprache

(Z: 72/25/62-64, G: 392-393, W: 271)
Die vier Jahreszeiten haben ihr unterschiedliches Klima. Weil der Himmel nichts dazutut, deshalb bilden sie den Jahreslauf. Die fünf Ämter haben ihre unterschiedlichen Aufgaben. Weil der Herrscher nichts für sich selbst beansprucht, deshalb bleibt der Staat in Ordnung. Was die zivilen und militärischen Angelegenheiten angeht, so tut der große Mann nichts dazu, deshalb bleibt die Tugendkraft (*de*) vollständig. Die zehntausend Dinge sind von unterschiedlicher Art. Weil das Dao nichts für sich beansprucht, deshalb hat es keinen Namen. Weil es keine Namen hat, deshalb handelt es nicht. Indem es nicht handelt, bleibt nichts ungetan (*wu wei er wu bu wei*).

(Z: 72-73/25/69-82, G: 394-396, W: 272-274)
Yin und Yang respondieren einander, verdecken einander und bringen einander hervor. Die vier Jahreszeiten lösen einander ab, erzeugen einander und löschen einander aus [...] Sicherheit und Gefahr wechseln einander ab, Unglück und Glück gehen auseinander hervor, Langsamkeit und Schnelligkeit tauschen miteinander, durch Auseinanderdriften und Zusammenziehen entstehen (verschiedene Formen). All dies ist durch Namen und Sachen zu erfassen und durch Feinheiten und Subtilitäten zu erdenken.

[...]

Derjenige, der das Dao gesehen hat, der verfolgt nicht mehr, wohin all jenes schwindet, der ergründet nicht mehr, woher all jenes kommt. Hier endet die Diskussion.

[...]

Es hat einen Namen, und es hat eine »Sache« (*shi*), darin hat ein Ding seinen Bestand. (Das Dao aber) hat keinen Namen und es hat keine »Sache«. Es existiert im Ding-Leeren.

[...]

Das Dao kann nicht präsent sein, und was präsent ist, kann nicht nicht-präsent sein. Wird es mit ›dao‹ als Name bedacht, so ist dies ein ›pseudonymes‹ Vorgehen.

[...]

Nicht reden und auch nicht schweigen: dies ist der Endpunkt aller Diskussion.

(Z: 6/2/67-70; G: 44-45, W: 48)

Wenn sich ein Mensch an einem feuchten Ort bettet, dann wird seine Hüfte schmerzen, oder er wird halbseitig lahm. Ist dies aber etwa bei einem kleinen Fisch im Flussschlamm ebenso? Wenn ein Mensch auf einem hohen Baum sitzt, dann ist er voller Angst. Ist dies aber etwa bei einem Affen ebenso? Wer von den dreien weiß, welcher der richtige Aufenthaltsort ist? Die Menschen essen Fleisch, das Wild isst Gräser, manche großen Insekten mögen Würmer, und manche großen Vögel fressen gerne Mäuse. Wer von den vieren weiß, was wirklich schmeckt? Die Affen suchen sich untereinander ihre Partnerinnen, Wild paart sich mit Wild, und die kleinen Fische schwimmen mit anderen Fischen. (Die beiden Frauen) Mao Qiang und Lu Ji werden von den Menschen für schön gehalten, aber wenn die Fische sie sehen, tauchen sie ab, wenn die Vögel sie sehen, fliegen sie davon, und wenn das Wild sie sieht, ergreift es die Flucht. Wer von den vieren weiß, was auf der Welt wirklich schön ist?

(Z: 4/2/31, G: 33, W: 43)

[...] Erst muss der Angelpunkt in der Mitte des Kreises sein, damit die Entsprechung endlos wird.

*Nun, Bejahen und Verneinen widersprechen und verkehren einander, sie verfolgen einander, ohne an ein Ende zu kommen. Deswegen ist von einem »Kreis« die Rede. Die Mitte des Kreises ist leer. Wer nun Bejahen und Verneinen als einen Kreislauf ansieht und es erreicht, in dessen Mitte zu gelangen, für den gibt es weder Bejahung noch Verneinung. Und weil es für ihn weder Bejahung noch Verneinung gibt, deshalb vermag er allen Bejahungen und Verneinungen zu entsprechen (*ying*). Und indem die Bejahungen und Verneinungen nicht an ein Ende kommen, kommt deshalb auch sein Entsprechen nicht an ein Ende.*

Das Bejahen wird ein Unendliches, das Verneinen ein Unendliches.

Nichts in der Welt bejaht sich nicht selbst. Und nichts verneint einander nicht. So bejaht eines und verneint eines, und zwei gehen fort, ohne an ein Ende zu kommen. Allein der, der übersetzt in die Leere und die Mitte erreicht, der hat – verlassen und ohne etwas in sich zu tragen – (das Dao) zum Gefährt seiner Reise.

Das Flötenspiel-Gleichnis

(Z: 3/2/1-9, G: 21-25, W: 39-40)
Ziqi aus Nanguo saß an seinen Tisch gelehnt, blickte zum Himmel und atmete. Sein Blick war leer, so als habe er, was mit ihm war, verloren. Sein Schüler Yancheng Ziyou stand ihm zu Diensten dabei und sagte: »Wie ist dies geschehen? Kann der Körper tatsächlich werden wie morsches Holz, und kann das Herz tatsächlich werden wie tote Asche? Der, der jetzt an seinen Tisch gelehnt ist, ist nicht der, der vordem an diesem Tisch lehnte.«

Ziqi sagte: »Deine Frage ist wirklich gut gestellt. Heute habe ich das ›Ich‹ verloren. Hast Du das erkannt? Hast Du das Flötenspiel der Menschen gehört, so hast Du noch nicht das Flötenspiel der Erde gehört; und hast Du das Flötenspiel der Erde gehört, so hast Du noch nicht das Flötenspiel des Himmels gehört.«

Ziyou fragte: »Darf ich dann wagen, mich nach dieser Kunst zu erkundigen?«

Ziqi sagte: »Nun, der große Erdball stößt einen Atem aus, und dessen Name ist ›Wind‹. Der ist nun nicht tätig, ist er aber tätig, dann erklingt sein Blasen aus allen Löchern. Hast Du ihn denn nicht rauschen gehört? Die Klüfte der Berge und die Hohlräume der großen Bäume, sie gleichen Nasen, Mündern und Ohren, sie gleichen den Aushöhlungen der Dachbalken, den Bechern, den Mörsern, den Kuhlen von Tümpeln und Pfützen. Ein Zischen und Pfeifen, ein Heulen, ein Ächzen, ein Schreien, ein Jammern, ein Brausen, ein Brummen. Die erste Brise singt ›Huh‹, die nächste Brise singt ›Oih‹. Ein sanfter Wind lässt ein leises Konzert ertönen, und ein Wirbelsturm lässt ein lautes Konzert erklingen. Sobald der Sturm vorüber ist, sind alle Löcher wieder stumm. Hast Du denn nicht gesehen, wie dann alles zittert oder bebt?«

Ziyou sagte: »Beim Flötenspiel der Erde handelt es sich um alle Höhlungen – eben diese. Beim Flötenspiel des Menschen handelt es sich um die Reihe von Löchern im Bambusrohr – eben diese. Darf ich aber wagen, mich nach dem Flötenspiel des Himmels zu erkundigen?«

Ziqi antwortete: »Nun, (das Flötenspiel des Himmels) bläst in zehntausendfacher Verschiedenheit, aber es lässt (die zehntausend Dinge) eben von selbst (erklingen). *Dies ist das Flötenspiel des Himmels. Nun, gibt es etwa bei diesem Flötenspiel des Himmels noch ein anderes Ding (außerhalb der ›Flöte‹)? Gerade dadurch, dass derartige Dinge wie all jene Höhlungen (der Erde) und Löcher im Bambusrohr (der Flöten des Menschen) mit allem, was existiert, zusammenkommen, bilden sie gemeinsam die Einheit des ›Himmels‹. Die Nicht-Präsenz (wu) ist dabei nichts als nicht-präsent, und deshalb kann sie das Präsente nicht zur Existenz bringen. Wenn das Präsente noch nicht existiert, kann es ebensowenig (anderes) Existieren erzeugen. Wer sollte demnach das, was existiert, zur Existenz bringen? (Das, was existiert,) existiert wie aus einem Guss heraus von selbst. [...]* Wenn alle (ihr Tönen) aus sich heraus nehmen, wer sollte sie dann noch anstimmen?«

2. Aus verschiedenen Texten

a. aus dem *Huainanzi*[160]

Das Gleichnis von der Verwandlungskrankheit

Einst litt Herzog Niuai unter der Verwandlungskrankheit. Nach sieben Tagen trat die Verwandlung ein, und er wurde zum Tiger. Sein älterer Bruder, der nach ihm schaute, trat ein, um seinen Leichnam zu bedecken. Da fasste ihn der Tiger und tötete ihn. So war aus einem kultivierten Menschen ein Raubtier geworden, mit Klauen und Zähnen. Gefühl und Herz hatten sich verändert. Geist und Form hatten sich verwandelt. Der nun ein Tiger war, wusste nichts von dem, der früher ein Mensch war. Und der, der früher ein Mensch war, wusste nichts von dem, der nun ein Tiger ist. Beide wechseln einander ab und schlagen in ihr Gegenteil um. Dabei erfreuen sie sich jeweils ihrer vollkommenen Form.

b. aus dem *Guanzi*[161]

Über das Dao als innere und äußere Geschehenseinheit

(S. 220)
Hinsichtlich seiner Größe betrachtet, gibt es nichts außerhalb (des Dao). Hinsichtlich seiner Kleinheit betrachtet, gibt es nichts darin.

Über die Ordnung in Körper und Staat

(S. 220)
Das Herz besetzt im Körper die Position des Herrschers. Den neun Körperöffnungen kommen ihre jeweiligen Körperfunktionen zu, entsprechend der Unterscheidung der Organe. Ohren und Augen sind die Organe des Hörens und Sehens. Nur wenn das Herz sich nicht an den Aufgaben des Hörens und Sehens beteiligt, können die Organe ihre unterschiedlichen Pflichten einhalten. Wenn nun das Herz selbst Begehrlichkeiten entwickelt, dann werden die Augen, selbst wenn man an Dingen vorbeikommt, diese nicht sehen, und dann werden die Ohren, selbst wenn sie auf Töne stoßen, diese nicht hören. Deshalb heißt es: Sobald der Übergeordnete seinen Weg (*dao*) verlässt, verfehlen die Untergeordneten ihre Aufgaben. Deshalb heißt es: Die Kunst des Herzens besteht darin, nicht zu handeln und die Körperöffnungen zu regieren.

c. aus dem *Liezi*[162]

Über Gedanken

(S. 48)
Habe keine Gedanken, dann wird das Herz geeint.

Der Schwimmkünstler

(S. 20[163], Parallelstelle in *Zhuangzi*: Z: 50/19/49-54, G: 288-289; der Kommentar von Zhang Zhan ist kursiv gedruckt)
Konfuzius besichtigte den Wasserfall bei Lüliang, dessen Wasser 75 Meter hinabstürzen und 15 Kilometer weit hinaus strömen, so dass weder Schildkröten noch Alligatoren oder Fische dort schwimmen können. Konfuzius aber erblickte einen Mann, der dort schwamm. Er meinte, dieser habe wohl Kummer und wolle sterben. So schickte er seine Schüler hinzu, um ihm beizustehen. Der Schwimmer aber tauchte nach einigen hundert Schritten auf, mit wirrem Haar ging er singend umher und lustwandelte am Ufer entlang.

Konfuzius folgte ihm und fragte: »Die Wasser bei Lüliang stürzen 75 Meter hinab und strömen 15 Kilometer weit hinaus, so dass weder Schildkröten noch Alligatoren oder Fische dort schwimmen können. Als ich sah, wie Sie sich darin bewegten, dachte ich, Sie hätten wohl Kummer und wollten sterben. So schickte ich meine Schüler hinzu, um Ihnen beizustehen. Sie aber tauchten auf und gingen mit wirrem Haar singend umher, so dass ich dachte, Sie wären ein Geist. Wenn ich Sie aber so sehe, so sind Sie ein Mensch. Bitte lassen Sie mich fragen, ob sie über einen besonderen Weg (*dao*) des Umgangs mit dem Wasser verfügen.

Der Schwimmer sagte: »Nein, ich habe keinen besonderen Weg. Ich fing an mit der Grundlage, wuchs heran (in Übereinstimmung) mit der Beschaffenheit (der Dinge), und vollendete (meine Entwicklung, indem mir mein Handeln zur) Bestimmung wurde. Mit dem Strudel zusammen tauche ich ins Wasser ein und mit dem Wirbel vereint tauche ich wieder daraus auf. Ich folge dem Weg (*dao*) des Wassers ohne ein eigenes Zutun. Dies ist die Weise, auf die ich es zuwege bringe (*dao*).«

Konfuzius entgegnete: »Was heißt das ›Ich fing an mit der Grundlage, wuchs heran (in Übereinstimmung) mit der Beschaffenheit (der Dinge), und vollendete (meine Entwicklung, indem mir mein Handeln zur) Bestimmung wurde?‹«

Darauf antwortete der Schwimmer: »Ich wurde geboren in diesen Hügeln und fühlte mich wohl in diesen Hügeln. Das ist die Grundlage (von der ich sprach). *Das Wort »Grundlage« bedeutet hier auch*

»Schlichtheit«. Führt man die eigenen Aufgaben mit echter Schlichtheit aus, dann wird man sich bei allem, worauf man trifft, wohl fühlen. Ich wuchs heran mit dem Wasser und fühlte mich wohl im Wasser. Das ist die (Übereinstimmung) mit der Beschaffenheit (der Dinge, von der ich sprach). *Fügt man sich den Grundzügen der Beschaffenheit (der Dinge), dann widerstrebt man keinem aller Dinge mehr.* Ich bin so, ohne zu wissen, warum ich so bin. Das ist die Bestimmung (von der ich sprach).« *Die Grundzüge der Natürlichkeit (*ziran*) sind nicht durch Wissen zu erkennen. Erkennt man deren Unerkennbarkeit, so heißt dies (, dass das Handeln zur) Bestimmung (wird).*

d. He Yan (190?-249), »Über das Namenlose«[164]

Was von den Menschen hervorgehoben wird, ist das Namenhabende. Das Nicht-Hervorgehobene ist das Namenlose. Wenn nun der Heilige den Namen »Namenlos« erhält und als »Nicht-Hervorgehobener« hervorgehoben wird, und wenn man weiter das »Namenlose« für das Dao hält und das »Nicht-Hervorgehobene« für »Größe«, heißt das dann nicht, dass man das Namenlose auch als etwas Namhaftes bezeichnen könnte und den Nicht-Hervorgehobenen auch als einen Hervorgehobenen? Ist der Heilige deshalb etwa von gleicher Funktion wie das Hervorhebbare und das Nennbare?

Die Sachlage ist im Zusammenhang damit zu sehen, dass es die Nicht-Präsenz von etwas gibt, und gerade aufgrund dessen auch die Präsenz von etwas. Inmitten der Präsenz von etwas gilt es nun, der Nicht-Präsenz von etwas zu folgen und sich nicht der Präsenz von etwas anzugleichen.

Für das, was gleichartig ist, zählt keine Entfernung, wenn es darum geht, einander zu entsprechen. Für das, was verschiedenartig ist, gibt es keine Nähe, bei der es nicht einander widerstreben würde – gleich wie das Yang im Yin und das Yin im Yang, wobei nämlich die diesen Arten jeweils zugehörigen Dinge von selbst einander zu folgen streben. Der Sommer ist Yang, und dessen Nächte, entfernt vom Winter, sind doch gleich diesem Yin. Der Winter ist Yin, und dessen Tage, entfernt vom Sommer, sind doch gleich diesem Yang. So sind sie jeweils verschieden von dem Nahen und dem Fernen gleich.

Erst wenn diese Feinheiten von Verschiedenheit und Gleichheit erschlossen werden, ist die Diskussion des Namenlosen zu verstehen. Wie nun gelangt man so weit?

Nun, das Dao allein ist die Nicht-Präsenz von etwas. Mit dem Beginn von Himmel und Erde gibt es die Präsenz von etwas. Was aber geschieht nun mit dem, was Dao genannt wird? Weil es weiterhin die Nicht-Präsenz von etwas zur Geltung bringen kann, befindet es sich zwar im Bereich des Namenhabenden, und es ist doch nicht da. Es hat die Gestalt des Namenlosen. Es befindet sich quasi im entfernten Körper des Yang und vergisst, dass es selbst von der Art des fernen Yin ist.

Xiahou Xuan sagte: »Himmel und Erde bewegen sich gemäß dem ›eigenen Lauf‹ (*ziran*). Der Heilige fungiert gemäß dem ›eigenen Lauf‹.« Der »eigene Lauf« bedeutet Dao. Das Dao ist ursprünglich namenlos. Laozi sagte dazu: »Wäre ich gezwungen, ihm einen Namen zu geben ...« Konfuzius pries den Urkaiser Yao als so »großartig, dass er nicht benannt werden konnte«, und fügte hinzu, dass dieser »wunderbare Leistungen vollbrachte«. Das gezwungene Benennen leitet sich vom Rückgriff auf das Allgemeinverständliche her. Wie könnte von dem heiligen Yao, wäre er ein Namenhabender, gesagt werden, »dass er nicht benannt werden konnte«? Allein weil er namenlos ist, kann er mit allen Namen der Welt benannt werden – sind dies aber etwa seine Namen?

Nach dieser Erklärung immer noch nicht zu begreifen, dass es sich so verhält, hieße im Angesicht der Gewaltigkeit des Berges Tai die Ausdehnung der Materie zu leugnen.

e. aus dem »Buch der Verwandlungen« (*Huashu*) des Tan Qiao (10. Jahrhundert)[165]

Mit einem Spiegel wird die Gestalt reflektiert, mit einem weiteren Spiegel wird das Abbild reflektiert. Spiegel und Spiegel reflektieren einander. Abbild und Abbild übertragen einander, ohne die Form des (gespiegelten) Zeremonialschwerts zu verändern und ohne dem (gespiegelten) Zeremonialgewand die Farbe zu nehmen. Es ist die gleiche Gestalt, die sich vom Abbild nicht unterscheidet, und es ist das gleiche Abbild, das von der Gestalt nicht verschieden ist. So erkennt man die Gestalt als nicht wirkliche und das Abbild als nicht unwirkliches. Nicht wirklich und nicht unwirklich: das ist mit dem Dao vereinbar.

Anmerkungen

1 *Daodejing* heißt soviel wie »Der Klassiker (*jing*) von Dao und De«. Buchtitel, wie *Laozi* und *Daodejing*, schreibe ich kursiv. Personennamen (z. B.: Laozi) werden zur Unterscheidung in normalem Druck geschrieben.
2 Eine englische Übersetzung dieser Biografie ist enthalten in: William H. Nienhauser (Hg.), *The Grand Scribe's Records, Bd.* 7, Bloomington und Indianapolis 1994, S. 21-23.
3 Vgl. zum Legalimus Kapitel II, 1: »Der Staat«.
4 Diese Angaben folgen im *Shiji* auf die oben genannten über Laozi. S. Anmerkung 2.
5 *Dahui Pujue chanshi yulu.* In *Taishô shinshû daizôkyô.* Tôkyô 1924-1932, Bd. 47, Kap. 22, S. 904 a.
6 Vgl. Kapitel III, 1: »Präsenz und Nicht-Präsenz – oder: Das Flötenspiel des Himmels«.
7 Ein traditionell dem Guan Zhong zugeschriebener Text, der tatsächlich eine Sammlung politischer, philosophischer und anderer Abhandlungen unterschiedlicher Herkunft darstellt, die offenbar zu großen Teilen auf das 3. Jhdt. v. Chr. zurückgehen.
8 Eine Sammlung aus dem 2. Jhdt. v. Chr.
9 Vgl. dazu auch die Abschnitte I, 3 zum Bild der Wurzel und III, 1 zum Flötenspiel-Gleichnis.
10 *Zhuangzi jishi*, in *Zhuzi jicheng*, Peking 1954, S. 52. Vgl. zu Guo Xiangs Philosophie die Abschnitte II, 2 a und b: »Der Schmetterlingstraum – oder: Alles ist echt« und »Das Reusengleichnis – oder: Vergesse zu denken«.
11 Eine englische Übersetzung davon ist: Richard B. Mather (Hg.), *Shishuo Hsin-yü. A New Account of Tales of the World*, Minneapolis 1976.
12 Vgl. Kapitel III, 2.: »Eine Semiotik der Präsenz – oder: Der Unterschied zwischen Dao und Gott«.
13 Vgl. dessen Buch *Neue Methodologie*, aus dem Chinesischen übersetzt in Hans-Georg Möller, *Die philosophischste Philosophie. Feng Youlans Neue Metaphysik*, Wiesbaden 2000.
14 Vgl. dazu meinen Aufsatz »Sino-Nietzscheanismus. Eine geistesgeschichtliche Analyse« in *minima sinica* 2/2000. S. 38-54.
15 Vgl. die in den »Bibliografischen Notizen« angeführten Arbeiten von G. Wohlfart und Kapitel III, 3: »Ein Ausblick: Daoismus, Chan-(Zen)-Buddhismus und Postmoderne«.

16 Zum »Sitzen in Vergessenheit« vgl. *Zhuangzi yinde*, Peking 1947, 19/6/92; zum »Verlust des Ich« vgl. das Gleichnis vom Flötenspiel des Himmels im Textanhang.
17 Isabelle Robinet, *Geschichte des Daoismus*, München 1995, S. 28.
18 *Guanzi*, in *Zhuzi jicheng*, Peking 1954, S. 220. Vgl. Kap. II, 2: »Der Körper«.
19 Diese Erzählung bildet den Schluss des 7. Kapitels im *Zhuangzi*.
20 Vgl. Sarah Allan, *The Way of Water and Sprouts of Virtue*, Albany 1997.
21 Vgl. auch die Symbolik des Schwimmens in den Kapiteln I, 2 c): »Die Freude der Fische – oder: Glückloses Glück« und II, 6: »Handwerk und Kunst«.
22 Vgl. den Abschnitt über die »Daoistische Mystik« in der Einleitung.
23 Vgl. Kapitel III, 1: »Präsenz und Nicht-Präsenz – oder: Das Flötenspiel des Himmels«.
24 Martin Buber, *Reden und Gleichnisse des Tschuang-Tse*, Leipzig 1921, S. 9.
25 Zum Zweifel in der altchinesischen Philosophie vgl. meinen Aufsatz »Mit vierzig hatte ich keine Zweifel mehr. Zum Zweifel im Konfuzianismus« in: *Oriens Extremus* 41 (1998/99), S. 36-44.
26 *Zhuangzi jishi*, in *Zhuzi jicheng*, Peking 1954, S. 54. Vgl. die vollständige Übersetzung des Guo-Xiang-Kommentars zu dieser Passage im Textanhang.
27 *Zhuangzi yinde*, Peking 1947, 7/2/94-96.
28 *Zhuangzi jishi*, in *Zhuzi jicheng*, Peking 1954, S. 54.
29 S. Anmerkung 8.
30 *Huainanzi*, in *Zhuzi jicheng*, Peking 1954, S. 20-21.
31 Im Chinesischen steht der Familienname dem »Vornamen«, also dem persönlichen Rufnamen, anders als im Deutschen voran. Zhou war also ein Rufname Meister Zhuangs.
32 *Zhuangzi yinde*, Peking 1947, 4/2/30.
33 Richard Wilhelm, *Dschuang Dsi. Das wahre Buch vom südlichen Blütenland*, Köln 1969, S. 283. Der chinesische Text findet sich in *Zhuangzi yinde*, Peking 1947, 75/26/48-49.
34 Vgl. dazu Kapitel III, 2: »Eine Semiotik der Präsenz – oder: Der Unterschied zwischen Dao und Gott«.
35 Deutsche Übersetzungen dieses Textes sind enthalten in Hellmut Wilhelm, *Acht Essays zum I Ging*, Frankfurt/Main 1985, S. 102-104, sowie in meinem Buch *Die Bedeutung der Sprache in der frühen chinesischen Philosophie*, Aachen 1994, S. 94-97.
36 Wang Bi, *Wang Bi ji jiaoshi*, Peking 1980, Bd. 2, S. 609.

37 *Zhuangzi yinde*, Peking 1947, 43/17/24. *Zhuangzi jishi*, in *Zhuzi jicheng*, Peking 1954, S. 253.
38 *Zhuangzi yinde*, Peking 1947, 52/21/4.
39 *Zhuangzi yinde*, Peking 1947, 64/23/48.
40 *Zhuangzi yinde*, Peking 1947, 61/24/96.
41 Die Authentizität des *Liezi* ist umstritten. Man kann nach heutiger Kenntnis davon ausgehen, dass der Text, ähnlich wie der *Zhuangzi*, eine Überarbeitung älterer Materialien darstellt, die im 4. Jhdt. nach Chr. von einem kommentierenden Herausgeber (Zhang Zhan) erstellt wurde. Das Zitat folgt der Ausgabe in *Zhuzi jicheng*, Peking 1954, S. 48. Vgl. auch den han-zeitlichen *Daodejing*-Kommentar *Daode zhenjing zhigui* des Yan Zun zum Topos »keine Gedanken haben«, u. a. Kapitel 7, S. 10 b (Edition *Zhengtong daozang*, Taibei 1962, Heft 376).
42 *Zhuangzi yinde*, Peking 1947, 77/28/7.
43 *Liezi*, in *Zhuzi jicheng*, Peking 1954, S. 43.
44 *Zhuangzi jishi*, in *Zhuzi jicheng*, Peking 1954, S. 407.
45 Yang Wanli, *Chengzhai ji*, in *Sibu congkan, 1,* Shanghai 1919-1936. Kap. 83, 690a-b.
46 Vgl. dazu Kapitel II, 8: »Sprache und Denken«.
47 *Zhuangzi yinde*, Peking 1947, 45/17/87-92.
48 Das Wort und Schriftzeichen *you* für »spazieren« und »sich sorglos tummeln« und auch bisweilen für »schwimmen« ist **nicht** dasselbe wie das Wort und Schriftzeichen *you* für »Sein« oder »Fülle«.
49 *Zhuangzi jishi*, in *Zhuzi jicheng*, Peking 1954, S. 268.
50 Niklas Luhmann definierte das Glück in Europa einmal so: »Es hieß damals (etwa 1650-1750), dass Individuen glücklich sein könnten, wenn sie sich mit dem Stand zufriedengäben, in dem sie geboren sind.«, in *Die Gesellschaft der Gesellschaft*, Frankfurt/Main 1997. S. 805.
51 *Zhuangzi yinde*, Peking 1947, 46/18/11.
52 Vgl. dazu auch Kapitel II, 3: »Leben und Tod«.
53 *Zhuangzi yinde*, Peking 1947, 45/17/84-87.
54 *Zhuangzi yinde*, Peking 1947, 34/13/18-21.
55 Zitiert nach der Übersetzung von Wilmar Mögling: *Die Kunst der Staatsführung. Die Schriften des Meisters Hanfei*, Leipzig 1994, S. 59. Vgl. *Hanfeizi jijie*, in *Zhuzi jicheng*, Peking 1954, S. 28.
56 Vgl. dazu den entsprechenden Abschnitt in der Einleitung.
57 S. Anmerkung 7.
58 *Guanzi*, in *Zhuzi jicheng*, Peking 1954, S. 220.
59 Vgl. dazu den entsprechenden Abschnitt in der Einleitung.
60 Vgl. *Zhuangzi*, Kap. 7; *Zhuangzi yinde*, Peking 1947, 21/7/33-35.

61 Siehe neben der folgenden Stelle auch das Flötenspiel-Gleichnis im Text-Anhang und in Kapitel III, 1.

62 *Zhuangzi yinde*, Peking 1947, 63/23/42.

63 Vgl. wiederum das Flötenspiel-Gleichnis im Text-Anhang und in Kapitel III, 1.

64 Kristoffer Schipper, *The Taoist Body*, Berkeley/Kalif. 1993. S. 108 und 235 (Anmerkung 29).

65 Wolfgang Bauer, »Das Stirnrunzeln des Totenkopfes. Über die Paradoxie des Todes in der frühen chinesischen Philosophie«, in: C. von Barloewen. (Hg.), *Der Tod in den Weltkulturen und Weltreligionen*, München, 1996. S. 261.

66 *Zhuangzi yinde*, Peking 1947, 60/22/74., *Zhuangzi jishi*, in *Zhuzi jicheng*, Peking 1954, S. 332.

67 Vgl. das entsprechende Gleichnis aus dem *Huainanzi* im Textanhang und oben in Kapitel I, 2a): »Der Schmetterlingstraum – oder: Alles ist echt«.

68 *Zhuangzi yinde*, Peking 1947, 6/2/78-82. *Zhuangzi jishi*, in *Zhuzi jicheng*, Peking 1954, S. 49-50.

69 Diese strukturelle Parallele wird in den mir bekannten deutschen Übersetzungen überhaupt nicht erkannt. Deshalb werden dort weder der Schmetterlingstraum noch die Bemerkungen über den jung heimatlos Gewordenen richtig verständlich gemacht.

70 Vgl. *Zhuangzi yinde*, Peking 1947, 15/7/7-8.

71 *Zhuangzi yinde*, Peking 1947, 6/2/73.

72 *Zhuangzi yinde*, Peking 1947, 17/6/41.

73 *Zhuangzi yinde*, Peking 1947, 52/20/29.

74 *Zhuangzi yinde*, Peking 1947, 18/6/75-82. *Zhuangzi jishi*, in *Zhuzi jicheng*, Peking 1954, S. 124-126.

75 *Zhuangzi yinde*, Peking 1947, 17/6/46.

76 *Zhuangzi yinde*, Peking 1947, 60/22/77.

77 Vgl. Kapitel II, 1: »Der Staat«.

78 *Zhuangzi yinde*, Peking 1947, 70/25/15.

79 *Zhuangzi jishi*, in *Zhuzi jicheng*, Peking 1954, S. 382.

80 *Zhuangzi yinde*, Peking 1947, 42/17/15-19.

81 *Zhuangzi yinde*, Peking 1947, 5/2/49. *Zhuangzi jishi*, in *Zhuzi jicheng*, Peking 1954, S. 38.

82 Feng Youlan, »Chinese Philosophy and a Future World Philosophy«, in *The Philosophical Review* 57/1948, S. 539-549. Vgl. auch Anmerkung 13 und Kapitel III, 3a) Daoismus und Chan-Buddhismus.

83 Marcel Granet, *Das chinesische Denken*, Frankfurt/Main 1985, S. 246.

84 Marcel Granet, *Das chinesische Denken*, Frankfurt/Main 1985, S. 245.

85 Zur Symbolik des Schattens in China s. Rolf Trauzettel, »Der Schatten in chinesischer Kunst, Literatur und Philosophie: Leeres Zeichen und Zeichen der Leere« in *Zeitschrift für Semiotik* 22 (2/2000), S. 183-208.

86 *Zhuangzi yinde*, Peking 1947, 4/2/29-31.

87 *Zhuangzi yinde*, Peking 1947, 4/2/29.

88 Marcel Granet, *Das chinesische Denken*, Frankfurt/Main 1985, S. 93.

89 *Dazhuan* bzw. *Xici* Kap. 2.

90 Vgl. Chen Guying, *Yi zhuan yu daojia sixiang*, Peking 1997.

91 *Zhuangzi yinde*, Peking 1947, 7/3/2-8/3/12.

92 *Zhuangzi yinde*, Peking 1947, 50/19/49-54.

93 *Liezi*, in *Zhuzi jicheng*, Peking 1954, S. 20.

94 Vgl. Anmerkung 48.

95 Vgl. die Übersetzung im Text-Anhang. Übersetzt nach *Liezi*, in *Zhuzi jicheng*, Peking 1954, S. 20.

96 Ludwig Wittgenstein, *Philosophische Untersuchungen*, Abschnitt 150.

97 *Zhuangzi yinde*, Peking 1947, 50/19/54-58.

98 *Zhuangzi jishi*, in *Zhuzi jicheng*, Peking 1954, S. 290. Vgl. die Übersetzung im Text-Anhang.

99 Zur Geschichte der Legende s. Shieh Jhy-Wey, »Grenze wegen Öffnung geschlossen. Zur Legende vom chinesischen Maler, der in seinem Bild verschwindet.«, in: Jürgen Wertheimer, Susanne Göße (Hg.), *Zeichen lesen Lese-Zeichen. Kultursemiotische Vergleiche von Leseweisen in Deutschland und China*, Tübingen 1999, S. 201-226.

100 Roger Goepper, *Vom Wesen chinesischer Malerei*, München 1962, S. 26.

101 Roger Goepper, *Vom Wesen chinesischer Malerei*, München 1962, S. 24.

102 *Menzius*, 2 A, 6.

103 Zitiert nach der Übersetzung von Wilmar Mögling: *Die Kunst der Staatsführung. Die Schriften des Meisters Hanfei*, Leipzig 1994, S. 196-197. Vgl. *Hanfeizi jijie*, in *Zhuzi jicheng*, Peking 1954, S. 118-119.

104 Das Schriftzeichen *zhi* für »behandeln« (einer Krankheit) ist dasselbe wie für »ordnen« (des Staates, des Körpers) und für »regulieren« (der Flussläufe). Vgl. dazu Kapitel II, 2: »Der Körper (Kleinkind und Greis)«.

105 Vgl. dazu Rolf Trauzettel, »Chinesische Reflexionen über Furcht und Angst: Ein Beitrag zur Mentalitätsgeschichte Chinas im Mittelalter und in der frühen Neuzeit« in *Saeculum* 43.4 (1992), S. 307-324.

106 Isabelle Robinet, *Geschichte des Daoismus*, München 1995, S. 365.

107 Vgl. dazu Kapitel I, 2b): »Das Reusengleichnis – oder: Vergesse zu denken«.

108 *Zhuangzi yinde*, Peking 1947, 2/1/22.

109 *Zhuangzi yinde*, Peking 1947, 72/25/63-64.

110 *Zhuangzi yinde*, Peking 1947, 72/25/62-64.

111 *Zhuangzi yinde*, Peking 1947, 72-73/25/76-77.

112 *Zhuangzi yinde*, Peking 1947, 72/25/69-71.

113 *Zhuangzi yinde*, Peking 1947, 72/25/73.

114 *Zhuangzi yinde*, Peking 1947, 73/25/77.

115 *Zhuangzi yinde*, Peking 1947, 6/2/67-70.

116 *Zhuangzi yinde*, Peking 1947, 73/25/81.

117 *Zhuangzi yinde*, Peking 1947, 4/2/29-31.

118 *Zhuangzi jishi*, in *Zhuzi jicheng*, Peking 1954, S. 33.

119 Marcel Granet, *Das chinesische Denken*, Frankfurt/Main 1985, S. 210.

120 Vgl. Kapitel II, 5: »Die Natur«.

121 Aus Marcel Granet, *Das chinesische Denken*, Frankfurt/Main 1985. S. 149.

122 Marcel Granet, *Das chinesische Denken*, Frankfurt/Main 1985, S. 210-211.

123 Vgl. Kapitel I, 1c): »Die Wurzel«.

124 *Zhuangzi yinde*, Peking 1947, 3/2/4-8.

125 Richard Wilhelm, *Dschuang Dsi. Das wahre Buch vom südlichen Blütenland*, Köln 1969, S. 40.

126 *Zhuangzi yinde*, Peking 1947, 3/2/8-9.

127 *Zhuangzi jishi*, in *Zhuzi jicheng*, Peking 1954, S. 24.

128 *Zhuangzi jishi*, in *Zhuzi jicheng*, Peking 1954, S. 332. Vgl. Richard Wilhelm, *Dschuang Dsi. Das wahre Buch vom südlichen Blütenland*, Köln 1969, S. 233-234.

129 Vgl. Marcel Granet, *Das chinesische Denken*, Frankfurt/Main 1985, S. 350.

130 Aristoteles, *De Interpretatione* bzw. *Peri hermeneias*, 16a. Zitiert nach der Übersetzung von Eugen Rolfes, Hamburg 1974, S. 95.

131 Hermann Ulrich Asemissen und Gunter Schweikhart, *Malerei als Thema der Malerei*, Berlin 1994, S. 12.

132 Hermann Ulrich Asemissen und Gunter Schweikhart, *Malerei als Thema der Malerei*, Berlin 1994, S. 14.

133 *Zhuangzi yinde*, Peking 1947, 72-73/25/76-77. Vgl. zu diesem dort bereits erwähnten Zitat: Kapitel II, 8: »Sprache und Denken«.

134 Vgl. Kapitel II, 6: »Handwerk und Kunst«.

135 In diesem Zusammenhang sei an den emblematischen Charakter der chinesischen Schriftzeichen erinnert, der sicherlich dazu beitrug, dass die Sprache gewissermaßen als etwas Gegenständliches aufgefasst wurde. Vgl. dazu: Rolf Trauzettel, »Bild und Schrift. Oder: Auf welche Weise sind chinesische Schriftzeichen Embleme? In: W. Stegmeier (Hg.), *Zeichen-Kunst. Zeichen und Interpretation. Bd. V*, Frankfurt/Main 1999. S. 130-163.

136 Vgl. dazu meinen Aufsatz »Erinnern und Vergessen. Gegensätzliche Strukturen in Europa und China«, in *Saeculum* 2/1999. S. 235-246.

137 Dionysios Areopagita, *De divinis nominibus*. Kapitel 13, 2 (980 A). Zitiert nach J. Stiglmayr, *Dionysius Areopagita. Ausgewählte Schriften*, München 1933, S. 153.

138 Dionysios Areopagita, *De divinis nominibus*, Kapitel 13, 3 (981 A). Zitiert nach J. Stiglmayr, Dionysius Areopagita, *Ausgewählte Schriften*, München 1933, S. 155-156

139 Dionysios Areopagita. *De divinis nominibus*. Kapitel 2, 5 (644 A). Der Vergleich ist hier auf die »göttlichen Wesen« bezogen und geht auf Proklos zurück, der mit diesem Bild die Teilhabe der Materie an den Ideen verdeutlichen wollte. Vgl. auch die Übersetzung von W. Tritsch, *Dionysios Areopagita. Mystische Theologie und andere Schriften*, München 1956, S. 45.

140 Dionysios Areopagita, *De divinis nominibus*, Kapitel 9, 7 (916 A). Zitiert nach W. Tritsch, *Dionysios Areopagita. Mystische Theologie und andere Schriften*, München 1956, S. 134-135.

141 Die Abhandlung »Über das Namenlose« ist eingegliedert in den Kommentar von Zhang Zhan zu dem daoistischen Werk *Liezi* erhalten. Meine Übersetzung beruht auf der Ausgabe des Textes in *Zhuzi jicheng*, Peking, 1957, S. 41. Eine englische Übersetzung ist enthalten in Wing-tsit Chan (Hg.), *A Source Book in Chinese Philosophy*, Princeton 1969, S. 324-325.

142 Hier handelt es sich um eine Anspielung auf *Laozi* 25.

143 Hier wird wiederum auf *Laozi* 25 angespielt: »Es gibt ein Ding- / im Mischmasch vollbracht, / vor Himmel und Erde lebendig gemacht.«. Vgl. auch *Laozi* 1.

144 Ein älterer Zeitgenosse He Yans.

145 Vgl. *Laozi* 25. Der Vers lautet: »Wäre ich gezwungen, ihm einen Namen zu geben, sagte ich ›Größe‹.«. Vgl. Anm. 142 und 143.

146 Vgl. *Lunyu* (die *Gespräche des Konfuzius*), 8, 19.

147 *Zhuangzi yinde*, Peking 1947, 73/25/80.

148 Vgl. Kapitel II, 8: »Sprache und Denken«.
149 Feng Youlan, *A Short History of Chinese Philosophy*, New York 1948, S. 341. Vgl. auch Anmerkung 82.
150 Vgl. Kapitel II, 2: »Der Körper«.
151 Zitiert nach der Ausgabe in *Zhengtong daozang*, Taibei 1962, 1032, Heft. 724, Kapitel 1, S. 3 a-b.
152 Vgl. Zan Ning, *Song gao seng zhuan*, Peking 1987, Bd. 1, S. 89-90.
153 Vgl. Kapitel I, 2a): »Der Schmetterlingstraum – oder: Alles ist echt«.
154 Günter Wohlfart (Hg.), *Friedrich Nietzsche, Die nachgelassenen Fragmente. Eine Auswahl*, Stuttgart 1996, Fragment 11 [7], S. 298-299. (KSA 9, S. 442 f.)
155 Graham Parkes, »Nietzsche und Zhuangzi: Ein Zwischenspiel«, in R. Elberfeld, J. Kreuzer, J. Minford und G. Wohlfart (Hg.), *Komparative Philosophie*, München 1998. 213-222.
156 Vgl. auch Graham Parkes, *Composing the Soul. Reaches of Nietzsche's Psychology*, Chicago und London 1994.
157 B.F. Skinner, *Jenseits von Würde und Freiheit*. Reinbek 1973, S. 205-206, 208-209.
158 Rückblickend auf das in den Kapitel III, 1 und 2 Gesagte, lässt sich folgender Grundriss eines Vergleiches zwischen Daoismus und Postmoderne entwerfen:

Die postmoderne Philosophie (oder jedenfalls viele ihrer bedeutendsten Vertreter, z. B. Jacques Derrida) verabschiedet sich von der Konzeption einer Präsenz. Ihrer Semiotik folgend, verweisen die Zeichen nicht mehr auf etwas »eigentlich« Wirkliches. Während das alteuropäische Konzept der Repräsentation von der Spannung zwischen »wirklicher« Präsenz und »unwirklicher« oder wenigstens nicht ganz wirklicher Repräsentation lebte, verzichtet die Postmoderne auf diese Spannung und gibt sich mit den »unwirklichen« Zeichen zufrieden.

Vergleicht man diese postmoderne Semiotik mit der geschilderten altdaoistischen, so ergibt sich ein bemerkenswerter Zusammenhang: Die Semiotik der Präsenz erkennt *noch keinen* Bereich der Repräsentation an, sie verbleibt ganz in der ungebrochenen Wirklichkeit des Präsenten (gestützt durch die Nicht-Präsenz), während die Semiotik der Signifikanz die Semiotik der Repräsentation *nicht mehr* anerkennt und selbst die repräsentativ gebrochene Wirklichkeit des Präsenten verneint. Die altchinesische, alteuropäische und postmoderne Semiotik können so in einem vergleichenden Schema aufeinander bezogen werden:

	präsent	repräsentiert
Schema der Präsenz (altdaoistisch)	Signifikat – Signifikant	
Schema der Repräsentation (alteuropäisch)	Signifikat	Signifikant
Schema der Signifikanz (postmodern)		Signifikat – Signifikant

159 Ich gebe zu jedem Textauszug drei Quellenangaben:
1. Die Seiten/Kapitel/Zeilenangabe aus dem Index *Zhuangzi yinde*, Peking 1947. (Abkürzung: »Z«.)
2. Die Seitenzahl der Zhuangzi- Ausgabe mit dem Guo Xiang-Kommentar aus *Zhuangzi jishi*, in *Zhuzi jicheng*, Peking 1954. (Abkürzung: G)
3. Die Seitenzahl der Übersetzung von Richard Wilhelm, *Dschuang Dsi. Das wahre Buch vom südlichen Blütenland*, Köln 1969. (Abkürzung »W«.)

160 *Huainanzi*, in *Zhuzi jicheng*, Peking 1954. Das Zitat findet sich auf S. 20-21.

161 *Guanzi*, in *Zhuzi jicheng*, Peking 1954.

162 *Liezi*, in *Zhuzi jicheng*, Peking 1954. (Mit dem Kommentar von Zhang Zhan.)

163 Vgl. auch die Übersetzung von Richard Wilhelm, *Liä Dsi. Das wahre Buch vom quellenden Urgrund*, München 1967, S. 58.

164 Zitiert nach der Version im Kommentar zum *Liezi* von Zhang Zhan, in *Zhuzi jicheng*, Peking 1954, S. 41.

165 Zitiert nach der Ausgabe in *Zhengtong daozang*, Taibei 1962, 1032, Heft. 724, Kapitel 1, S. 3 a-b.

Bibliografische Notizen

Die folgenden bibliografischen Hinweise fassen einige Titel zusammen, die sowohl wissenschaftlich fundiert als auch für Nicht-Sinologen gut lesbar sind. Für einen tieferen Einblick in die Literatur zum Daoismus möchte ich auf die *Westliche Taoismus-Bibliographie* von Knut Walf (Essen 1997) verweisen, für eine Zusammenfassung der wichtigsten sinologischen Forschungsergebnisse zu den Werken des frühen Daoismus auf Michael Loewe (Hg.), *Early Chinese Texts: A Bibliographical Guide*, Berkeley/Kalif. 1993.

1. Altchinesische Philosophie

Wing-tsit Chan, *A Sorce Book in Chinese Philosophy*, Princeton, New Jersey 1963.
Eine Anthologie chinesischer Philosophie von den Anfängen bis ins 20. Jahrhundert mit präzisen Kommentaren und Erläuterungen.

Angus C. Graham, *Disputers of the Tao. Philosophical Argument in Ancient China*, La Salle 1989.
Eine Übersicht über die Philosophie im alten China.

Marcel Granet, *Das chinesische Denken*, Frankfurt/Main 1985.
Eine Darstellung der Grundstrukturen des altchinesischen Weltbildes.

David Hall und Roger T. Ames, *Thinking from the Han: Self, Truth, and Transcendence in Chinese and Western Culture*, Albany 1998.
Eine komparatistische Gegenüberstellung philosophischer Konzeptionen in China und im Westen.

Ralf Moritz, *Die Philosophie im alten China*, Berlin 1990.
Eine Übersicht über die Philosophie im alten China.

Rolf Trauzettel, »Denken die Chinesen anders? Komparatistische Thesen zur chinesischen Philosophiegeschichte«, in *Saeculum* 41.2 (1990), S. 79-99; und »Individuum und Heteronomie: Historische Aspekte des Verhältnisses von Individuum und Gesellschaft in China«, in *Saeculum* 28.3 (1977), S. 340-364.
Zwei Aufsätze über Grundzüge der chinesischen Philosophie im Vergleich zur westlichen.

Ulrich Unger, *Grundbegriffe der altchinesischen Philosophie*, Darmstadt 2000.
Ein Wörterbuch zu den wichtigsten philosophischen Begriffen im alten China.

2. Daoismus im Allgemeinen

H. G. Creel, *What is Taoism?* Chicago und London 1970.
Eine Studie zu den Ursprüngen des Daoismus.

Norman J. Giradot, *Myth and Meaning in Early Taoism*, Berkeley 1983.
Eine Studie zu den mythischen Elementen im frühen Daoismus.

Livia Kohn (Hg.), *Daoism Handbook*, Leiden 2000.
Eine Enzyklopädie zum Daoismus.

Livia Kohn, *The Taoist Experience. An Anthology*, Albany 1993.
Eine Anthologie daoistischer Texte.

Florian C. Reiter, *Taoismus. Zur Einführung*, Hamburg 2000.
Eine konzise Darstellung des (religiösen) Daoismus.

Isabelle Robinet, *Geschichte des Taoismus*, München 1995.
Eine Übersicht über die Geschichte des (religiösen) Daoismus von den Anfängen bis ins 14. Jahrhundert.

Kristoffer Schipper, *Le corps taoiste, corps physique – corps social*, Paris 1982. Englische Ausgabe: *The Taoist Body*, Berkeley/Kalif. 1993.
Eine Übersicht über wesentliche Aspekte des (religiösen) Daoismus.

Günter Wohlfart, *Der philosophische Daoismus*, Köln 2001.
Eine Aufsatzsammlung über Themen der daoistischen Philosophie aus der Sicht eines zeitgenössischen Philosophen.

3. Zum *Laozi* (*Daodejing*)

Robert G. Henricks, *Lao Tzu's Tao Te Ching. A Translation of the Startling New Documents Found at Guodian*, New York 2000.
Eine kommentierte Übersetzung der »Bambusfragmente« des Laozi.

Max Kaltenmark, *Lao-Tzu und der Taoismus*, Frankfurt/Main 1996.
Eine kurze Übersicht über den Daoismus unter besonderer Berücksichtigung des *Laozi*.

4. Zum *Zhuangzi*

Burton Watson, *The Complete Works of Chuang Tzu*, New York und London 1968.
Eine sprachlich sehr gelungene Übersetzung des *Zhuangzi*.

Yu-lan Fung, vgl.: 6. Wang Bi und Guo Xiang.

Günter Wohlfart, *Meister der Spiritualität. Zhuangzi*, Freiburg 2002; und: *Zhuangzi*, Stuttgart 2002.
Zwei Darstellungen des *Zhuangzi* aus der Sicht eines zeitgenössischen Philosophen.

5. Huang-Lao-Daoismus Huainanzi, Liezi, Guanzi

Roger T. Ames, *The Art of Rulership: A Study in Ancient Chinese Political Thought*, Honolulu 1983.
Eine Übersicht über politisches Denken im alten China mit vielen Bezügen zum Daoismus.

Leo S. Chang und Yu Feng, *The Four Political Treatises of the Yellow Emperor*, Honolulu 1998.
Eine Übersetzung der Huang-Lao-Seidentexte von Mawangdui mit ausführlichen Erläuterungen zur Huang-Lao-Philosophie.

Angus C. Graham, *The Book of Lieh-tzu*, London 1960.
Eine Übersetzung des *Liezi* ins Englische.

Charles Le Blanc, *Huai nan tzu. Philosophical Synthesis in Early Han Thought*, Hongkong 1985.
Eine Studie zum *Huainanzi* mit einer Übersetzung des 6. Kapitels.

W. Allyn Rickett, *Guanzi: Political, Economic, and Philosophical Essays from Early China: A Study and Translation*, Princeton 1985.
Eine Studie zum *Guanzi* mit Übersetzungen.

6. Wang Bi und Guo Xiang

Marie-Ina Bergeron, *Wang Bi. Philosophie du Non-Avoir*, Taibei 1986.
Eine Studie zur Philosophie des Wang Bi.

Wing-cheuk Chan, »Wang Bi und Guo Xiang. Eine philosophische Gegenüberstellung«, erscheint in *minima sinica*, 1/2001.
Ein Aufsatz über das philosophische Denken von Wang Bi und Guo Xiang.

Yu-lan Fung, *Chuang Tzu. A New Selected Translation with an Exposition of the Philosophy of Kuo Hsiang*, Shanghai 1933.
Diese Auswahl-Übersetzung enthält einige wichtige Stellen aus Guo Xiangs *Zhuangzi*-Kommentar.

Livia Knaul, »Kuo Hsiang and the Chuang Tzu«, in *Journal of Chinese Philosophy* 12/1985, 429-448.
Ein Aufsatz über die Textgeschichte des *Zhuangzi*-Kommentars von Guo Xiang.

Ariane Rump und Wing-tsit Chan. *Wang Pi. Commentary on the Lao Tzu*, Honolulu 1979.
Eine Übersetzung des Kommentars von Wang Bi zum *Laozi*.

7. Daoismus und westliche Philosophie

Adrian Hsia (Hg.), *Tao. Reception in East and West*, Bern u. a. 1994
Eine Aufsatzsammlung zum Daoismus in China und im Westen.

Reinhard May, *Ex Oriente Lux. Heideggers Werk unter ostasiatischem Einfluß*, Stuttgart 1989.
Eine Studie, die detailliert zeigt, wie Martin Heidegger durch daoistisches Denken beeinflusst wurde. Die englische Übersetzung dieses Buches von Graham Parkes (*Heidegger's Hidden Sources. East Asian Influences on his Work*, London 1996) enthält eine Reihe zusätzlicher Materialien und Ausführungen des Übersetzers zum selben Thema.

Peter Sloterdijk, *Eurotaoismus. Zur Kritik der politischen Kinetik*. Frankfurt/Main 1989.
Ein Text Sloterdijks mit Anregungen zu einer »Daoisierung« der europäischen Denk- und Lebensweise.

Rolf Trauzettel, »West-Östliches Exempel zum Problem chinesisch-abendländischer Komparatistik«, in *minima sinica* 2/2000, S. 1-37.
Ein Aufsatz, in dem mehrere altchinesische (darunter auch daoistische) und westliche (darunter auch postmoderne) Denkweisen verglichen werden.

Helmut Walravens, »Martin Buber und Willy Tonn und ihre Beiträge zur Kenntnis der chinesischen Literatur«, in *Monumenta Serica* 42/1994, S. 465-481.
Eine Darstellung der Art und Weise, wie sich Martin Buber mit dem *Zhuangzi* beschäftigte.

Günter Wohlfart, vgl.: 2. Daoismus im Allgemeinen.

Abschließend möchte ich noch meine eigenen Texte aufführen, auf die ich im vorliegenden Buch zurückgegriffen habe.

Laotse. Tao-Te-King. Die Seidenmanuskripte von Mawangdui. Frankfurt/Main 1995.
»Philosophy of Signs and the Democratic Discourse: Coincidences between Chinese Pre- and Western Post-Modernity.«, in: Ron Bontekoe, Marietta Stepaniants (Hg.), *Justice and Democracy. Cross-Cultural Perspectives*, Honolulu 1997, S. 395-404.

»Zhuangzis Schmetterlingstraum im Lichte des Kommentars von Guo Xiang« in: Christiane Hammer und Bernhard Führer (Hg.), *Tradition und Moderne – Religion, Philosophie und Literatur in China*, Dortmund 1997, S. 49-60.

»Der philosophische Daoismus in der Neuen Metaphysik (*Xin Lixue*) Feng Youlans«, in *Monumenta Serica* 45/1997, S. 381-398.

»Die Konstruktion des Unnennbaren. Ein Ost-West-Vergleich«, in: Rolf Elberfeld, Johann Kreuzer, John Minford und Günter Wohlfart (Hg.), *Komparative Philosophie. Begegnungen zwischen östlichen und westlichen Denkwegen*, München 1998, S. 181-196.

»Mit vierzig hatte ich keine Zweifel mehr. Zum Zweifel im Konfuzianismus«, in: *Oriens Extremus* 41 (1998/99), S. 36-44.

»Zhuangzi's Dream of a Butterfly. A Daoist Interpretation«, in *Philosophy East and West* 4/1999, S. 439-450.

»Verschiedene Versionen des *Laozi*. Ein Vergleich mit besonderer Berücksichtigung des 19. Kapitels«, in *Monumenta Serica* 1999, S. 285-302.

»Erinnern und Vergessen. Gegensätzliche Strukturen in Europa und China«, in *Saeculum* 2/1999, S. 235-246.

»Die chinesische ›Lehre von Formen und Namen‹ (*xingming zhi xue*) aus der Sicht einer Philosophie der Zeichen«, in: Jürgen Wertheimer und Susanne Göße (Hg.), *Zeichen lesen/Lese-zeichen*, Tübingen 1999, S. 491-498.

»Zhuangzi's fishnet allegory. A text-critical analysis«, in *Journal of Chinese Philosophy*. 27:4 (Dezember 2000), S. 489-502.

»Verführte Vögel, verschwundene Maler und vernichtetes Fett. Kunstlegenden und Zeichenparadigmen«, in: *Zeitschrift für Semiotik* 22 (2/2000). S. 171-182.

»Sino-Nietzscheanismus. Eine geistesgeschichtliche Analyse und ein Plädoyer für eine negative Dialektik in der philosophischen Komparatistik«, in *minima sinica* 2/2000, S. 38-54.

»Lonely Hearts. How does it feel to be alone in Daoism?«, in: Wolfgang Kubin (Hg.), *Symbols of Anguish: In Search of Melancholy*, Bern 2001, S. 142-152.

»Leben und Tod im Daoismus«, in: Jan Assmann und Rolf Trauzettel (Hg.), *Tod, Jenseits und Identität. Perspektiven einer kulturwissenschaftlichen Thanatologie*, Freiburg 2001.

»Altchinesische Philosophie und Wiedergeburtsglaube«, in: Walter Schweidler (Hg.), *Wiedergeburt und kulturelles Erbe*, Sankt Augustin 2001.